马克思主义研究文库

斋藤幸平的
马克思生态社会主义研究

袁仕洵｜著

光明日报出版社

图书在版编目（CIP）数据

斋藤幸平的马克思生态社会主义研究 ／ 袁仕洞著.
北京：光明日报出版社，2024. 7. -- ISBN 978 - 7 - 5194 -
8193 - 3

Ⅰ. D091. 6

中国国家版本馆 CIP 数据核字第 2024Z546J4 号

斋藤幸平的马克思生态社会主义研究
ZHAITENGXINGPING DE MAKESI SHENGTAI SHEHUIZHUYI YANJIU

著　　者：袁仕洞

责任编辑：杨　茹　　　　　　　责任校对：杨　娜　李学敏
封面设计：中联华文　　　　　　责任印制：曹　净

出版发行：光明日报出版社
地　　址：北京市西城区永安路 106 号，100050
电　　话：010-63169890（咨询），010-63131930（邮购）
传　　真：010-63131930
网　　址：http：//book. gmw. cn
E - mail：gmrbcbs@ gmw. cn
法律顾问：北京市兰台律师事务所龚柳方律师

印　　刷：三河市华东印刷有限公司
装　　订：三河市华东印刷有限公司
本书如有破损、缺页、装订错误，请与本社联系调换，电话：010-63131930

开　　本：170mm×240mm
字　　数：215 千字　　　　　　印　　张：12. 5
版　　次：2025 年 1 月第 1 版　　印　　次：2025 年 1 月第 1 次印刷
书　　号：ISBN 978 - 7 - 5194 - 8193 - 3
定　　价：85. 00 元

序　言

马克思生态社会主义是在第三次科技革命之后，被人们所广泛关注的热点问题，并于 20 世纪七八十年代进入集中研究阶段。对于马克思生态社会主义这个问题的研究，以往的学者们主要集中在生态学、环境学的角度进行研究或是批判。一方面，马克思生态社会主义是近代哲学的产物，而在马克思生活的时代生态学还并不是人们所着重关心的问题；另一方面，随着极端天气的频繁出现，人们对于生态问题的关注越来越多，所以更多的是集中在生态的领域进行思考。尽管至今或许还有一些学者认为马克思是否具有生态思想这个问题还值得商榷，但在大部分学者看来，这个问题已经有了一个肯定的答案。尽管如今答案已经确定，但不同的社会文化立场也必然会带来对马克思生态社会主义广泛且深入的讨论，因此对于马克思生态社会主义的研究，也因为不同的社会文化立场与历史文化底蕴产生了不同的研究方向。现代西方学术界对于马克思生态社会主义基本上已经达成了一个普遍的共识，即"带有生态色彩的马克思的社会主义理论"，而相比之下以我国学术界为代表的东方学术界则是企图发掘出隐藏在"生态外表"下的，由资本主义所带来的新异化等问题。

近 20 年来，我国学术界对生态问题的研究可谓如火如荼，但因为社会文化立场的问题，我们难以设身处地地感受到资本主义框架下，人们被资产阶级所蒙蔽而进行的"帝国式"生活方式的问题。因此，本书对资本主义社会生活方式下成长的日本学者斋藤幸平的研究，或许可以为日后研究马克思生态社会主义提供一个新的角度和参考。斋藤幸平的马克思生态社会主义，是不同于以往集中于用马克思科学社会主义学加上生态学角度对当下资本主义进行批判的学说，斋藤幸平更愿意将视角放在政治经济学批判和社会学分析的角度，对资本主义的根本目的、基本矛盾、社会意识建设和生活方式等方面进行批判。斋藤幸平于 1987 年出生，他的生活经历了日本经济从飞速发展到低迷的过程，因此，斋藤幸平对于资本主义社会的认知显得更加偏激和深刻。而正是这种设身处地的感受，成为他的马克思生态社会主义的核心思想，即"新陈代谢"理论和"去增长"理论。本书以逻辑递进的方式，对斋藤幸平的马克思生态社会主义思想进行梳理，具有一定的理论意义和现实意义，有一定的学术价值和学术创新。

本书主要以异化理论为切入点，探索斋藤幸平对马克思的异化理论发展脉络的探究，指出马克思早期的异化理论实质上是一种政治经济学的批判角度。随着马克思研究的深入，生态维度的视角逐步走进异化理论的视野之中，因此在斋藤幸平看来，马克思看到了人与自然统一性的瓦解，人与自然出现了异化，然而人与人类社会是自然界长期发展的产物，这也就导致人与人本身就出现了异化。正因为如此，尽管斋藤幸平本身是学习哲学出身，但"去哲学化"成为斋藤幸平研究的重点。因此，在分析斋藤幸平对马克思异化理论的分析后，本书按照时间脉络分析考察了斋藤幸平对1868年以后马克思生态理论的分析，这是相对比较新颖的角度，以时间和历史维度分析考察马克思生态理论的形成过程，而不是集中于对《1844年经济学哲学手稿》等代表性著作的研究，这种研究角度可以更好地帮助理解马克思的理论中究竟有没有生态维度的思想，以及这种生态维度的思想是如何形成的等需要着重关注的问题。对于这个问题的解读，正是对西方一些学者所提出的"马克思没有生态思想"的有力回击。在斋藤幸平看来，理论批判或是学术批判的主要任务实质上是前提批判，其目的不是真的去"驳倒"某种理论，不是为了解决问题，而是为了解决问题的前提。在斋藤幸平的观点中，如果执着于解决问题本身，就容易陷入资本主义的陷阱之中，即"唯至上"理论，如"唯生产力至上"理论或者"唯GDP增长"理论等，这也是资本主义社会一直在发生的事情，当剥削导致的阶级矛盾加重时，通过加薪或者其他手段来解决这个矛盾，而非对这种剥削产生的前提进行解决。本书第三章主要探讨了斋藤幸平对马克思政治经济学的生态意蕴的解读。在斋藤幸平看来，政治经济学批判是马克思最重要的批判，因此只有寻找到马克思政治经济学理论体系中的生态意蕴，并加以解读，才能真正了解马克思生态社会主义。第四章对"新陈代谢"理论的研究，则让我们充分了解到在斋藤幸平的认知里，共产主义模式是一种什么样的模式。在斋藤幸平看来，人与自然与社会是不可分割的统一体，而其中人就像是自然与社会的"新陈代谢"一般，其作用本应该是作为"过程"主体的存在，但当下人企图成为永恒的主宰，因此遭受到了如恩格斯所强调的惩罚，即"人类不要过度陶醉于对自然界的征服，因为每一次这样的征服都使人类遭到自然界的惩罚"。而这种"新陈代谢"理论也为斋藤幸平"去增长"理论打下了基础。在斋藤幸平看来，资本主义之所以始终没有办法进行自我的革新，其主要原因是资本主义的根本目的在于实现资本的增殖，这种增殖在今天则体现在"数据"的"增长"之上，为了使自己的行为合理化、正确化，资本主义社会便将这种"增长"理论包装成人类未来美好社会的蓝图，因此在斋藤幸平的理论中，资本主义蒙蔽了人们的双眼，剥夺了人们的想象力，只有将整个地球作为"共有财富"去管理，整个社会的生产资料才会成为全人类的"共有财富"，斋藤幸平也将其命名为"去增长共产主义"。

综上所述，此书是一部较为系统、全面、创新的研究斋藤幸平的生态马克思主义的作品，具有理论意义和现实意义。求学之路本就任重而道远，唯有脚踏实地，锐意进取，与时俱进，戒骄戒躁，才能攀登学术新高峰。

此书是我的博士研究生袁仕洵同学倾全力精心创作完成的著作，也是他第一次独立写作完成一部专著，其付出的努力与艰辛可想而知。但令我感到欣慰的是，他的努力和付出是值得的：即将呈现在读者面前的这部著作，主题是明确的，观点是鲜明的，逻辑是清晰的，表达是流畅的。第一次尝试写作，能达到如此程度是难能可贵的。然而，正是因为第一次尝试写作，书中有些失误和不足也是在所难免的。书山有路勤为径，学海无涯苦作舟，衷心地希望仕洵同学在未来的学术道路上更加努力奋进，早日取得更高水平的学术成果。

穆艳杰

2023 年 11 月 15 日

目　录
CONTENTS

绪　论

　　斋藤幸平（1987—），德国柏林洪堡大学哲学博士，日本东京大学研究生院综合文化研究科副教授。从研究的内容与方向上来看，斋藤幸平属于复合型的学者，他所涉及的领域相对比较广泛，其中包括马克思主义、日本哲学、德国古典哲学、近现代哲学、生态学、经济学与文化研究学等。斋藤幸平的专业研究主要以经济思想和社会思想为主。2018年，斋藤幸平在《卡尔·马克思的生态社会主义》中，思考到生态马克思主义的理论研究成果，并期望能够以此丰富自身的研究内容，期望从政治经济学角度完善马克思生态学理论，同时吸收生态社会主义研究的积极结论，提出社会主义初级设想中所蕴含的通过马克思生态学实现生态社会主义的初级设想，从而将传统的生态社会主义从民族社会主义导向科学社会主义。因《卡尔·马克思的生态社会主义》一书，斋藤幸平获得被称为"马克思主义研究领域的诺奖"的多伊彻纪念奖，成为日本获得该项奖项的第一人，也是自该奖项设立以来最年轻的获奖者，具有一定的声望。

　　与以往的马克思生态学、马克思主义生态学和生态马克思主义研究者从生态的角度出发所不同的是，斋藤幸平似乎更愿意从政治经济学和社会学的角度去思考马克思生态社会主义。因此，如今斋藤幸平的作品主要集中在对马克思生态社会主义的研究之上，他以独特的角度和敏锐的眼光发现当下以日本为代表的资本主义国家社会所存在的问题，以理论和实际（他在日本组织参与的"公地"运动）相结合的方式去寻找隐藏在当今资本主义社会的人的新形式的异化，以及资本主义在数字化时代对人的压迫的升级。比起以往马克思生态社会主义研究者对资本主义和资产阶级进行的从环保、人与自然关系等方面的生态学批判，斋藤幸平似乎更愿意把视角放在人与人的关系异化之上，他认为异化在当今世界并没有消失，而是以一种新的形式出现，这种新形式的异化并没有超出马克思所提出的异化理论，其表现形式却要比马克思所在的年代更加隐蔽，同时也更加疯狂。

从政治经济学和社会学的角度来看，斋藤幸平认为气候变化本身是地球自身的一种正常现象，这种现象或许因为人类的存在会产生一定数值上的改变，如气温升高或降低，但总的来说不应该出现频繁的极端天气，因此，他认为这种气候的异常变化的根本原因是帝国式生活方式所导致的。斋藤幸平从多个维度探讨这种气候变化和帝国式的生活方式之间的关系。在以往的概念中，这种生活方式一般是从生活习惯、地理因素等方面进行研究，但斋藤幸平则是以社会意识为主，认为是资本主义所带来的意识形态影响，导致人们对于"美"的探知能力下降，比如，他认为"诺贝尔经济学奖"这门在很多人心中无比贵重的奖项，实际上是带有浓重资本主义甚至是帝国主义色彩的"有罪"的奖项。因为这种在资本裹挟下的经济学奖项，是单纯以数值的变化为主的奖项，对于这种数值增长下降背后的社会影响、自然环境影响等，几乎是完全忽视的。这种奖项出现，只会让人们越发关注数值的变化而非真实世界所产生的变化，人越来越企图去征服和掌控这个世界，而非真正生活在这个世界。因此他也期望通过他的研究成果，来影响全世界，至少是全日本人民看到当下资本主义的丑恶嘴脸，和其所描绘的看似美好但实质上充斥着霸权韵味的帝国式生活方式。所以，他丝毫没有顾虑地指出，如果当下温室效应得不到控制，全球气温继续保持着当下这种急剧升温的速度，那么最先受到影响的国家里，一定会有日本。他从以往气温升高数据图中分析到，当全球气温继续升温，珊瑚的生存就会面临挑战，而当珊瑚死去，渔业会受到重创，肆虐的飓风将会更加频繁与凶猛地"光临"日本，所带来的损失是无法简单地用数据就能表现出来的。

所以，斋藤幸平企图通过简单的语言表达出他的一个核心观点，即"发达国家对地球并不友好"，这些资本主义发达国家，看似美好的经济增长，不过是建立在对地球环境上和其他发展中国家甚至是其他发达国家的榨取上，整个地球环境与地球上的工人都成了资本主义发达国家的榨取对象，因此他看到了马克思对于环境危机的语言，那就是在当下的资本主义社会，科学技术的发展逐渐变成了对生态体系的破坏，所以斋藤幸平大胆地提出一个猜想，"地球将毁灭于资本主义之前"。同时斋藤幸平还指出，当前资本主义社会所提出的"环保理念"，大多数都是一个陷阱，他认为资产阶级的真实目的有且永远只能有一个，那就是马克思所说的实现资本的增殖，甚至是无限增殖，这些资产阶级不过是如同猎犬闻到猎物般闻到了"绿色经济增长"背后所带来的商机。

斋藤幸平目前研究的重点主要集中在"去增长"这个问题上，他认为只有实现"去增长"才能真正意义上实现马克思生态社会主义，而在资本主义的逐利本性之下，他们是不会自发、自觉地实现"去增长"的，正如上文中所写到的，资本主义是为了实现资本增殖，这种增殖正是体现在经济增长上，所以资本主义尽管看到了当下地球环境状况，却不会选择"去增长"。在资本主义所描述的美好未来社会中，经济增长是一个很大的指标，它们把人们获取"幸福"维度和经济维度相关联，将生产社会化私人占有程度和幸福程度画上了等号；在资本主义的掌控下，全世界不可能实现真正的公平与公正，因此也就不可能实现资源公平分配，发达国家的经济会持续增长，而发展中国家的经济不会得到发展甚至会出现倒退现象。而解决上述问题的答案正是马克思生态社会主义思想，斋藤幸平认为正是因为当下全世界人民对真正公平的追求，对美好生活的追求，让马克思的思想在这个属于"人类世"的时代回归。

斋藤幸平认为，马克思的观点才是人类未来的真正走向，他认为只有按照马克思的思想，把地球当作全人类的"共有财富"进行管理，才能真正意义上实现"去增长"。斋藤幸平将马克思对于生产力的发展问题进行了解构与重建，他认为不能简单地把马克思的思想归结为"生产力至上主义"。在斋藤幸平的概念中，马克思或许在青年时期有过一定的"生产力至上主义"思想，但那是受制于历史局限的必然产物，而在马克思思想真正成熟以后，马克思便抛弃了"生产力至上主义"，走向了可持续发展的"生态社会主义"。因此，在斋藤幸平看来，马克思所描述的共产主义的基础正是"可持续性"和"公平正义"，而现如今的人们之所以感觉到想要改变这个世界非常困难，在斋藤幸平看来，是因为当下"我们都隶属于资本主义"，正是这一点彰显出人们的"无能"。

在批判当代资本主义对人的剥削以及对人的异化的同时，斋藤幸平创造性地看到了中国在继承和发展社会主义以及共产主义上所做出的不可磨灭的贡献，他认为中国正是因为创造性地提出了中国特色社会主义理论，把理论和实践结合在一起，才能够把握好经济社会发展同环境保护之间的微妙关系，斋藤幸平认为中国当下已经超越了资本主义的"唯 GDP 增长"的共同富裕，而这正是他所设想的"去增长"共产主义所需要的。在他看来，只有"去增长"共产主义才能够真正地拯救世界。

本书立足于目前国内外研究现状进行研究，试图对斋藤幸平的马克思生态社会主义进行一定程度上的研究，主要针对他对马克思异化理论的认知和他的"去增长"理论，从马克思生态社会主义批判的角度出发，对斋藤幸平所认知的马克思生态社会主义进行综合分析，旨在为日后对斋藤幸平对马克思或马克思主义的研究打下基础并提供一些参考。

第一章

斋藤幸平对马克思异化概念的解读

第一节 不可放弃的政治经济学角度

一、斋藤幸平对马克思异化概念发展阶段的阐释

（一）第一阶段

马克思（Karl Heinrich Marx）在 1843 年夏至 1844 年年底这一阶段的批判思想、论证方法产生了较为显著的变化，异化已经不再是主要概念。虽然《神圣家族》一书篇幅很小，然而其非凡的意义昭示着马克思看待人的本质问题更加具象化，对工人阶级的现实生活处境予以更加深入的关切。马克思认为，只有重新争得实物、实现人的本质的人才是现实的人。在《神圣家族》一书中，马克思理想的伦理关系视角已经被现实物质利益关系视角所取代，成为批判主导原则。马克思理论表明，马克思曾经是一个广义上的黑格尔主义者，其别具一格的哲学立场内在地承袭了黑格尔哲学，早期哲学思想吸收黑格尔辩证法思想，强调事物内在矛盾、冲突对事物发展与变化的内生性推动力。马克思在他的博士论文中详细探讨了两位古希腊唯物主义哲学家之间在自然哲学上的基本差异。尽管这一阐述还不够成熟，但马克思已经尝试性地揭示了伊壁鸠鲁（Epicurus）关于世界万物由原子和虚空构成的学说的积极意义，并展现出了一些辩证法的元素。在马克思看来，伊壁鸠鲁巧妙承继了德谟克利特（Democritus）的原子论，这意味着伊壁鸠鲁用原子偏斜运动的铁锤，砸碎必然性铸造的铁链束缚，成功穿透机械性的僵死认知，对马克思来说，代表了一种非还原论和非宿命论

的唯物主义。① 马克思与伊壁鸠鲁对"自由"的理解存在分歧，这一分歧将在其他阶段被不断深化，促使马克思对黑格尔法哲学发起批判，对曾经亦师亦友的青年黑格尔派的精神领袖布鲁诺·鲍威尔（Bruno Bauer）及其伙伴发起批判，对自己曾经认为是"真理"的唯心主义发起批判。这一阶段的马克思立足黑格尔辩证唯心主义哲学立场进行问题的分析，围绕"现象是本质的异化"，探讨资本主义社会异化现象所折射的本质问题。相对于黑格尔而言，马克思的异化观从社会历史角度出发，更加具有真理性。马克思认为异化需要在一定社会历史条件下完成，"对资本主义经济动力和要求的分析提供了解释资本主义经济如何成为当前生态危机的最终原因的许多洞见"②。具体而言，作为辩证法的基本范畴，本质和现象在揭示事物内外相互关系方面起着关键作用。本质直接决定了事物的实质和未来发展趋势，而现象则是本质的表现和异化。原子是抽象的"自我意识"异化结果。马克思以德谟克利特、伊壁鸠鲁两位古希腊唯物主义哲学家的原子论为切入点，沿用黑格尔思辨的外化探讨抽象的"自我意识"异化物，③ 即宗教、各种宿命论哲学、神话，在"否定之否定"的辩证逻辑演进下，复归至"自我意识"的本质"自由"中。在这一发展过程中，马克思完成了对"自我意识"的三层超越，超越了仅作为"实体"存在的德谟克利特的原子论，超越了仅作为"主体"存在的青年黑格尔派的抽象"自我意识"，以及超越了仅作为"抽象"个体存在的伊壁鸠鲁的个别"自我意识"。德谟克利特的原子论将自我意识限制在实体的存在层面，马克思通过超越这一局限，拓展了对自我意识的理解。青年黑格尔派将自我意识抽象为主体的存在，而马克思超越了这种抽象，将自我意识置于更为具体和复杂的社会历史背景中。伊壁鸠鲁将自我意识局限在个别抽象层面，而马克思在超越中强调了自我意识的社会性和历史性，将其融入更广泛的社会关系和阶级矛盾中。这三层超越反映了马克思在思想发展中对自我意识概念的丰富和深化，将其从局部的、抽象的存在中解放出来，纳入更为复杂的社会历史全局中。

---

① 福斯特，刘仁胜. 历史视野中的马克思的生态学 [J]. 国外理论动态，2004（2）：34-36.

② 巴里，杨志华. 马克思主义与生态学：从政治经济学到政治生态学 [J]. 马克思主义与现实，2009（2）：104-111.

③ KOHEI S. The Emergence of Marx's Critique of Modern Agriculture：Ecological Insights from His Excerpt Notebooks [J]. Monthly Review，2014，66（5）：25-46.

马克思在《莱茵报》撰稿期间，通过对普鲁士专制制度的批判，遭遇了"物质利益难题"这一较为苦恼的现实疑问。物质利益贯穿社会生活始终，从唯物史观的角度分析，物质利益成为引发社会矛盾的深层次源流。在困惑中，马克思认为，尽管在现实中利益可能占据理性的上风，但理性仍然是正确理解事物本质的途径。他强调了理性在面对利益问题时的基本地位。虽然他密切关注并分析了物质利益，但为了防止出现对理性的信仰危机，马克思强调理性对社会生活的规制作用。他主张哲学思想应该与现实世界进行双向互动，以满足理性规制的相应标准和需求。这一观点表明，马克思既重视对物质利益的深刻观察，又强调理性在认识和改造社会中的关键作用。他认为，理性规制是确保社会秩序和公正的重要手段，但也警示不应过度依赖抽象的理性，而应将哲学思想与实际社会相结合，以满足现实中不同层面的需求和标准。这种双向互动的理念体现了马克思对理性和现实的复杂关系的思考，足见信仰危机并未对马克思这一阶段的思想发展形成牵绊，反而为其开启独立思想体系，建构坚定的基石。在这一阶段，费尔巴哈（Ludwig Andreas Feuerbach）的人的类本质思想给马克思带来新的曙光，伴随马克思哲学思想的越发成熟，马克思以批判的方式，逐渐与黑格尔派决裂，马克思的异化概念已经走出黑格尔辩证法思想，带有批判意味地保留性承袭了费尔巴哈关于人的类本质思想。一方面，马克思意识到，造成人在现实中被奴役和驱使的真正本源在于政治上的异化，而非宗教上的异化，因此，马克思将宗教归咎于世俗性基础，进一步揭示宗教的世界观、价值观已经难以判定社会事物，社会已经逐渐摆脱来自宗教的约束和影响，这种世俗基础逐渐消退。马克思与布鲁诺·鲍威尔因哲学立场的原则分歧而分道扬镳，马克思开始对布鲁诺·鲍威尔进行全盘批判与超越，开辟新哲学。① 在布鲁诺·鲍威尔看来，宗教领域的自我异化主要通过对信仰与价值观的分离，尝试性通过某些形式，将宗教教义强加给人，这种现象较为常见，通过对人的异化统治，压抑和束缚人性。布鲁诺·鲍威尔认为人需要以清醒的自我意识对宗教的异化统治进行批判，这种批判过程正是对宗教异己性，通过革命行为进行有效克服，使人真正意义上获得自由——精神上的自由——这种自由让人逐渐返回到属于人自身的自我意识之中。因此从某些方面看来，布鲁诺·鲍威尔所阐释的宗教

---

① CAMPBEL B M, HANSEN J, RIOUX J, et al. Urgent Action to Combat Climate Change and Its Impacts（SDG 13）：Transforming Agriculture and Food Systems［J］. Current Opinion in Environmental Sustainability，2018，34：13-20.

异化思想与黑格尔的异化思想存在异曲同工之"妙"。费尔巴哈从人与自然的角度对宗教予以剖析，站在自然人本主义的立场进行批判，认为黑格尔将人视为绝对精神异化结果的论断相对抽象，并不具备明显的直接性，也可以说，费尔巴哈的唯物主义确立人在精神意识上的主导地位，认为人是感性的、抽象的，确定人在哲学学说中的核心价值，这种感性直观的唯物主义观点，折射出对宗教信仰的现实抨击，认为人的本质复归需要以消灭愚昧宗教信仰为主线，搭建一种"无神"的理性宗教。这种唯物主义通过人本层面的宗教异化观点，成功实现哲学研究的方向转变，将人从较为抽象的思辨中延伸至直观的对象化内在本质中。

在批判青年黑格尔派主观唯心主义和论述历史唯物主义的著作《神圣家族》中，马克思对布鲁诺·鲍威尔所代表的青年黑格尔派进行全面清算。布鲁诺·鲍威尔的自我意识哲学在批判哲学中倡导斗争的虚幻性，现实冲突被解释为概念性冲突，企图进行纯思辨形式的斗争，这种批判形式被马克思视为自我意识的工具。① 在这一过程中，马克思指出，布鲁诺·鲍威尔倡导的斗争虚幻性，是当时德国小资产阶级软弱性的反映，已经与具有反抗精神和代表先进力量的无产阶级相脱离，必然导致失败。此外，马克思认为，人与现实物质生活间存在紧密的联系。费尔巴哈自然人本主义立场的前提是自然的人，并未将感性的人置于社会生产实践中去解读，仅仅将人视为自然存在物，并未将人作为生活在现实中的实践的人、现实的人。② 马克思认为，将人看作区别于动物的，具备本质的、能动的实践能力的人，能够说明人的主体性，突出人在认识和改造世界过程中的主观能动作用。在批判费尔巴哈过程中，马克思已经摆脱直观的方式去阐述唯物主义，超越费尔巴哈自然的人。从政治经济学角度出发，马克思与费尔巴哈对人的本质理解存在差异在于，马克思认为人的本质是一切社会关系的总和，马克思已经在研究人的生活环境与其密切相关的物质基础的过程中，深刻地联合人的社会性重点特质，得出人的本质是一切社会关系总和的伟大结论。马克思在分析人的生产活动和社会关系过程中，深刻认识到人的社会性本质体现在人们相互交往和实践活动中形成的本质性特征。这一科学结论的重要性在于它突破了费

① JORGEN R, JOHAN R, ESPEN S P, et al. Achieving the 17 Sustainable Development Goals within 9 planetary boundaries [J]. Global Sustainability, 2019, 2: 1-11.
② KOHEI S. Marx's Theory of Metabolism in the Age of Global Ecological Crisis [J]. Historical Materialism, 2020, 28 (2): 1-22.

尔巴哈对个体的固有抽象类本质解读，形成了对人的本质的更为科学的认知。费尔巴哈过去主张的个体的抽象类本质解读主要强调了人的个别属性，而马克思则更注重人的社会性。他认为，人的本质并非仅限于个体的属性，而是通过社会交往和实践活动中的相互关系而形成的。在生产实践活动和社会互动中，人不仅是独立的个体，更是社会的成员，人的本质在于这种社会性的联系。这一科学认知的突破有助于深刻理解人的存在和发展。马克思的观点为后来社会历史唯物主义的发展奠定了基础，强调了社会关系在塑造人的本质中的关键作用。这也为他后来对社会结构、阶级矛盾等问题的深入研究提供了理论基础。

（二）第二阶段

异化理论贯穿于马克思一生的哲学思考中。这一阶段，马克思在阐释自身对资产阶级政治解放、人类解放间关系问题过程中，通过人本主义劳动异化批判式逻辑构序内核，表现对历史唯物主义意识、共产主义意识思想的关系认知，显然，马克思在这一阶段已经成功转变至唯物主义、共产主义，哲学思想逐渐走向成熟，他创立了历史唯物主义。这一时期，马克思的思想发生了根本性的变化，体现在内容、批判思路和论证方法上。他已经清除了黑格尔与费尔巴哈哲学思想的影响残余，将注意力更多集中在资产阶级社会历史的唯物主义分析上。第一，在内容上的变化表现为历史唯物主义的确立。马克思强调社会的发展是由于生产力和生产关系之间的矛盾，这一观点标志着对历史过程的唯物主义解释。他将社会发展的动力看作经济基础中的生产关系演变，而这一演变又推动了上层建筑的变化。这是对社会历史发展的新的、唯物主义的理解，标志着他的思想迈向成熟。第二，在批判思路和论证方法上，马克思逐渐摆脱了对黑格尔和费尔巴哈的依赖。他强调实践的重要性，提出了"唯物的历史观"，强调社会的发展是通过人们的实践活动和生产实践来实现的。这一理念使他的思想更加贴近现实社会的具体条件，超越了抽象的哲学思考。在异化概念的运用中，马克思主要关注资产阶级社会历史的发展。他通过对商品交换、劳动力市场等方面的分析，揭示了资本主义社会中的异化现象，强调了劳动者的疏离和商品化。这种唯物主义的异化概念运用，使他对社会问题的分析更加具体而有力。

异化理论具有承上启下的作用，正是异化理论促使马克思哲学保持着历史视野的高度。① 受到异化理论的影响，马克思广泛阅读诸多国家政治著作，了解其他国家尤其是北美的真实情况。北美拥有完备的现代民主政治，在国家和宗教的关系上，已经成功实现政教分离。与此同时，北美宗教依然生机勃勃。在这种情况下，布鲁诺·鲍威尔所勾勒的画面，已经被证明是不成立的。马克思认为，一方面，现代国家的内在缺陷，是政治解放的内在局限；另一方面，政治解放是有限度的，并且政治解放是一个环节，并不是结果。马克思从政治革命与现代国家已经存在的角度切入，观察北美政治解放限度。第一，北美版本的现代国家虽然是最完善的，但是依然是抽象的现代国家。第二，北美版本的现代国家虽然真正达到政教分离，属于高度的现代民主国家，但是在真正意义上，北美版本的现代民主国家属于基督教国家。在马克思看来，基督教与现代国家存在消极的相似，现代国家已经成功超越基督教下一环节，在政治上实现上一环节，通过人缔造政治国家的形式，将基督教的内在原则，即人的主权予以释放。马克思进一步论证这个现代国家的抽象性，指出，社会和国家是分裂的，现代国家是抽象的。② 马克思在揭露宗教的秘密后，认为哲学的任务在于深入世俗社会中，研究束缚人的枷锁，揭示非神圣形象中人的自我异化，揭露宗教如何迷惑人以及异化问题的根源。随着真理的彼岸世界的消逝，马克思将焦点从宗教转向法律和政治，并集中展开对它们的批判。这标志着他的批判的侧重点逐渐从国家转向其他社会层面。在对法律和政治的深入研究中，马克思运用了直观的异化思想，强调人的主体思维，对政治制度进行了批判。在这一时期，政治制度呈现出明显的异化形态，政治国家与市民社会之间发生了全面的分离与对立。这分离体现在权力的垄断、统治阶级与被统治阶级之间的对立，以及法律制度的服务于特定阶级利益的特征上。马克思关注政治的异化现象，强调社会制度中存在的对立和分离，是为了揭示社会结构中的本质矛盾，为推动社会变革提供理论基础。这一政治批判为后来马克思主义理论的发展奠定了基础，也深刻影响了人们对社会问题的理论思考。

马克思指出，宗教异化离不开现实的政治异化，因为政治国家与市民社会的异化关系，促使已经进行政治革命的现代世界中的人，依然过着双重的生活：

---

① BIERMANN F, KIM R E. The Boundaries of the Planetary Boundary Framework: A Critical Appraisal of Approaches to Define a "Safe Operating Space" for Humanity [J]. Annual Review of Environment and Resources, 2020, 45 (1): 497-521.

② John Bellamy Foster. The Renewal of the Socialist Ideal [J]. Monthly Review, 2020, 72 (4): 1-13.

天国和尘世的生活。在市民社会中，政治国家赋予每个人公民身份，而随着市民社会的发展，人们将自己置于至高无上的位置，将他人作为参照，进一步放大和追求自身利益。这些个体在社会中主要以追求个人利益为首要目标，将自私自利视为生存之道，对他人和社会公共利益漠不关心，表现出明显的无视态度。因此，从某种意义上可以说，现代市民社会中的人是异化了的、丧失了本性的人。① 在政治国家中，人通过接受虚拟的精神意识中的平等、自由，站在所谓的普遍自由的高度，立足所谓的共同体的高度，行使政治生活权利，在政治上都一律平等。促使人在意识、现实生活中过着双重生活，在政治国家中，人的生活是分裂的、外化的。总而言之，宗教只讲述超越差异的普遍性。宗教通过讲述国家超越社会的普遍性，成为人理解国家的重要支撑。宗教的重要性，在于促使人相信抽象的更重要，承认宗教抽象的性质，也就承认抽象的重要性，因而成为对抽象国家重要性的认可。也就是说，现代国家在宗教的驱动下，必然不能长久地存在。马克思认为，一旦维系国家和市民社会联系的政治认同在政治意识上出现衰弱，国家将沦为只属于市民社会内部的维持自身的工具，宗教成为一种表象下潜藏民族与阶级斗争的信仰，宗教信仰的私人性、现代社会生活公共性的矛盾，逐渐通过宗教异化对政治实施异化与分离。马克思深入探究了自由、平等、安全和财产等基本人权的实质含义，指出这些权利实际上是在市民社会中存在的自私自利个体所追求的。人的自由是通过与他人分离并获取私有财产权的核心内容，而这种权利主要体现在对私有财产的支配和处理上。马克思明确将上述四个基本人权的范畴紧紧限定在市民社会中私有财产权的范围内。

政治国家与市民社会的彻底分离，是资产阶级革命的根本原因，资产阶级成为大革命发生的主体，马克思主义市民社会理论，以政治国家与市民社会分离为依据，确立社会两分法，资产阶级并不能充当市民社会主体，因而，长期以来的民主政治发展不良，"马克思将这种物化意识称为拜物教，人们对物的痴迷与崇拜导致丧失了本真与自我。随着资本的大量增殖和资本力量的全面凸显，人们对于物的崇拜就越发强烈"②。这种拜物教实质上是市民社会中金钱崇拜的

---

① HOBOLT S B, LEEPER T J, TILLEY J. Divided by the Vote: Affective Polarization in the Wake of the Brexit Referendum [J]. British Journal of Political Science, 2021, 51 (4): 1476-1493.

② 付文军.《资本论》的意识形态批判及其辩证张力 [J]. 马克思主义研究, 2021 (9): 110-118.

一种具体表现。这种现象一方面是源于黑格尔所说的个体的特殊性原则，另一方面又与外部的必然性和普遍性相联系。在市民社会中，人们必须参与劳动分工体系，并与周围的人建立联系，才能获取维持生活所需的基本资源。这种生存条件促使市民社会中的个体将货币视为维系社会的新媒介，而不再将上帝或现代版本的国家视为媒介。活跃于市民社会的个体的行为必然会削弱支撑现代国家的抽象精神。马克思指出，市民社会将会吞噬整个现代国家。综上所述，政治解放只是有限度的，而真正的解放必须超越政治解放。

（三）第三阶段

这一阶段的马克思价值与货币理论、剩余价值，以及工资、利润及地租等理论已经趋向于成熟。在《1857—1858 年经济学手稿》中，马克思针对资本主义社会历史发展脉络进行透视性辩证分析，针对性完成带有科学性的精确分析，这些表述十分清晰，异化已经成为人类历史发展到一定程度的必然现象。

在黑格尔的哲学体系中，黑格尔认为必然性比偶然性高一个层次，将偶然性和可能性同时视作现实性承继与超越过程中的两种单纯形式。黑格尔认为，偶然性是一种他在的形式，其存在根据由他物决定。在《1857—1858 年经济学手稿》中，马克思通过分析异化劳动的具体表现形式，强调异化劳动已经成为私有财产的直接起源，揭示扬弃异化劳动对必然消灭私有制的关键价值。明确异化劳动能够通过自由自觉的活动进行劳动区分，尝试维持和强化异化劳动，完成对劳动异化性质的表现。① 这一阶段的马克思已经成功"抛弃"异化概念，甚至是全部异化理论，然而，从事实上分析，在这一阶段的马克思哲学思想中，成熟的异化理论，尤其是劳动异化理论通过持续重申的形式，在市民社会历史发展中重新得到阐发。成熟时期的马克思将异化劳动视为"以交换价值为基础"的资本主义雇佣劳动的根本特征，"马克思有关工资斗争和政治斗争的关系以及改革和革命的关系的立场也在改变。马克思在 19 世纪 70 年代对资产阶级的一些经济学家表现出更为理解的态度，这些经济学家仍在研究资本主义的进一步发展，而不像马克思那样把消灭资本主义作为研究目标"②。德国古典哲学创始人伊曼努尔·康德（Immanuel Kant）也意识到现代社会偶然性潜在的危险，《纯粹理性批判》通过"知性"自身规定为十二个先验范畴，呈现出自在之物和现

① 李本洲. 西方科学哲学的演进逻辑与马克思科学论的当代意义 [M]. 北京：中国政法大学出版社，2018.
② 福尔格拉夫，付哲，张凤凤. 对《资本论》的新认识：写在 MEGA² 第 2 部分结束之际 [J]. 马克思主义与现实，2014（3）：148-156.

象界分离，目的就是通过道德律令（"道德法""道德律"）对偶然性实施限制。英国古典经济学家亚当·斯密（Adam Smith）则试图用"看不见的手"规避偶然性带来的风险，这一隐喻出自亚当·斯密的《国富论》。在亚当·斯密的著作中，该隐喻首次出现于《道德情操论》中，然后是在早期谈及宗教思想中，"看不见的手"成为亚当·斯密幽默描述希腊神话的"词语"。在《国富论》中，"看不见的手"成为渗透于社会、道德理论的表述性思想，成为其重要的思想观点论断，即社会总是受着看不见的手指导，尽力达到并非本意想要达到的目的。亚当·斯密倡导的看不见的手尽管在内涵上与黑格尔的理性具有一定程度上相同之处，但二者还是有所不同，黑格尔不相信市场能够自动平稳地运转，这也是其最终将理论落脚于国家的重要原因。

为充实政治经济学知识，1844 年 8 月，马克思在巴黎系统性研究政治经济学。马克思运用异化概念分析政治制度表现出的彼岸性，是人本质的异化。顺延人的本质异化分析异化经济，成为马克思提出异化概念后，进行政治经济学批判的逻辑起始点。在异化概念历经发展过程中，马克思指出资本家对工人阶级进行奴役与盘剥，将工人阶级作为商品进行售卖，将劳动者作为廉价劳动力进行转卖，促使劳动者成为资本家所私有的财产，促使工人阶级成为丧失自由的低廉价值个体，在生存过程中承受来自资本家的威胁。同时也看到了"生产力所服务的对象，不仅要满足本社会的需要，同时也要满足全人类的需要，归根到底是为人类生命的再生产服务的"①。《1844 年经济学哲学手稿》是马克思以全面的、革命的观点对异化的经济学进行深刻阐述的第一部政治经济学哲学著作，在阐述劳动异化时，马克思把自由自觉的活动看作人的类本质。正如在批判政治异化时一样，马克思试图通过对异化劳动的分析来揭示私有财产的本质和基础。他批评了国民经济学家将具有历史性和自我反思性的资本主义私有财产制度抽象为自然的、超验的、永恒的事物的做法，同时也批判了国民经济学家对劳动原则的抽象性和脱离历史的原则。马克思的异化劳动批判蕴含着两个逻辑进路：人本主义批判和历史辩证批判。他通过历史辩证法清晰地阐明了异化劳动的本质，为人类自我理解提供了新的思维方式。马克思摒弃了神创史和精神史的观念，将自然史和人类史视为同一历史科学，将人类历史看作劳动的历史，系统地揭示了人的生存方式。历史辩证法所蕴含的基本内涵是历史唯

---

① 鲁品越.《资本论》的生产力与生产关系概念的再发现［J］.上海财经大学学报，2018，20（4）：4-14.

物主义，即生产力与生产关系之间的矛盾律动。异化劳动既是物化劳动，也是生产力与生产关系相统一的体现，表明资本主义只是人类发展的一个阶段。

在《德意志意识形态》中，马克思使用异化概念的哲学思想已经走向成熟，虽然仍在继续使用异化概念，但内容已发生质的变化，历史唯物主义被创立。马克思从唯物史观的现实的个人出发，对偶然性做新阐释，提出"偶然的人"这一概念。① 在斋藤幸平的观点中，马克思通过将前资本主义和资本主义社会个人的生存环境进行比较，得出一个结论，即前资本主义没有剥削人的"个性"，因此前资本主义社会下的人尽管也生活在存在着剥削的社会中，但是他们仍然是"有个性的人"，所以在当时社会中人的生产能力只能在一个狭小的范围内孤立地发展着。而在资本主义社会，人与人之间的社会关系发生了异化，从全面的联系变成了极为有限的联系，生产不再只受到血缘和地域的双重限制，而是受到资本、政治等因素的影响。据斋藤幸平的观点，马克思所描述的共产主义社会中的人与资本主义社会中的人完全不同。在共产主义社会中，社会成为由联合在一起的个体构成的共同体。在这个社会中，个体的丰富性不再受他人或资本的控制，而是由现实的生产关系所决定。随着生产力的解放，人们也会逐渐具备全面生产的能力。

马克思的观点强调个人和阶级的生成与历史发展的密切关系。他认为，不论是有个性的个人还是阶级的个人，都是历史发展的产物。这意味着个人和阶级的存在不是天生的、静止的，而是随着社会历史的演进而产生、发展和变化的。在资本主义现代性之下，马克思指出个人的存在变得更为突出，同时随着资本主义关系的深入，阶级的形成也日益显著。资本主义的经济结构和社会制度塑造了特定的个体和阶级，并推动了社会中个体斗争的加剧。个人的特性和阶级的存在都被看作社会历史过程中的动态成果。马克思的这一观点反映了他的历史唯物主义观念，即社会结构和经济基础的变迁是推动历史发展的主要力量，而个体和阶级的形成与演变是这一历史过程中的重要表现。因此，个人的有个性和阶级的存在都被看作历史条件下的产物，而资本主义的现代性以及阶级斗争的加剧进一步塑造了这些个体和阶级的特征。这一观点对于理解社会历史的动态和个体与阶级在这一过程中的演变有着重要的启示。马克思清醒地意识到，偶然的个人拥有的自由是虚假的，由于偶然的个人不能自主活动，其全

---

① 斋藤幸平，陈世华，卓宜勋. 人类世的马克思主义［J］. 南京工业大学学报（社会科学版），2019，18（3）：9-19，111.

部生存条件变成偶然的东西，因此不自由。马克思的异化逻辑中，论证主题仍然是无产阶级革命和共产主义，批判锋芒仍然是私有财产和雇佣劳动，和人本主义异化逻辑不同，马克思不再从一种被设定的人的先验本质出发，把目光局限在抽象的异化上，而是"通过探索社会历史发展中的现实的联系，真正发现了人类社会发展的一般运动规律"①。同时，通过研究也可以看到"马克思强调劳动价值论，但从未否认自然价值……"② 马克思在《德意志意识形态》中进一步发展了历史唯物主义，将经济基础明确为社会的基础。他深入经济层面，对历史唯物主义进行了更为具象化的现实考察。在这部作品中，他通过对异化状态下的社会历史的追根溯源，对人类社会各种基本活动领域内部的有机联系状态进行了深入解构。马克思认为，社会结构的基础是经济结构。经济基础包括生产力和生产关系，它们构成了社会的物质基础。在《德意志意识形态》中，马克思关注的是社会生产的实践活动，以及这些实践活动如何塑造社会的组织形式和意识形态。通过对社会历史的具体研究，马克思追溯了人类社会各个基本活动领域内部的有机联系状态，从而揭示了在经济基础的演变过程中产生的社会结构变迁。他强调了经济层面对社会的深刻影响，以及经济基础与上层建筑之间的辩证关系。马克思的《德意志意识形态》为后来的历史唯物主义奠定了基础，使人们更加深刻地理解社会历史的运动规律和经济基础对社会发展的决定性作用。这一作品为他后来的著作，尤其是《资本论》等奠定了理论基础，使他的思想体系更为系统和完备。马克思主张从根本上消除异化现象，需要政治制度以现实世界为出发点，并成为异化现象消除的力量。这涉及对特殊领域的异化问题的明确定位和解决。首先，政治制度应该以现实世界为出发点，意味着它应该深入了解和解决社会实践中产生的具体问题。政治制度不能仅仅停留在理论层面，而是需要立足于社会的实际情况，紧密关注人们的需求和利益。其次，政治制度应成为消除异化现象的力量。这意味着政治制度需要采取积极的措施，通过制度设计和政策实施，从根本上解决异化的问题。这可能包括改善劳动条件、确保公平的资源分配、加强社会福利和教育等方面的努力，以便提高人们在社会中的参与感和认同感。关于特殊领域的异化，政治制度需要明确定位并针对性地进行解决。例如，在劳动领域，政策可以致力于改善工作条

---

① 李成旺. 对传统形而上学的批判性改造与马克思主义哲学变革：重释《费尔巴哈论》的中心线索与基本逻辑 [J]. 科学社会主义，2021（3）：43-52.

② 刘仁胜. 生态马克思主义研究的一部最新代表作：评斋藤幸平的《卡尔·马克思的生态社会主义》[J]. 国外理论动态，2020（5）：170-174.

件、提高工资水平以减轻劳动者的异化感。在社会关系领域，政治制度可以通过促进平等和社会正义来缓解社会成员之间的异化。总体而言，要从根本上消除异化现象，政治制度需要以现实世界为基础，采取积极的政策和制度措施，明确特殊领域的异化问题，并通过综合的手段推动社会的整体发展，从而实现人的全面自由和全面发展。这需要政治意志、社会共识和相应的制度安排的支持。马克思正是凭借对偶然的"人"的独特阐发和批判，引出对资本主义社会的批判性张力，最终超越黑格尔哲学。

二、马克思异化概念下政治经济学批判逻辑进路的解读

（一）从"异化劳动"到"商品拜物教"

1. 经济增长陷阱

"马克思对私有财产与异化或外化劳动之相互关系的认识蕴含了对人类历史性生存的理解。"① 根据未来技术变革的巨大潜能，"脱钩问题"似乎变得容易。这个问题的答案在很大程度上取决于实现脱碳社会时间的设定期限。假定 100 年后完全有可能实现零碳排放，但届时为时已晚。全球排放最迟需要在 2025 年达到峰值，然后迅速下降，才有 50% 的机会将升温限制在 1.5℃。碳排放需要在 2030 年之前几乎减半，并在 21 世纪 50 年代初达到"净零"，才能实现这一目标。斋藤幸平（Kohei Saito）分析，如果还按照当前的绿色经济增长政策推进和面对迫在眉睫的环境问题，一些科学家估计效果实在是杯水车薪，全球正朝着比工业化前水平上升近 3℃ 的方向发展。换而言之，问题在于是否能够在未来 20 年以内阻止全球气候变化的充分的绝对脱钩。甚至是约翰·罗克斯特伦（Johan Rockström）也承认，经济增长与环境负担之间的脱钩实质上较难实现。"脱钩"可以分为"相对脱钩"与"绝对脱钩"，相对脱钩是"通过提高效率，促使二氧化碳排放量的增长率相对于经济增长的增长率有所下降"，而绝对脱钩是"在减少绝对排放量的同时实现经济增长"。"马克思通过对私有财产的运动的分析而提出的'垄断的普遍化'的主张，在当今的土地改革的历史进程中，可以被理解为人人对土地的真正'占有'和发展成果由人人共享。"② 绝对脱钩

---

① 杨栋. 重审马克思的异化概念：以《巴黎手稿》"异化劳动和私有财产"为中心的后形而上学诠释 [J]. 哲学研究，2021（10）：37-44.

② 王虎学，何锟伦."资本"视域下的私有财产及其运动逻辑：从《1844 年经济学哲学手稿》中的"地产"谈起 [J]. 中共中央党校（国家行政学院）学报，2022，26（1）：53-60.

则被斋藤幸平认为是一种"经济增长的陷阱"。

脱钩自身存在单纯却又顽固的矛盾，经济增长一旦顺利，经济活动的规模相对增大，资源消耗量随之迅速增长，二氧化碳的排放量削减越发困难。斋藤幸平认为，由此可见，在资本主义框架下的经济增长总是伴随着经济活动，但实际上这是"在资本主义等价商品交换的逻辑下，资本家为每一种价值支付的程序完全正当，因此资本不必为工人生活的贫困和自然界的破坏性后果负责"①。换言之，本质上经济增长与环境负担本身是不可调和的矛盾，而"脱钩"放在自由市场的背景下是几乎无法实现的。由此可见，在人类与全球变暖的这场赛跑中，人类几乎集齐所有不利因素，也就不难解释全球变暖的愈演愈烈。

面对这个问题，"斋藤幸平还原'马克思的生态学'的尝试仍是一种不加反思的理论重构，这既体现为将马克思笔记摘录中的思考线索简单纳入其思想主题，也表现在把马克思文本中的基本概念命题直接运用到现实问题的分析中"②。斋藤幸平得出的答案正是"去增长共产主义"，他认为只有这样才能实现人与自然真正的和谐共处。如上所述，在保障经济增长的同时，能够有效兼顾环境保护是不够现实的，一切交由市场决定的话，无论如何都不可能达成每年10%的极速减排目标，那么，唯一可行的路径便是"去增长"。"关于人类世以及气候变化的问题，归根结底是如何针对改良型资本主义开展政治斗争和政治运动的问题。而这种政治斗争和政治运动完全没有给思想、哲学的介入留下任何空间。因此，在气候变化问题面前，思想显得何其空泛虚妄。"③

这种开放程度较高的未来社会被斋藤幸平命名为"X"，在人类世中的坐标处于一个相对平等的权限区间，处于相对弱化的权利象限。"X"未来社会并不会深度依赖于某个国家，在人民民主互助实践应对气候危机上，社会状态的高度理想化，允许人在更加合理的范围内对资源予以运用，同时充分享受闲暇时光。与此同时要求人对欲望予以克制，积极摒弃奢侈程度过高的物质化生活条件。借用美国作家亨利·戴维·梭罗（Henry David Thoreau）在散文集《瓦尔登

---

① 石明星，吴海江. 斋藤幸平论马克思的生态思想及其社会变革价值 [J]. 福建论坛（人文社会科学版），2022（1）：146-154.

② 陈艺文. 斋藤幸平对马克思政治经济学的生态化诠释与重构 [J]. 马克思主义与现实，2022（2）：187-195.

③ 小林卓也，谢宗睿，陈世华. 人类世、气候变化与思想的终结 [J]. 国外社会科学，2022（2）：177-184，201.

湖》中所提及的观点，朴实无华的生活并不意味着人的离群索居，而是洗去人在社会化过程中形成的"矫饰"，促使社会回归到原始的意义范畴内。类似于斋藤幸平在《人类世的"资本论"》中所提及的，削减 SUV、牛肉和时尚快销品，而不是教育、社保与艺术。就环境问题而言，人能够完成的并不仅仅局限于使用环保袋、驾驶新能源汽车这样流于表面的善举，应当追求更加深度的低物质欲望。只有将人类看成共同体，共同为气候变化负责，才能尽最大可能接近于《巴黎协定》为未来社会制定的目标，将 21 世纪全球平均气温上升幅度控制在 2℃ 以内，并将全球气温上升控制在前工业化时期水平之上 1.5℃ 以内。斋藤幸平在《人类世的"资本论"》中，将气候变化摊开，给出"去增长共产主义"这一理想化解决方案。能否实施该方案，在于人类能否认识到"由人的实践产生的问题，必须经由实践加以解决"[①]。由此可知，斋藤幸平所表述的"去增长"的实质就是解放：对于个人，"去增长"的实质是从物质社会的束缚中解放；对于国家与人类社会，是从匮乏、贫困中获得解放；对于地球系统，是从人类并不合理的活动中进一步解放。

2. 生产力陷阱

人与人"在自然中没有任何的等级差异和阶级区分。我们也知道，资产阶级和无产阶级的区分正是人相对于自然本身的异化所直接导致的结果"[②]。在《1844 年经济学哲学手稿》中，马克思从人的类本质出发，阐明资本主义社会中劳动的普遍异化现象。唯物史观创立以后，马克思的研究视角发生根本变化，不再从抽象人本学出发分析对象化何以表现为异化，而是从政治经济学批判的视角，剖析在商品拜物教这一特殊的异化表现形式中，人与人之间的关系何以体现。在对商品拜物教进行分析的基础上，马克思阐明实现劳动解放的必要条件即"唯物史观从现实的人出发，以社会存在为第一性"[③]。资本主义试图通过提升劳动生产率削减生产成本、雇佣成本。资本在运行过程中，通过融合劳动者与生产资料，加速资本与生产资料的深度分离，这种情况造成的结果，以劳动者的贫穷为主要表现形式，导致劳动者必须在资本的持续盘剥下，才能获得

① 王晓东，李京子. 生态危机与现代性关系再审思：一种历史实践论视角 [J]. 自然辩证法研究，2022，38（4）：122-128.

② 姚修杰. 马克思"人与自然"关系思想的生态学意蕴 [J]. 学术交流，2022（10）：26-35：191.

③ 刘托托，郭俊丽. 唯物史观与人本主义异化史观辨析：马克思《1844 年经济学哲学手稿》研究 [J]. 马克思主义哲学，2023（4）：135-141.

生存空间，继而在生存过程中继续接受来自资本与资本家的剥削和围剿。在此过程中，劳动者与资本家之间的关系成为社会生产过程中的关键组成内容，成为劳动者与社会发生劳动关系的基本组成部分，这是一种人在劳动异化过程中，与社会产生的关系维系，是资本主义社会运行资本主义制度下所发生的劳动关系。从根本上来讲，这种劳动关系主要在性质上，由资本持有的生产资料形式所左右，也可以说，生产资料的所有制形式成为决定劳动关系的第一核心要素。假如劳动生产率提升，那么产出等量产品所需要的人力成本将迅速被压缩。在这种情况之下，假如资本主义社会经济形式保持不变，就会出现大规模的失业人员。① 在资本主义制度下，失业者将无法获得生存，而政客们并不认可高失业率的出现。② 因此，在这种前提下，为确保就业率，需要通过扩大经济规模的形式增加经济效益，提高生产力，这就是"生产力陷阱"。资本主义制度走不出"生产力陷阱"，也不可能放弃经济增长。如此下去，即使想要采取较为积极的行动应对气候变化，最终也会因为经济增长的陷阱造成资源的消耗与浪费。③ 鉴于此，科学家们意识到资本主义的局限性，社会化大生产与资本主义生产资料的私人占有之间存在着不可调和的矛盾，所以不可避免地产生经济危机、气候危机、能源危机，资本主义意识形态的基本功能还是为资本主义私有制和雇佣劳动制度服务的，资本主义意识形态本质上是维护资本主义剥削制度的思想体系，其软弱的气候变化政策还无法指导未来的技术发展和经济发展格局。④

3. "脱钩"带来的幻觉

脱钩的概念最早在 20 世纪 60 年代就已经被提出，来源于物理学领域，指具有相应关系的两个或多个物理量之间的相应关系不存在。在 20 世纪末，经济合作与开发组织（OECD）逐步引入脱钩理论的概念，并将其应用到农业政策发展研究中。随后，资源环境学者将脱钩概念拓展到环境等领域，用以分析经济

---

① MOORE J C. The Re-imagining of a Framework for Agricultural Land Use: A Pathway for Integrating Agricultural Practices into Ecosystem Services, Planetary Boundaries and Sustainable Development Goals [J]. Ambio, 2021, 50 (7): 1295-1298.

② PERSSON L, CARNEY ALMROTH B M, COLLINS C D, et al. Outside the Safe Operating Space of the Planetary Boundary for Novel Entities [J]. Environmental Science & Technology, 2022, 56 (3): 1510-1521.

③ FOSTER J B. The Return of the Dialectics of Nature: The Struggle for Freedom as Necessity [J]. Monthly Review, 2022, 74 (7): 1-20.

④ SORIANO C. Anthropocene, Capitalocene, and Other "-Cenes": Why a Correct Understanding of Marx's Theory of Value Is Necessary to Leave the Planetary Crisis [J]. Monthly Review, 2022, 74 (6): 1-28.

增长与环境压力或资源消耗之间的关系。这推动了"脱钩"在经济与环境等领域的广泛应用。脱钩的概念意味着将经济增长与资源消耗、环境压力等解构，寻求实现经济发展的同时减轻对环境的不良影响。经济的脱钩理论关注如何实现可持续发展，即通过提高资源利用效率、推动创新和采用环保技术，使经济增长与资源消耗、环境破坏之间的关系变得松散，甚至实现资源利用减少、环境负担降低的状态。在这一背景下，斋藤幸平在解读马克思异化概念下的政治经济学批判逻辑时，试图寻找一种不增加环境负担的经济增长形式。他提出通过新技术的应用，促使联动增长（economic coupling）中的不同领域彼此脱离，从而实现经济增长与环境压力的脱钩。这种脱钩的理念表达了一种对可持续发展的追求，即在经济增长的同时保护环境，减少资源的消耗。它强调了科技创新、资源高效利用和环保技术的应用，以实现经济与环境的协调发展。这种观点在当代的环保和可持续发展讨论中具有重要意义，为寻找更加环保、可持续的发展路径提供了一种思路。

就气候变化而言，主要在于通过运用新技术，在维持经济增长的过程中，同步减少二氧化碳的排放。例如，大部分发展中国家在发展过程中，通过建设发电站、智慧电网等基础性设施，消费房屋、汽车等大宗商品，推动经济增长，排放大量二氧化碳。① 假如在进行上述推动经济增长行为中，积极引进更加先进、更加绿色、更加有效的新技术，那么，相对于采用的原技术，将会有效抑制二氧化碳的排放量上升。目前对于能源消费与经济增长脱钩的理解存在两种声音。一些观点认为，在一定时期内，如果能源消费的速度或某些环境指标的恶化速度，或某些环境压力指标的变化速度小于经济增长速度，就可以认为出现相对脱钩或弱脱钩。这种观点着眼于相对的关系，强调在一段时间内，经济增长所引起的环境压力的增加速度相对较小，或者某些环境指标的变化相对较缓，与经济增长的速度相比有所减缓。这可能与技术进步、资源利用效率提高、产业结构调整等有关。相对脱钩的理念认为，虽然经济在增长，但相对于过去，环境压力的增加速度降低了，或者某些环境问题的严重性相对减轻。这种观点强调了在经济发展过程中，通过一些措施可以在一定程度上减缓环境问题的恶化。需要注意的是，相对脱钩并不意味着环境问题完全得到解决或不再存在，而是指相对于经济增长，环境问题的加剧速度较为缓慢。一些观点认为，真正

---

① NAVEH F. Domination through Precarization：From Butler's Humanitarian Ethics to Marx's Political Economy [J]. European Journal of Social Theory, 2023, 26（3）：373-390.

的脱钩应该表现为能源消费或环境指标的绝对减少，即环境良好的状态不再受到经济增长的推动而维持或改善。这一要求更为严格，认为实现真正的脱钩需要在经济增长的同时，实现资源利用和环境压力的绝对减少。这代表了更为理想和可持续的发展路径。

相反情况则被认为是"挂钩阶段"。在美国和英国，能源消耗正在变得更加有效，尤其是在工业部门，相对于 1980 年的水平已经产生 40% 左右的改善。在经济合作与开发组织 OECD 成员中，能源消耗占据实际 GDP 的比例也出现较大程度的下降。斋藤幸平认为，假如单纯地观察西方发达资本主义国家，"相对脱钩"无疑已经处于持续推进中。能源是现代工业化的基础，工业作为商品生产的主要领域，实际上也是创造商品价值的主要领域。自主可控、安全可靠、竞争力强是现代化经济体系的基本特征，与西方资本主义国家相对比，在巴西与中东等地区，能源消耗占据实际 GDP 的比例则产生较大幅度的上升，上述地区优先考虑的是短期内的经济增长，初级能源产品的供应量占全球初级能源产品供应量和消费量均在 65% 左右，在原有技术上投放大量资金，甚至并未出现"相对脱钩"。① 如果能源消耗下滑，那么二氧化碳排放量占据实际 GDP 的比例自然不会产生实质上的改善。由于经济增长的重心已经逐渐转移到巴西、中国等国家，因此，在观察全球二氧化碳排放率过程中，不难发现，二氧化碳排放与经济增长间的相对脱钩似乎微乎其微，这种现象下，实施绝对脱钩无异于夸夸其谈。从西方资本主义的发展过程来看，产能过剩危机或者说经济危机已经成为一种常态化的表现，经济状态已经进入了停滞常态化之中，这种经济停滞常态化也必然会导致社会意识与经济基础出现严重的脱钩行为，导致社会意识超出经济基础的发展。因此，在这种状态之下，经济发展只能保持稳定或持续下行，社会生产力水平急剧下降，失业率大幅上升，西方资本主义国家所谓的"复兴""强大"之路遥遥无期。同时，这种经济下行也会导致产业结构严重失衡，服务业难以支撑经济繁荣；政府债务负担不断加重，公共开支难以为继；福利制度难以为继，中产阶级分化，阶级对抗加剧。

20 世纪 20 年代末，资本主义陷入了一场严重的经济大萧条，这是一次较为关键的资本主义经济衰退阶段，主要在美国爆发。这个时期的大萧条对整个世界经济产生了深远的影响，导致了全球性的经济危机。

---

① RONALDO M. Book Review：（Re）Discovering Marx［J］. Review of Radical Political Economics, 2023, 55（3）：503−508.

其一，资本主义经济体系的一大特征是私有制和雇佣劳动。斎藤幸平认为，这种经济体制存在缺陷，直接影响了社会经济和生产力的发展。资本主义经济制度的核心在于对资本动员利益机制的依赖，主要通过该机制进行供需平衡的调节，促使相关利益机制达到一种平衡，但是，在实际调节过程中，相关的利益调节机制并未得到较为有效的执行，造成资本主义经济在持续增长过程中出现供需不平衡的情况。资本雇佣劳动关系的实质在于，主要以资本主义占有规律取代商品所有权规律，这种实质直接造成资本主义国家第一重经济治理陷入制度性失灵，直接削弱劳动者在雇佣劳动关系中隶属于资本的程度，最终，资本主义国家难以在劳动力商品化与去商品化中寻找到适恰的平衡点，产生资本主义国家经济治理任务失败的结果。

其二，新工具、新技术、新机器对劳动的加速排挤。传统劳动是以人为主的人类劳动力社会，尽管新工具、新技术、新机器的诞生会代替人类在某些领域的劳动，但劳动的主体是不会改变的，因此人类社会劳动的最好状态应该是以人为主、工具为辅的，但是在新工具、新技术、新机器的应用过程中，却走向了以资本主义机器生产为主的机器大工业体系。社会生产力的发展与解放是没有问题的，但在资本主义社会剥削关系下，本应该用于解放和发展生产力的存在，变成了剥削、压迫和奴役劳动者的存在。因此，资本与劳动关系呈现出较为显著的资本主义生产特征，可以将这一本质特征意指为一种劳动关系的悖论。这导致在资本主义经济条件发展过程中，无法体现"科学技术本身的助力在生产力上体现为：在每一个有科学技术参与的历史时期，科学技术帮助人类最大限度地开发自然力"①。大量传统形态下的加工制造业逐渐被资本主义生产制度所淘汰，资本主义经济的产业空心化形态逐渐加重。以美国当时的货币政策与金融产业膨胀为例，未经过及时调整的失误性货币政策，造成美国币值的大幅度波动，极大地削弱了投资者的信心，金融资本逐渐成为主要支配主体，新机器的生产体系逐渐在生产过程中呈现出衰败性态势，最终将美国的资本主义经济运行体制推入深渊，造成当时美国经济的常态化停滞。

其三，股市泡沫带来的过度经济金融发展，造成经济过度金融化。金融危机发生时的美国，在股市的涨幅速度上呈现出"火箭般"的速度，大部分股票的股价水涨船高，为投资者带去巨大的诱人经济利益，同时造成传统信贷业务

---

① 杨莉，刘继汉，尹才元. 浅论《自然辩证法》中的生态意蕴及现实价值 [J]. 自然辩证法研究，2018，34（4）：72-77.

逐年减少，融资方式出现证券化趋势。这种过度金融自由化的发展趋势，造成美国的经济呈现出较为异常的经济投资和股票价格高速上涨表现，大部分投资者在同一种资产上大量进行投资质押，促使美国经济在过度金融化条件下，出现大量金融寡头脱离实体经济的情况，在股市的疯狂涨幅中，美国出现较为刺激的大规模的资本泡沫，在全球经济市场衍生出惊人的财富膨胀与掠夺状态，其经济危机的连锁反应，造成全球金融经济市场以一种病态的虚拟壮大发展形态延续。实体经济发展在股市的高热度表象下，与资本主义经济制度严重脱节，最终造成金融危机在美国社会的全面爆发，美国国家经济陷入全面的报复性衰退局面之中。

其四，在寡头经济与权力制衡过程中，美国政治经济制度与法律制度运行的实际效率呈现出较为迟钝的表现。银行在意识到美国已经出现巨大的经济泡沫后，并未进行经济政策的调整与变化，反而以选举为契机，控制美国政府的行政管理部门，驯服相关利益集团，促使美国议会成为一个驯服利益集团的工具，不同党派为各自代表的利益集团的私利在立法机构激烈争斗，选举成为一种利益驱动下的政治工具。在此过程中，美国社会大量流动性资金已经在银根紧缩的状态下，失去活跃的资金流动性，大面积的经济衰退已经是不可挽回的危局，导致经济持续停滞，低收入阶层的收入水平不断下降。

事实上，进入 21 世纪，西方资本主义国家在 2008 年次贷危机后，经济持续停滞成为常态，二氧化碳的排放量已经处于持续下降中。1929 年，全球范围内爆发经济大危机，对资本主义国家造成了巨大的冲击。美国寄望于通过罗斯福新政摆脱危机，其他资本主义国家也采取了相应的危机反制措施以进行经济援助。然而，在德国、日本等国家，经济大危机的打击逐渐导致法西斯独裁统治的建立，并启动了针对其他国家的侵略扩张。20 世纪 70 年代中期以来，发达经济体实行再工业化战略，鼓励企业回流本土，"从人类文明史的角度看，土地与人类文明息息相关"[①]。从 IMF 的评估结果与资本主义国家的经济增长轨迹看，2008 年全球金融危机以来的全球经济各项指标均未达到危机前的水平，"在人类世语境下，西方资本主义的现代化无异于一种'自杀式'发展道路"[②]。全球范围内，对 50 个新兴经济体国家和区域的碳排放数据进行的精细化核算显示，这

---

① 解保军. 马克思"人与土地伦理关系"思想探微 [J]. 伦理学研究，2015（1）：23-27.

② 姜礼福. "人类世"概念考辨：从地质学到人文社会科学的话语建构 [J]. 中国地质大学学报（社会科学版），2020，20（2）：124-134.

些新兴经济体国家和区域经历了持续快速增长，推动不同能源和产业部门的二氧化碳排放量不断上升。这导致它们的年排放增幅高于全球平均水平，并未实现绝对脱钩，全球二氧化碳排放量以每年约 2.6% 的速度持续增加。未来，这些新兴经济体国家和区域将在工业化进程中推动基础设施建设，进一步导致碳排放的持续增长，对实现将温升控制在 1.5℃ 内的目标提出了严峻挑战。

（二）从"商品二重性"到"人存在的二重性"

马克思不仅将商品作为研究资本主义的出发点，架构《资本论》理论体系，同时将商品作为研究切点。马克思异化概念对政治经济学的历史唯物主义进行批判。消费、分配、流通及其整个过程，既是商品存在的经济方式，也是商品存在的政治方式，商品的价值也不再是由生产商品的社会必要劳动时间所决定，而是由资本家所决定，因此"马克思的政治经济学批判对象不仅是资产阶级经济学，更是资本主义社会的生产方式和生产关系，这昭示着问题本身只有在实践中才能获得解决"①。伴随商品全部可感知属性的抽象化，体现在商品中的劳动形式与有用性质被抽象化，不再通过存在明显差别的属性存在，而是以抽象的人类劳动所呈现商品的交换属性使其自身价值与使用价值相统一。价值在交换中体现，其存在必须建立在使用价值存在的前提之上。使用价值是商品存在的终极目的，是价值的实际体现者，二者共同存在于商品的整体中。从根本原因来看，一方面，劳动是指人类在生理学上的耗费，另一方面在政治经济学中，劳动创造了具有相同或抽象价值的商品。在研究过程中，斋藤幸平发现，在对资本原始积累及环境破坏上，马克思"批判了资本主义农业生产所导致的人与土地之间'物质变换'的断裂，生态学马克思主义对此还有进一步的讨论"②。另外，劳动在其劳动目的的形式上所发生的消耗，能够创造生产价值。显而易见，人类劳动具有双重性质，一方面在于创造价值，另一方面在于满足特定需求。抽象的人类劳动可以通过耗费劳动力，在符合生产标准的情况下进行生产，在处理各种内在尺度运用对象的过程中，消耗了不同形式的劳动力。从另一个角度上来讲，人的劳动存在生产全面性，不仅能够按照劳动规律进行生产，同时能够自由面对商品。人需要充分满足自然需求，自然需要满足人的对象化劳动实现生产全面性。这种生产商品的使用价值能够充分满足人的生存需要，因

① 王世强.再探异化理论与拜物教理论的关系：基于对《巴黎手稿》和《资本论》的文本考察［J］.天府新论，2023（5）：11-20.
② 林密，杨丽京.《资本论》中的农业现代化问题研究及其当代意义［J］.吉林大学社会科学学报，2023，63（5）：183-195，239-240.

此，人的劳动与商品的使用价值在历史轮转中，成为反馈人与自然统一性的抽象存在，不再是与历史无关的抽象自然性，主要以劳动创造使用价值，具备自然性特征。人并不是自然的存在的，在一定条件下发展的过程中属于社会存在物。换言之，人是社会的存在，是社会关系的总和，所以人类劳动不再能通过类别进行简单区分，人类劳动蕴含着人与人之间的社会关系，把劳动产品视作无差别劳动所凝结的价值形式，主要通过结构性表明商品的社会价值。人的自然性、社会性，在劳动二重性中予以统一，为破解人存在的价值奠定理论研究基础。马克思以商品为研究的起点，深入探讨了政治经济体系中的结构性机制，揭示了符合商品交换规律的表象下存在的对抗性。他着重分析了劳动与资本之间交换关系中的形式上从属和实际上从属的过程。在他的研究中，他关注了资本主义社会的形成、过渡以及现代状态，对资本支配权力进行了深入分析。在资本的统治下，个体存在着在资本面前为合法性进行辩护的需求。这一研究为理解资本主义社会的运作机制、阶级关系和权力结构提供了深刻的洞察分析。

斋藤幸平指出，马克思的异化理论是在批判古典政治经济学的过程中形成的，应当与马克思的政治经济学研究联系起来加以理解。从整体上考察《1844年经济学哲学手稿》，不难看出，对异化劳动的成因及其与私有财产的关系的解答，正关乎马克思资本主义批判思想的核心主题，即人与自然的分离与统一。

其一，理解劳动的二重性，首先要明确该理论是由马克思首先提出并由其发展和科学论证的，只有理解了劳动所蕴含的二重性问题，才能理解马克思主义政治经济学。在马克思的人的劳动二重性看来，劳动分为两种形式：一种是具体劳动，人通过具体的劳动创造物的使用价值；另一种是抽象劳动，抽象劳动形成价值。在抽象劳动形成价值之后，我们能够进一步解释为什么各种商品在劳动上的具体形式具有不同的价值，以及为什么它们在数量上能够产生明显的比较性。这涉及一些具体的问题，比如，特定类型的劳动如何能够为商品的价值做出贡献等。这个解释直接弥补了资产阶级古典经济学在人的劳动价值理论方面存在的重大缺陷。通过深入研究这些问题，马克思在劳动价值理论上建立了更为坚实的科学基础。他从根本上透彻地论证了价值的本真质量，揭示了劳动价值理论的实质。这种论证使劳动价值理论真正成为一种科学的理论，超越了早期经济学的表面观察，深入挖掘了资本主义生产方式中隐藏的本质规律。这样的理论基础使马克思的劳动价值理论在理解社会经济关系、剖析阶级矛盾等方面具有更为深刻的洞察力。

其二，劳动的二重性的一大重要意义，就是为剩余价值理论的出现奠定坚实的科学基础。在马克思提出并进行科学论证的过程中,他基于二重性理论,证明了在资本主义生产过程中,人在劳动过程中创造的新价值即剩余价值。在资本主义社会中,雇佣工人在资本家的工厂里劳动一天,资本家支付一天的工资;劳动一个月,支付一个月的工资。然而,在这看似平常的劳动关系中,实际上通过抽象的劳动创造了全新的剩余价值。从表面上看,资本家似乎仅仅支付了工人的劳动力价值,但实际上,工人在工作过程中创造的价值远远超过了他们所得到的工资。这部分超过工资的价值就是剩余价值。这个剩余价值恰好揭示了资本主义生产过程中,资本家无偿占有工人创造的附加价值的事实。因此,马克思通过科学的剩余价值理论深入分析了资本主义社会中剥削的本质,揭示了剩余价值的根本来源。这一理论为我们理解资本主义社会中的经济关系和阶级矛盾提供了深刻的理论基础。① 剩余价值理论建立在英国古典政治经济学与劳动价值理论基础之上,通过长期的考察和研究,历经三重发展阶段,分别是 19 世纪 40 年代、19 世纪五六十年代、19 世纪 60 年代后期至 80 年代。剩余价值理论是《资本论》的重要组成部分,被认为是马克思的"最伟大的"两个发现之一,是马克思主义社会学经济理论的基石、核心,是"科学社会主义"学说基本理论根据,是人"认识世界和改造世界的思想"。

其三,劳动的二重性理论通过人的劳动为一系列理论提出创造较为科学的依据性基础。劳动价值论是关于价值的一种凝结在商品中的无差别的人类劳动,即抽象劳动所创造的理论,从科学的劳动价值理论出发,马克思进一步创立资本有机构成理论、资本积累理论、社会资本再生产理论、平均利润和生产价值理论与资本主义地租理论等,建立科学系统的马克思主义政治经济学理论体系,最终深刻揭示资本主义生产方式的主要运行规律,生产目的是追求利润最大化、商品交换的普遍性、资本积累的连续性和扩大化。资本主义生产方式的规律包括劳动力市场竞争性与劳动力价值剥削,以及市场竞争与资本集中的趋势。这些规律构成了资本主义社会经济运行的基本特征,对于深入理解资本主义社会中的经济现象和问题至关重要。只有了解这些规律,才能更深刻地分析资本主义社会的经济发展。

(三)从"劳动对资本形式上的从属"到"劳动对资本实际上的从属"

斋藤幸平从马克思对资本主义积累一般规律的分析中发现,不平等一直是

---

① 李慧芳. 马克思"三形态"理论视域下人与自然关系演变考察 [J]. 学校党建与思想教育,2023(18):78-82.

资本主义无法根除的顽疾与痼症。社会生产力的发展目的本是实现劳动自身的解放和发展，但在资本主义社会框架之下，资本和创造资本的劳动本身出现了两极对立的现象，生产社会化和生产资料资本主义私人占有之间的矛盾成为资本主义社会的基本矛盾。这种对立最终导致的结果就是资本的两极分化，从根本上来说是资本与劳动对立所产生的社会现象。当时很多哲学家并没看到这种两极分化本质上是资本主义生产关系的反映。他们只是单纯地把这种两极分化现象看作社会财富分配的不公平，简单来说就是把这个问题归结为社会分配问题，因此持有这种认识最终也只是停留在现象的表面，而资产阶级也正是利用这个机会，利用等价交换公式为自己洗脱"罪名"。因此，只有从分析资本主义经济关系入手，从分析资本与劳动的对立入手，才能把握隐藏在社会财富两极分化背后的资本主义剥削的实质。国际金融危机爆发后，欧美发达国家的丑恶嘴脸开始展现，在自身面临危机之时，选择以牺牲发展中国家以及发达国家本土中下层弱势群体的经济、政治、社会权利和尊严为代价的发展方式，为精英特权阶层攫取巨额财富。美国作为欧美发达国家领头羊，不平等程度持续居于欧美发达国家首位，2020 年以来，美国社会收入与财富分配的失衡，造成艰难度日的低收入群体大量涌现。根据美国劳工部公布的数据信息，3 月 15 日至 3 月 21 日，以及 3 月 22 日至 3 月 28 日这两周，美国社会首次申请失业救济人数，分别达到330.7 万人和664.8 万人，数以千万计失业人口成为申领失业救济的弱势群体，饱受失业、饥饿和死亡带来的痛苦。然而，在美国资本至上、政府长期缺位运作的机制下，气候变化增大有可能加剧美国贫富差距，造成经济不平等现象的持续。美国政府对贫富两极鸿沟长期视而不见，由金融危机引发的全球性经济危机，造成社会矛盾呈现出多发、复杂的局面，加速社会走向政治极端化和不同社会阶层的对抗化。虽然大部分欧洲资本主义国家的不平等现象明显偏弱，但是伴随新自由主义的大面积蔓延，在一定时间内，高收入人群收入增加较快，而中低收入群体收入增长较慢，那么，两者的收入差距会逐步拉大。其中，大部分富裕群体的收入增长率呈现出快速飙升的发展态势，约 0.001% 的超级富裕群体享受高出以往 3 倍左右的生活水平。欧洲资本主义国家在 2008 年全球金融危机与 2010 年始于希腊的欧洲债务危机爆发后，经济增长率和生产率增长乏力，15~74 岁人群的失业率持续走高，叙利亚与利比亚等地区因战乱产生的难民危机频频出现引发并加剧一系列碎片化问题，社会治理面临日趋严峻的现实考验，而政府却通过企业私有化、价格市场化、市场自由化和完全竞争化状态，降低企业税收、缩减社会福利支出，保障资产阶级垄断利益，将新自由主义对不平等的影响逐渐转嫁给中产阶级和工人阶级，大批"全球化过程中的失败者"相继陷入生存困境。这一困境被民粹主义利用，造成贸易保护主义在欧美发达国家盛行，对传统贸易保护框架的突破逐渐覆盖和渗透到资本主义经济各个领域，呈现出诸多新动向、新特征，严重制约全球经济增长与国际贸易开展。在分配不公的利益驱使下，欧美发达国家迅速出现一种广受本土经济弱势群体支持的激进左翼加速主义，这种新自由主义私有化、非调控化政策下所积攒的怒气、怨恨，通过浩浩荡荡的抗议浪潮表现出大量不满、抵触的情绪，最终将资本主义的伪善和谎言湮没。以剥削为基础的不平等体系，以及由此引发和持续的突出矛盾，使少数社会阶层获得巨大财富，而大多劳动者彻底陷入贫困和无尽的劳动剥削中，预示欧美发达国家资本主义社会及相关的资本主义经济制度，已经陷落到资本主义社会的不公平和不稳定性中，相继爆发巨大的生产过剩危机、金融危机、合法性危机、国家治理危机、信仰危机，逐渐走向无法转变的"深渊"。

在抗议示威游行、规模性群众罢工运动中，激进左翼加速主义呈现出声势浩大的多元化主体诉求。一方面，激进左翼加速主义爆发的社会抗议规模大、辐射范围广，2020 年 6 月，由美国明尼苏达州明尼阿波利斯市"白人警察暴力执法，致非洲裔男子乔治·弗洛伊德（George Floyd）死亡"一事所引发的一连串大规模抗议示威活动，不仅直接影响到美国社会秩序，同时也给美国 2024 年总统选举的格局带来新变数，最终演变为波及美国多个城市、亚利桑那州全州及华盛顿特区的全国性抵抗运动，美国至少有 140 座城市通过抗议示威为弗洛伊德伸张正义，再一次揭开美国社会种族不平等的"旧伤疤"。此外，特朗普（Donald Trump）政府人为制造的"骨肉分离"家庭移民政策引发了大批儿童和父母的愤怒，受到了广泛批评。与此同时，美国式内卷焦虑行为，包括金钱至上、赢者通吃和保守主义等，正在推动美国逐渐演变为一个 1% 的资本主义国家。在这种模式下，美国的资本主义政治与经济似乎只为 1% 的人存在和生效，这也意味着这些行为主要为这 1% 的人所操控和摆弄。赢得 2020 年总统大选的乔·拜登（Joe Biden）看似是民意的支持最终取代特朗普入主白宫，但也反映出资本主义国家内部资产阶级利益性的弊端，即钱权融合导致的政法、司法和立法乱象，通过与国家集权主义媾和，填满富裕群体的"口袋"。这一点恰恰验证"新法西斯主义"的产生，必将通过一种战胜新法西斯主义的有效政治回应，试图表达"白人文明"正在受到攻击。2008 年全球金融危机和随后 2010 年希腊爆发的欧洲债务危机导致欧洲资本主义国家经济衰退加速。生活成本的危机加深了本土经济弱势群体的焦虑与恐慌，也加强了疑欧和脱欧的倾向。这一时期爆发了迄今为止规模最大的"泛欧抗议运动"。2020 年，受美国"弗洛伊德死亡事件"影响，在公共卫生事件越发严重的背景之下，欧洲多个国家爆发的反对种族歧视与警察暴力的抗议示威不断升级，范围、规模空前。另一方面，欧美发达国家的激进左翼加速主义在参与主体上的组成相对庞大、复杂，在参与主体的目标诉求上呈现出广泛性，参与主体的话语体系表现出多元化特点。在资本主义经济增长逻辑逐渐渗透至社会不同领域的前提下，欧美发达国家的阶级矛盾与冲突逐渐在激化中升级转型。换而言之，可以将欧美发达国家的"激进左翼加速主义"看作现代政治思想与资本主义思想矛盾、阶级话语嵌入政治动态的融合媒介，在基层运动的主导之下，形成以声援游行、罢工、暂停对外服务及社会不同主题参与的政治运动，对资本主义政治经济制度进行轮番冲击，这也促使"激进左翼加速主义"利用大数据技术掀起激烈的社会讨论，实时调整与"新法西斯联盟"斗争的原则、相应策略，通过及时公布社会运动指示，随时向种族主义、资本主义发起挑战。斋藤幸平在研究中发现尽管必须强调这种暴力过程对直接生产者的破坏性影响及其如何恶化了他们的生活条件，但也需记住，马克思将"劳动"定义为一种有意识地参与人与自然的物质变换活动的中介。从这个角度来看，原始积累致使原本统一的生产者与其客观生产条件相互分离，这必然导致工人生活及其与自然之间的关系的巨大转变。① 这种逃避现实的"激进左翼加速主义"面对着极其艰难的法律环境和制度环境，难以在改变现存秩序的斗争中有大作为。斋藤幸平通过研究"激进左翼加速主义"看出，工人阶级在群体成员结构上相对复杂，群体内部的收入差距持续拉大，制造业工人数量的占比呈现出持续下降的趋势，而"激进左翼加速主义"并未给出具备想象力的工人阶级生存方案，在大自然力量面前无能为力，失去与大自然共生的技能。从马克思的"隶属"概念来看，即使在巴斯塔尼的奢侈民粹主义已经处于新自由主义政治对立面的条件下，欧美发达国家的工人阶级自始至终"隶属"资本。这种情况意味着，美国政策的保守捍卫者普遍认为，在全球经济一体化背景下，欧美发达资本主义国家已经占据全球最为庞大的经济、政治与军事力量，这些力量成为资本主义以国家主导全球经济与科技的关键优势，能够推动全球经济在发展过程中，呈现出"帝国主义"繁荣趋势，长期对本土

---

① 斋藤幸平，刘仁胜. 重新理解马克思关于"财富极大丰富"的思想［J］. 国外理论动态，2023（5）：77-87.

经济弱势群体执行控制效果显著的压迫性勒索，以不满足工人阶级实际需求为代价，延伸对全球不同国家产生影响与控制。因此，工人阶级需要避免因隶属资本主义而无能。工人阶级需要一个长期的、艰苦的探索过程扩大组织规模，提高队伍的革命性与凝聚力，形成牢固稳定的社会主义主体力量联盟。

美国工人活动家，马克思主义经济学家哈里·布雷弗曼（Harry Braverman）通过针对资本垄断主题的研究，在其代表作品《劳动与垄断资本——二十世纪中劳动的退化》中集中指出并阐述其学术构想。在第二次世界大战后，资本主义早期，垄断组织和生产技术日益高度复杂发展条件下的生产技术革命、管理制度变革，不可能引发"工人阶级"在体力上、脑力上获得任何形式的"解放"。[①] 这种"现代帝国主义"视角下的资本主义劳动过程发展，与工业科学管理方法的大面积实施和新技术革命的迅速兴起产生正向耦合，为马克思阶级理论视角下进行"工人阶级"异化批判提供了全新的观察角度，可以从下述角度进行观察。"工人阶级"变为资本的工具，不再是传统手工劳动者，成为资本家手中可以进行买卖的物品。"工人阶级"为谋求生存利益，被动了解和掌握机器生产流程与机器生产技巧，通过机器生产技术为资本家创造可观的利润，这种隶属资本的生产方式并不是真正意义上提升"工人阶级"生产技能与认知水平的正确范式。"工人阶级"通过重复性的机械劳动大幅度提升生产效率，促使生产流程逐渐通过机械化重复趋于简化。"工人阶级"这种隶属资本的生产劳动方式不仅在创造力上严重削弱生产灵感，同时造成"工人阶级"智力和能力上的严重退化。"工人阶级"的劳动不仅呈现出明显的单调性与枯燥性，同时与资本家所编排的生产流程产生隔离。资本家以"科学管理"作为"工人阶级"劳动异化出发点，将生产流程的各个环节予以细化，通过分配至不同的工人进行独立负责，直接造成工人间彻底被切断协作与沟通，产生生产过程中的陌生化，"工人阶级"不再是了解全部生产过程细节与指标的"专业人士"。资本主义商品关系的影响下，"工人阶级"参与的生产不再"以人为本"，而是在隶属资本的过程中，成为资本家追求利润、占据市场份额的关键手段，商品关系的社会化，促使资本主义社会成为以商品关系为基础的社会，消费者与生产者产生逐渐疏远的关系，甚至逐渐陌生。

斋藤幸平通过对垄断资本主义时代，资本隶属于劳动过程的关系进行研究

---

① 哈里·布雷弗曼. 劳动与垄断资本：二十世纪中劳动的退化 [M]. 方生，等，译. 北京：商务印书馆，1979.

发现，雇佣工人阶级是资本主义国家剥削的最主要的手段，工人阶级从劳动者变成了商品的劳动力，成为资本主义国家生产资料中"活的"生产资料。原本自由发展的人本应该自觉地劳动，在资本主义剥削之下，劳动方式、职业构成和当下"最受欢迎"行业等方面，均取决于垄断资本主义积累资本的具体性质。因此，原本作为劳动者和生产商品的所有者的工人阶级，除拥有商品化的劳动力之外一无所有，只能将自身劳动力作为换取生存的条件，出卖给资本家。由于资本主义社会隶属于资本，因此，人类劳动长期存在的概念与执行的统一性，已经被成功瓦解。追本溯源，20世纪劳动中的概念与执行，过程中本是统一主体，即劳动过程自身存在一系列系统化流程，但是，对资本来讲，这种再劳动是一种并不利于资本专制的情况。假如生产依赖工匠的技能与生产过程中的洞察力，资本家将不得不配合工匠的工作节奏与工作时间，资本家将无法迅速提高生产过程中的生产力。一旦资本家强迫工匠完成生产，工匠将放弃生产。考虑到这一情境，资本家通过对工匠劳动过程的详细观察，进行劳动程序的细分。这使得他们能够通过更加精确、有效的方式重新组织生产分工流程。工匠们不得不通过主动参与资本家组织的生产来获取生存的空间，从而成为资本主义专制过程中的"活的"生产资料。从另一个角度观察资本垄断所形成的"概念"所释放的能量，资本家通过雇佣工人的方式代替工匠，工人通过执行资本家的命令完成生产目标，在这一过程中，资本家成功将概念与执行剥离，两者处于相互分离的状态。由于概念与执行分离带来生产效率的提升，资本主义社会出现生产力的大幅度跃迁，这一提升情况正如资本家预期所想，但是，相对的是工人生产能力的迅速下滑，工人无法通过劳动独立完成产品的生产。工人仅能够通过配合资本家专制获得生存空间，通过劳动变成生产线的"零配件"，彻底失去形成"概念"的自主性与主体性。在资本家持续增加支配力量的过程中，工人随时面临资本家对劳动过程的重新组合，资本家以此完成资本专制。斋藤幸平在观察资本隶属于劳动过程内生逻辑关系过程中发现，"工人阶级"的异化是资本主义社会发展过程中的必然结果，这种处于社会与"工人阶级"间的矛盾，在诉求上是背道而驰的。资本隶属已经延伸到资本主义社会各个领域的细枝末节，尽管资本主义已经在生产力上获得空前绝后的发展，但终究无法形成"未来"这一"概念"，而"工人阶级"不得不彻底地隶属于资本，执行资本家的命令。"工人阶级"只有通过组织、斗争争取更加适合生存与发展的条件，才能够在资本主义社会中充分克服资本家所主导的劳动异化现象。

三、马克思生态社会主义视域下马克思主义政治经济学重构的分析

（一）对马克思生态社会主义政治经济学理论架构前提的全面梳理

斋藤幸平归纳了马克思物质变换概念的三种运用方式。首先是人与自然之间的物质变换，其体现了人与自然的相互作用关系。马克思认为劳动是人与自然之间物质变换的前提条件，并且这一观点与社会形式无关。其次是社会物质变换，指的是不同历史阶段中人们进行生产的具体经济活动。这种变换方式在每个历史时期都具有不同的组织方式和特点。最后是自然界的物质变换，即自然界中各种物质之间的相互转化过程。总体而言，通过"物质变换"的概念，马克思描述了人与自然之间的相互影响，以及不同历史时期的社会经济形态下的具体生产过程。为准确地分析现代社会的经济特征，马克思区分"物质变换"和"形式变换"，前者仅表示不同商品之间的交换，后者则标志着货币和商品之间经济形式的转换，交换的体系，从使用价值来看，是物质变换，从价值本身来看，则是形式变换。在资本主义社会，为更好地积累一般社会财富，形式变换代替物质变换而成目的本身。交换价值从单纯的形式变成运动的内容。马克思的观点强调了人类对自然的改造能力，同时也认识到自然界对这种能力的客观限制。在他的理论中，劳动是一种能够赋予自然物质外部形式的活动，这意味着人类能够通过劳动改变和利用自然资源，创造出具有使用价值的产品。然而，马克思也指出，如果使用价值的产品不被实际使用，而仅仅经历自然界的物质变换，它们就会解体。这表明，尽管人类能够通过劳动改变自然，但自然界也有其自身的规律和限制，不受人类意志的控制。这种观点反映了马克思对自然界客观性的理解，他并未忽视自然规律对人类活动的制约。因此，马克思的理论中既包含了对人类改造自然能力的强调，也考虑到了自然界对这种改造活动的限制。这种综合的观点有助于理解马克思对人与自然关系的思考，以及他对资本主义生产方式下人与自然关系的批判。

斋藤幸平阐述了马克思的物质变换理论，这一理论通过历史和超历史的分析视角，体现了对人与自然相互作用过程及其内在矛盾的一般性理解和具体性分析。一方面，物质变换贯穿整个人类历史，具有永恒的必然性。这意味着人类的生产和再生产必须通过与自然的不断相互作用来实现，因为自然界构成了人类劳动所无法超越的物质条件。另一方面，现实的自然界的物质变换发生于特定的社会之中。人类劳动在社会发展的各个阶段会由于特殊经济形式的影响

而呈现出不同的样态。在资本主义社会，尽管人和自然之间的物质变换仍未中断，但只能在人和自然相分离的基础上发生。这使得人和自然之间的物质变换不断被扰乱和破坏。因此，对人与自然关系冲突的分析必须提升为对资本主义社会的政治经济学批判。马克思的生态学旨在对社会物质变换的历史和超历史方面进行综合分析，解释资本主义社会中"自然界的一般物质变换"和"人和自然之间的物质变换"在物质层面如何被资本价值增殖所改变并最终被破坏。

斋藤幸平探讨了马克思物质变换理论的双重批判视角，即物质变换断裂和物质变换转移。他认为，对人与自然物质变换的超历史视角的分析是马克思政治经济学批判的哲学前提。同时，社会历史分析方法展示了马克思政治经济学批判的独特价值。在物质变换断裂方面，马克思关注人类与自然之间物质变换的条件，强调劳动作为物质变换的前提。这一思想解释了人与自然之间的相互作用，并与任何社会形式无关。然而，随着历史的发展，我们可以发现人与自然之间的物质变换并非一直如此顺畅。实际上，在资本主义的经济体系下，人与自然之间的物质变换出现了断裂。这种断裂表现为环境破坏、资源枯竭等问题，导致了无法持续的发展。而物质变换转移方面，马克思的理论揭示了社会历史中物质变换方式的转移和演进。他认为不同历史时期的社会经济生产过程具有不同的组织方式，体现为一系列具体的社会形态。这包括从农业社会到工业社会的转变，以及现代资本主义社会的出现。通过这种转移，马克思深刻理解了生产力与生产关系之间以及生产与消费之间的复杂关系。总的来说，在马克思的物质变换理论中，通过对人与自然物质变换的超历史视角的探讨，以及社会历史分析方法的应用，斋藤幸平指出了马克思政治经济学批判的哲学前提和独特价值。这一理论不仅解释了人与自然之间的相互作用，还揭示了社会历史中物质变换方式的断裂和转移。马克思在生态学领域的开创性贡献，在于他对资本主义的人和自然之间关系的细致考察，这集中体现为对资本主义社会中的物质变换断裂及其全球性转移的批判性分析。马克思在《资本论》中深刻揭示了资本主义农业的掠夺性以及对环境造成的生态危害。受到利润最大化动机的驱使，资本主义对自然物质循环和补给规律的漠视，直接导致了无法修补的裂痕在自然界的物质变换循环中形成。马克思认为，资本主义追求利润的驱动力使得农业成为一种剥削和压榨自然资源的方式。资本主义农业的盈利目标往往掩盖了人类与自然相互依存的事实，忽视了自然界的物质循环和补给规律。为了追求短期利润，资本主义农业往往使用过度的农药与化肥，以及大规模的耕作方法。这种做法不仅破坏了土壤的健康和生态平衡，还导致水源污染和生物多样性丧失。对自然资源的掠夺性剥削，严重威胁着人类社会和自然环境的可持续性。而对自然物质循环和补给规律的无视，导致自然界物质变换循环中无法弥补的裂缝。随着生态系统的破碎，自然界无法有效地恢复和补给必要的资源，导致不可逆转的环境灾难和生态失衡。这种裂缝的进一步扩大，将给人类社会带来无法挽回的后果，不仅威胁着人类的生存，也对整个地球的生态系统造成了巨大的破坏。马克思在《资本论》中的这一深刻分析提醒我们，必须正视资本主义对农业生态的掠夺性影响。我们需要重视自然物质循环和补给规律，采取可持续的农业发展方式，以保护生态环境，保障人类的可持续发展。只有这样，才能避免进一步扩大这些无法弥补的裂缝，并实现人类社会与自然界之间的和谐共生。

这种资本主义不平衡生产所特有的物质变换断裂，表面上体现为国内层面的城乡对立和国际层面的生态不平等交换，在深层次上则反映资本主义大加速生产背景下，自然循环时间和资本积累时间的偏差与冲突。"高利润率导致了高积累率，高积累率反过来又导致了对原料的更大的需求，对原料的更高水平的开发导致了生产成本的降低，而生产成本的降低又会使本来就很高的利润和积累率变得更高"①，从而将生态环境问题扩展至全球范围，把掠夺自然的代价转嫁到了后代身上。资本总是试图通过发展生产力、新技术和国际商业贸易来克服其内在局限性，正是在这一过程中，它不断强化对自然的掠夺并加深内部矛盾。

（二）对马克思主义政治经济学生态阐释的剖白

斋藤幸平在对马克思主义政治经济学生态阐释的剖白中也认同，由于马克思生活在工业革命初期，这一时期人所面临的生态问题，并不是时代主要问题，因而在马克思的著作中并不存在单独论述生态文明的专著，也从未使用过"生态文明"这一概念，间接导致马克思生态思想长期处于遮蔽状态。这也是很多学者对马克思是否有生态思想或者对社会主义理论是否蕴含生态维度产生疑问的原因。事实上，马克思的生态思想并不能简单地以"生态学"的方式去理解，他所提出的生态社会主义不仅仅是建立在以实践为基础的，在人与自然、社会三者之间的辩证统一关系上，马克思正确揭示了这三者的辩证统一关系，同时也将带有批判色彩的生态社会主义蕴含在对资本主义的政治经济学批判之中。"由

---

① 詹姆斯·奥康纳.自然的理由：生态学马克思主义研究［M］.唐正东，臧佩洪，译.南京：南京大学出版社，2003：291.

此，资本出于逐利本性，总会不断超越自然的界限追求剩余价值和资本积累"①。

因此，斋藤幸平通过对马克思政治经济学批判中的生态文明内蕴进行系统性的梳理，找到了马克思生态社会主义理论对今天进行生态文明建设所具备的启示，同时也有助于强化对马克思主义政治经济学生态维度进行一个整体性的阐释，可以更加有逻辑性地把握马克思生态文明思想的形成过程，更加科学地掌握马克思生态社会主义的规律。

通过对马克思和恩格斯思想的梳理，可以发现马克思和恩格斯生态批判思想的形成具有相同的逻辑起点，那就是对资本主义社会条件下、资本主义社会条件下无产阶级劳动者生存环境的高度关注。马克思正是经历了从 18 世纪 60 年代开始到 19 世纪中后期的工业革命，看到了英国、法国等西欧国家从封建国家相继进入资本主义国家，它们完成了工业革命，实现了蒸汽机的广泛应用，从而促进了社会生产力的巨大发展，也推动物质财富出现极大的增长。这本应该是属于所有劳动者的狂欢，最后却导致无产阶级更加贫困，生态环境遭受严重的破坏，人们居住、生活和生存受到了挑战。面对恶劣的生态环境状况，首当其冲的就是人们的居住环境。以英国曼彻斯特艾尔克河畔为例，沿河流分布着大量的皮革制作厂、纺织厂等工厂，这些工厂所排出的污废物全部汇聚到艾尔克河水体中，造成原本清澈的水逐渐发臭、黝黑。工人阶级所居住的环境肮脏程度与旧城区毫无差异，恶劣程度令人发指。马克思在考察过程中搜集整理大量关于工人阶级的详细数据，分析不同种类环境污染对工人造成的残害。这种思考在约翰·福斯特等人阐释下总结为："具有自然物质变换、社会物质变换和物质变换断裂三元架构的物质变换理论，以及包含稀缺性危机和人类可持续发展危机分析的生态危机理论。"② 在斋藤幸平的观点中，他认为马克思所讨论的不仅是工人阶级在资本主义大机器工业化的过程中剩余价值遭受到的剥削，还有生态环境的剥削，这种剥削甚至要比经济上的剥削更为严重。因为马克思批判资本主义生态剥削观点的缘起，正是马克思看到了由工人所推动且应当由工人所享受成果的工业革命中，工人不仅失去了全部物质财富，同时也失去了作为人存在而应当获得的人的普遍权益，那便是维系生存和发展的最基本的生态权益。

---

① 乔尔·科威尔. 自然的敌人：资本主义的终结还是世界的毁灭 [M]. 杨燕飞，冯春涌，译. 北京：中国人民大学出版社，2015：36-37.

② 福斯特. 生态革命：与地球和平共处 [M]. 刘仁胜，李晶，董慧，译. 北京：人民出版社 2015：146-190.

　　面对资本主义生产方式的"非生态"，马克思进一步以系统的、全方位的和批判的方式，对资本主义社会如何引起人与自然关系恶化的原因进行深刻分析，资本主义对待自然的态度，是以野蛮的方式征服自然，只看到自然能够带来当下的利益，并不会用一种可持续的角度观察自然在这个征服的过程中面临着怎样一种情况。同时，在这种对自然的无尽掠夺中，资本家仍然没有忘记他们的根本任务——对工人剩余价值进行剥削，资本家正是在这种征服和剥削之下换来自己所需要的高额利润。但这种剥削和征服，不仅会导致社会财富两极分化，无产阶级和资产阶级之间矛盾的升级和尖锐化，同时也带来了人与自然关系的变化，整个人类社会与自然界之间的关系变得高度紧张，而斋藤幸平则将引起这种变化的直接原因总结为现代工业革命所带来的资本主义生产方式的变革。斋藤幸平认为，在以往的哲学批判过程中，只有马克思真正从资本原始积累途径和资本增殖目的等方面阐明了资本主义社会制度所带来的工业生产和生态问题之间的内在关联，同时将批判的矛头指向资本主义社会化机械大生产所带来的资本主义工业与农业体系。斋藤幸平赞同马克思所认可的资本主义机器大生产所带来的对社会生产力的提高及对社会财富的增加，以及这种大生产模式所带来的一系列社会问题与生态问题，同时斋藤幸平认为社会问题最终导向也是生态问题。

　　对于这个问题，斋藤幸平认为想要找到背后的答案就要从资本主义生产方式介入。一方面，从资本主义生产方式的形成过程来看，资本的发展都是建立在资本原始积累之上，资本主义大工业生产也不例外。生产力发展的最终目的是进入社会化大生产，大工业生产促进了生产的社会化，因此这种生产方式就一定会产生大量对自由劳动者劳动力的需求，而且这种需求是资本主义发展过程中所不可避免的实际需求，想要实现这种需求就要求整个社会的财富集中在上述人手中，少部分人拥有了大量货币，而他们通过这些货币又获得了大量的生产与生活资料，因此导致占社会大部分人口的劳动者失去了自身的生产和生活资料，进而导致他们不得不将自己作为商品劳动力对自己进行"售卖"，同时占有生产生活资料的人，通过购买劳动力的方式增殖自身所占有的社会价值的总额。但想要实现上述情况，就必须具备必要条件，也就是需要通过以雇佣劳动力为主要特征的资本主义机器大生产的生产方式，才能实现对社会总财富的私人占有。斋藤幸平认为马克思在分析资本原始积累与资本主义生产关系过程中指出，资本原始积累是资本主义的起点与发展前提。因为在资本原始积累过程中，对大量社会财富和生产生活资料的占有，导致大量农民被迫与土地和生产资料分离，原本拥有生产和生活资料的劳动者被迫成为无产者，被资本家无情抛弃在劳动力市场之中。在这个过程中，农民与原本不属于或者说与之关系较浅的机械化生产和城市化进程联系在一起。因此在斋藤幸平看来，资本的原始积累主要集中在暴力地剥夺农民的自有土地，这也是他后续提出"共有财产"理论的铺垫。同时，斋藤幸平认为资本原始积累所产生的影响时至今日仍然存在，远远不止于马克思所存在的社会。这种资本原始积累让无产者为获得最基本的物质生活资料，只能被迫地、无奈地、消极地出卖自身劳动力，而在资本主义完美包装下，这些被迫出卖自身劳动力的无产者从赚取最基本的生活资料，变成了追逐"梦想"和"美好生活"。这也就导致资本在对农民阶级等进行迷惑和掠夺的过程中人口迅速向城市集中，城市化进程大幅度提升，而为了容纳越来越多的劳动力，就只能不断破坏人与土地之间的物质变换形式，破坏生态环境的"领域"得以滋生。尽管这些无产者们可以通过赚取工资等方式让自身创造的价值再次返回到土地之中，但在这个过程中无产者在衣食住行上的消费，是不能再次成为土地的组成部分而返回到土地之中的，这也就导致土地持续肥力这个元素作为永恒的自然条件被破坏；因此，作为生产力发展最为集中的城市反而出现了越来越多的环境问题甚至是生态问题，比如，城市化进程加快导致的人口规模急速增长，这种增长在社会生产力发展不足时就会出现贫困，人口的文化程度下降，从而导致二氧化碳排放量上升，城市垃圾增多，生产生活所造成的环境破坏增多。另一方面，资本主义生产方式有其独特的运行特点，马克思认为资本主义机器大工业生产所遵循的并不是协调、可持续原则，而是无节制的生产、消费与废弃原则。戴维·佩珀将其观点总结为"既批判其贪婪的本性，又批判处在生产力金字塔之上的构成资本主义的生产力关系，即资本主义生产方式本身"[1]，资本家为达到资本无限增殖的目的，选择通过不限制地扩大生产规模，试图以生产规模的增加促使自身资本实现无限扩张的发展趋势。尽管这种无限扩张性生产在组织和生产上具备一定的组织性与计划性，但从社会生产的整体角度上仍然表现出明显的盲目性和逐利性，这就导致这种生产的直接后果成为周期性经济危机的根本原因即产能过剩，因此早期的经济危机实质上就是资本主义盲目扩张导致的产能过剩危机，而这种盲目的、无节制的扩张与自然的生态循环本身就是相背的。原因有二，其一，资本主义生产需要将

---

[1] 佩珀. 生态社会主义：从深生态学到社会正义 [M]. 刘颖，译. 济南：山东大学出版社，2012：105.

自然界的生产原料供应作为基本的生产前提，通过掌控资本的方式利用钱权交易，利用国家机关、法律等掌控自然界原料，因此自然界原料也成为资本家的私人财产，工人失去了进行劳动创造的最初条件。地球资源是有限的，而资本主义无限制盲目扩张的生产方式也会造成有限自然资源紧张甚至是枯竭，因此自然被迫承载着超出其承载能力的压力。其二，马克思认为劳动本是人自由自觉的行为，但是在资本驱动下的生产，不再是自由自觉的行为，反而充斥着强制性。对于根本目的是实现资本增殖的资本家，自然界的承载力、自然资源的恢复力、自然资源的总量并不在其顾虑之中，全部自然生态要素都只是资本主义的利用对象，因此，资本主义生产方式最终只会破坏自然生态环境，带领人类走向毁灭。

斎藤幸平认为，马克思对资本主义的生态批判是多方面的，正如马克思所创造的历史唯物主义一样，是系统、全面、联系、发展的，马克思不仅对资本主义生产方式进行批判，同时也对资本主义生产方式决定的消费方式进行批判。从马克思主义政治经济学的角度分析生产和消费之间的辩证关系，可以得出一个结论，即"生产规模的扩大必然是市场需求的增加"，这也是资本家选择扩大生产规模以赚取利润的原因。当生产的商品堆积，没有被购买成为"完成交换"的商品之时，资本家就无法及时获得相应利润，而这也就成为资本家资本增殖的阻碍。因此，只有市场需求与生产规模相匹配甚至是供不应求，资本家才能够最大限度地赚取利润。所以为了促使除资本家以外的群体能够与资本家的生产规模相匹配，资本家选择多种渠道去刺激消费，如"强强联合"实行垄断，缩小购买空间和渠道，或者利用不同媒介制造虚假消费需求，最大限度诱导消费。被资本所"操纵"的劳动所"生产"的消费需求，是完全虚假的存在，这种需求最终也都会转移到工人自身，因为刺激消费同时需要的是消费，消费需要资本，然而工人本身所掌握资本的数量是依靠自身劳动力所交换的，所以这些虚假需求最终都会变成资本家对工人剩余价值的剥削以及对作为"人的无机身体"的自然界更加疯狂的掠夺。所以在斎藤幸平看来，自然界在这个过程中不可避免地成为资本增殖的工具，沦为资本主义私人财富的来源。正如上文所述，资本主义生产方式会带来生产过剩，而生产过剩就会导致商品的市场价格降低，甚至低于生产价格，而资本家为赚取高额利润就会选择大量积压，甚至是如资本主义1929—1933年经济危机一般，大量销毁商品。这种行为不仅是生产资料或自然资源的巨大浪费，同时被捣毁的商品如果不加以科学处理，又会对自然环境造成二次伤害，"牛奶河流"现象屡见不鲜。更值得注意的是，这种无节制的生产、消费和捣毁不仅是对自然的伤害，同时也会逐渐压垮"自然界限"。资本主义从生产、消费再到处理方式上，都让其变成非生态甚至是逆生态的存在。因此，斋藤幸平认为马克思正是通过政治经济学生态批判，将资本主义生产方式的不可持续性揭示在世人面前，全方面批判了资本主义工业、农业对人、自然和社会所造成的伤害，这些理论不仅为揭示资本主义制度本身不可避免也不可消除的缺陷提供强有力的理论基础，同时也创造性地提出资本主义制度的反生态性本质。在马克思看来，资本主义的基本矛盾和根本目的必然会导致其与人类社会历史发展规律和生态的可持续发展之间存在不可调和的矛盾，这种矛盾并不会出现任何形式上的消亡，因为资本主义制度之下的科学技术进步，本质上也是为剥削剩余价值服务，只有通过无产阶级革命，才能够克服资本主义的问题。斋藤幸平认为在当下社会，或许可以通过意识形态变化推动资本主义制度变革，克服资本主义社会新陈代谢断裂和异化问题，最终实现人与自然的双重解放。

第二节　人与自然统一性的瓦解

一、生态社会主义思想基础——人与自然关系的思想

（一）对人与自然是辩证统一生态关系的确认

人与自然间存在的关系、历史变化，是斋藤幸平研究马克思生态社会主义过程中关键的政治经济学内容。马克思在深入研究政治经济学的《1844 年经济学哲学手稿》中，首次对人与自然的辩证统一生态关系进行了清晰呈现。斋藤幸平完整地把握了马克思所阐释的"人与自然的辩证统一关系在不同人类历史时代存在不同的表现形式。人与自然间存在原始、朴素统一的关系"观点的核心要义，并以此为研究基础，分析人与自然间存在的关系。对此，斋藤幸平指出马克思异化理论的演进过程，对马克思异化理论形成于批判"对现实永恒化理解的国民经济学观点""对现实思辨理解的黑格尔观点"等古典政治经济学过程予以确认，比较系统地理解、阐释了生态社会主义思想基础，实质上均通过联系马克思政治经济学完成。斋藤幸平认为"如果忽视生态维度，就不可能理

解马克思政治经济学批判的全貌"①。斋藤幸平从整体视角上观察马克思《1844年经济学哲学手稿》中关于国家、法、道德、生活等诸多方面问题的基本观点后，对马克思异化观的异化劳动根源及异化劳动与私有财产关系的阐述，恰好与马克思资本主义批判思想核心——人与自然的分离与统一密切相关。

斋藤幸平通过对马克思《1844年经济学哲学手稿》中有关私有财产关系观点的分析，深入理解了马克思政治经济学批判以及资本主义生产关系。在斋藤幸平看来，马克思对资本主义私有财产本质的思考并不是一个固定的公式，而是关注资本主义生产关系中劳动的异化形式。马克思在《1844年经济学哲学手稿》中探讨了私有财产的实质，在他看来，资本主义私有财产并不仅仅是一种物质的所有权，更重要的是它在资本主义生产关系中产生的社会关系。私有财产使资本家能够占有生产资料并支配工人的劳动力，导致了劳动的异化。劳动变成了商品，工人不再拥有自己的劳动成果，而是被迫出卖自己的劳动力。这种异化的劳动形式剥夺了工人的自主性和尊严，将其变成了资本家利润追求的工具。斋藤幸平指出，马克思的思考并不仅仅停留在对私有财产本质的理论分析上，而是更关注资本主义生产关系中的异化现象。资本主义下的生产关系使得劳动力的价值被忽视，工人成为无声的劳动力来源，被剥夺了参与决策的权利和享受全面发展的机会。这种劳动的异化进一步加剧了阶级差距和社会不平等。总的来说，斋藤幸平通过对马克思的观点进行分析，认为马克思的理论并非停留在对私有财产本质的思考上，而是关注资本主义生产关系中劳动的异化形式。这种思考深化了对资本主义制度下生产关系的理解，揭示了劳动力被剥夺和异化的现象，为我们认识和改变当前的社会问题提供了重要的视角。

因此，斋藤幸平将研究的重点放在异化劳动上，在分析异化劳动的成因过程中，对资本主义社会生产关系和资本主义生产历史特征进行深度分析。现代资本主义的异化逐渐成为资本主义社会全新的控制手段，呈现出"总体性"特征，逐渐发展成"总体异化"现象，异化已经向资本主义社会蔓延，人类成为文明和社会的"囚徒"。这表现在两方面。一方面，非萌芽阶段的完全体资本主义所带来的生产关系，重新定义商品的属性，将商品从物质属性上升到哲学属性，以往被动的商品化如今变成了"被动的"或者说"被迫的"主动商品化，以往旧社会中人与人之间的关系彻底被瓦解，人与人之间不再是支配与依赖关

---

① SAITO K. Kohei Saito：Karl Marx's Ecosocialism：Capitalism，Nature，and the Unfinished Critique of Political Economy［M］. New York：Monthly Review Press，2017：14.

系，每个个体被视为商品化的劳动力，成为自由的独立主体，人在现代化教育的迫使下，需要将梦想寄托于"职业"所带来的收入之中。另一方面，在资本主义生产过程中劳动者与生产资料的统一性被直接否定，劳动者失去原本就属于其的生产资料，同时，资本家无偿占有劳动者的生活资料，压缩劳动者的生活空间，降低劳动者的生活质量，因此劳动者如今不得不通过出售自身劳动力以获得原本属于他的生存空间。正是由于资本主义制度下生产关系的现实分离，劳动不再是人类的本质行为，也不再体现人类与其他动物的区别，以及个体自由价值的特征。在资本主义的经济体系中，劳动力已经成为一种被商品化的资源，而不再是人类天生的本质行为。资本主义追求利润最大化的逻辑，把劳动力看作一种可以买卖和操控的商品，使得劳动虚化和异化。工人的劳动不再是出于个人的创造力和实现的愿望，而是被迫出卖自己的劳动力，为资本家创造利润。这种现实的分离使得劳动失去了原本使人有尊严和成就感的特质。对其他动物而言，劳动是为了获取生存所需的物质条件，而人类的劳动则超越了单纯的生存需求，体现了人的主观个体自由意志和创造性。然而，在资本主义制度下，劳动被剥夺了它与个体自由意志和个体成就相关的价值。劳动力成为被剥削和操控的对象，无法真正实现个体的自由发展和创造力的表达。总的来说，资本主义的生产关系导致了劳动不再是人类的本质行为，并剥夺了劳动与个体自由意志和创造性相关的价值。这种现实的分离也使得人类与其他动物的区别逐渐模糊。我们需要深刻认识和思考资本主义制度对劳动的影响，以及劳动的本质和意义，以寻求构建更加人性化和有尊严的生产关系的途径。资本主义制度下资本与雇佣劳动关系的真正确立，标志着人与自然关系的历史性转变。据斋藤幸平的观点，只有马克思所提出的共产主义才能真正解决人与人、人与自然之间存在的矛盾。"马克思在生态学领域的开创性贡献在于他对资本主义的人和自然之间关系的细致考察"①，为了达到这个目标，斋藤幸平认为我们需要恢复劳动者与生产资料之间的关系，并实现人与自然之间的有意识的组织和调节。在资本主义制度下，劳动者与生产资料的关系被剥夺和扭曲。劳动者失去了对生产资料的掌控和决策权，这种剥夺导致了人与人之间的不平等和矛盾。而共产主义旨在恢复劳动者与生产资料之间的联系，使劳动者能够有更大的自主性和参与度。通过共产主义的实现，劳动者将重新获得对生产资料的支配和使用

---

① SAITO K. Kohei Saito: Karl Marx's Ecosocialism: Capitalism, Nature, and the Unfinished Critique of Political Economy [M]. New York: Monthly Review Press, 2017: 15.

权,从而能够更好地满足社会的需求。此外,共产主义还意味着实现人与自然之间的有意识的组织和调节。在资本主义的生产方式中,为了追求利润最大化,往往忽视了对自然资源的保护和可持续利用。这导致了环境污染、资源枯竭和生态系统破坏等问题的加剧。共产主义的目标是重新建立人与自然的和谐关系,通过有意识的组织和调节,保护和恢复自然生态系统,实现可持续的生产和消费模式。这意味着要考虑到生态环境的承载能力,把人类对自然的利用纳入可持续发展的范畴。要实现这样的目标,共产主义需要建立一个更加民主、公正的社会制度。劳动者将成为生产的主体,直接参与决策过程,决定生产的目标和方法,而不再被资本家和市场的利益所驱使。这将促进一个更加平等和包容的社会的形成,减少社会阶级分化和不平等的存在。斋藤幸平认为,共产主义的实现是解决人与人、人与自然矛盾的关键,通过恢复劳动者与生产资料之间的关系,通过人与自然的有意识的组织与调节,我们可以建立一个更加公正、可持续、和谐的社会。但要达到这个目标,需要进行深入的思考和广泛的社会变革。只有通过不断探索和实践,才能够实现这个愿景。

这就意味着,马克思在将研究重点投入政治经济学前,已经将人与自然的关系问题作为理解资本主义生产方式的核心,将更高层次上存在的否定之否定视为社会的未来任务。因此,在后续的研究中可以发现,更为关键的一点在于,人与自然的统一性问题在马克思研究政治经济学过程中是持续深化的。通过对《德意志意识形态》的研究,斋藤幸平发现,马克思已经充分运用唯物主义分析人与自然间相互作用的劳动中介性质与社会历史特征。这一发现表明,马克思在对人与自然的异化问题上发生了重大的思想转变。他不再将资本主义下的异化统治与人与自然辩证关系的哲学理念对立起来,而是通过对资本主义生产形式的探究,来思考资本主义制度下人与自然关系对立的建立方式,同时探索解决未来人与自然关系统一的路径。在马克思的早期理论中,他曾将资本主义的异化统治与人类与自然存在的辩证关系进行对立分析。然而,随着他对资本主义生产形式的进一步研究,他开始认识到,资本主义制度下的异化统治实际上是通过建立人与自然对立关系来实现的。资本主义追求利润最大化的逻辑,将自然资源视为可无限消耗的,这导致了对环境的破坏和资源的枯竭。人类与自然的关系从和谐共生转变为对立对抗。然而,马克思并不满足于仅仅揭示问题,他更为关注的是寻找解决人与自然对立问题的途径。随着对资本主义生产形式的深入研究,他试图探索一种将人与自然重新统一的方式。这意味着在重建社会关系的同时,考虑到自然的可持续性和生态系统的平衡。马克思不仅提出了共产主义的理念，更强调了人类与自然的和谐共生，将其作为未来社会发展的目标。因此，通过马克思的思想转变，我们认识到资本主义制度下的人与自然对立是如何建立的，并且被激发着去寻找人与自然统一的解决路径。这对我们理解和处理当今全球性的环境问题具有深远的启示和指导意义。只有在关注人与自然关系的整体性和可持续性的前提下，才能够构建一个更加和谐、平衡的社会和自然生态系统。正因为此，斋藤幸平概括了马克思物质变换概念的三种运用方式，分别体现为"人和自然之间的物质变换""社会物质变换""自然界的物质变换"。①

（二）对劳动是人与自然联系中介的反思

马克思在《1844年经济学哲学手稿》中指出，资本是积蓄的劳动，是对劳动及其产品的支配权力。人类的劳动实践活动是连接人与自然的中介。斋藤幸平在反思劳动是人与自然联系中介的过程中，认为人类与自然本身是对立统一的整体，但其中人类通过实践活动所创造的是人化自然，而原本存在的自然则是自在自然，人在人化自然的过程中同时也在被自然化。这正是马克思在论述人与自然关系时所提到的主体客体化和客体主体化的过程。虽然人类本身是生存在自然界中的，人类社会也是自然长期发展的产物，但人与自然之间的连接主要通过一种中介来实现，而这个中介就是劳动。劳动使得人与周围事物形成了实际的联系，从最初的简单满足生存需求，逐渐发展为具有目的性和意识的实践活动。马克思强调了劳动在人与自然关系中的重要作用。通过劳动，人类能够改变和利用自然资源，以满足自身的生活需要。劳动不仅是一种生产手段，更是人类与自然之间相互作用的重要媒介。通过劳动，人们与自然界的事物产生了紧密的联系，创造了物质财富，也实现了自身的发展和成长。人与自然的关系不仅是一种客体化过程，即人通过劳动将自然界的物质转化为符合自己需求的产品，也是一种主体化过程，即通过劳动，人对自然界的认识和理解不断深化，从而使自身的意识和能动性得到提升。劳动不仅满足了人类的物质需要，还使人们逐渐实现了自己的目标与价值。因此，劳动是连接人与自然关系的纽带，通过劳动，人类与自然之间建立起了现实而有意义的联系。马克思的这一观点强调了劳动在人类与自然之间扮演的关键角色，为我们思考和解决当今面临的环境和社会问题提供了重要的思想参考。正是这种有意识的自发的、自觉

---

① SAITO K. Kohei Saito：Karl Marx's Ecosocialism：Capitalism，Nature，and the Unfinished Critique of Political Economy ［M］. New York：Monthly Review Press，2017：74-78.

的、自由的劳动,带来了人类文明与社会的进步,人类能够越发地认知自然和改造自然,继而获取相较于衣食住行等基本生活更为复杂的物质需求。这种通过认知自然、改造自然获得自然资源,凭借获得的自然资源进而进一步改变自然的劳动,是人类与自然进行物质交换的真实过程。

因此,人类社会发展的历史,实质上就是人类通过实践活动认识自然和改造自然的历史,也就是人化自然与人被自然化的历史。人类社会的本质就是劳动实践活动创造的人化自然界,换言之,既然人化自然的活动是人类的劳动实践活动,那么人化自然中就充斥着人类的普遍认知与实践痕迹,人化自然的目的就是创造能够被人类意识所支配的自然界,最终实现的是人类不断认识自然、改造自然,之后掌控自然,让被掌控的自然成为人类现实的自然界,因此这种人化自然是与先天存在的并不被人控制的纯天然的自在自然对立统一的,两个自然界共同组成整个自然界。斋藤幸平通过研究产生新的认知,他认为马克思已经将资本主义社会下人类的劳动总结为:导致人与自然关系从同一化走向异化、分裂的初始化因素。这种因素导致整个自然界被迫分割为人化自然与自在自然两个完全对立的存在,但同时马克思认为这种对立并不是人与自然的正常关系状态,正常的关系状态应该是对立统一的存在,但很明显资本主义社会下的自然界,已经成为不单单是满足自身生存需求的存在,而是满足资本主义私人占有目的而存在的对象,是可以任人随意处置的存在。简而言之,资本主义社会下的人类将自身置于自然界对立面,正因为如此,人类丝毫不会顾及在发展过程中给自然带来的破坏甚至是毁灭。所以斋藤幸平强调,马克思的生态社会主义理论中是承认人化自然与自在自然对立性,但同时更加强调人化自然与自在自然之间统一性。人作用于自然界需要通过一定的实践活动,这种实践活动在人化自然的同时,自然界也在反作用于人类。例如,人的劳动实践活动需要接受自然界的制约。尽管在改造自然的过程中,人作为具有自由自觉行为的存在,相比于地球上其他存在能够极大程度上影响和改变自然,但同时,人在改造过程中又会受到生产资料的限制。在资本主义生产方式的生产资料限制下,人成为在资本主义社会高速发展、工业文明迅速扩张过程中,扩大人化自然范围的牺牲品。作为自然界长期发展的产物,人在生存与发展的过程中并不是随心所欲的存在,在受制于自身创造力的同时,还需要接受来自环境、资源等不以人的意志为转移的条件制约,也就是自然的客观性影响。所以正如恩格斯(Friedrich Engels)在《自然辩证法》中提出的"自然报复"思想,这里的"报复"是恩格斯使用的比喻说法,指人类违背自然生态平衡规律,罔顾自然价值而进行的盲目改造，致使人和自然极端对立，而招致自然界的"报复"。这种"报复"源自资本主义生产方式所奉行资本利益最大化的原则，急功近利的资本家会最大限度地掠夺自然资源及一切生命，试图统治和主宰自然，必然导致生态系统遭到破坏。斋藤幸平认为，在实现人与自然和解过程中探索和解路径，需要克服"自然报复"，充分认知并利用自然规律，释放主观能动性，逐步形成人与自然的良性互动，在积极变革资本主义制度过程中，通过实现共产主义，实现人与自然彻底的和解。

（三）对共产主义社会是实现人与人、人与自然和谐的社会形式的考量

共产主义社会与资本主义社会二者社会形式有着巨大差别，共产主义社会的社会形式是人与人、人与社会、人与自然和谐共生，因此马克思也将人总结为社会关系的总和，所以从实质上来讲，人类社会就是人与人的关系总和。而人与人之间的关系总和又会决定社会形态的性质，例如，以商品经济为主，存在剥削和压迫的社会关系所代表的正是资本主义社会。所以在斋藤幸平看来，全人类的历史，实质上是自然历史与社会历史统一。这种统一表明，离开自然的人类是难以生存和发展的，离开人类的自然也将成为一个无价值的存在。在考察马克思关于人与自然关系的论述过程中，斋藤幸平发现，马克思论述的内容中存在一种深层次的逻辑关系。人与自然的对立和资本主义私有制密切相关。人与自然相互对立的产生，根本原因在于资本主义私有制。在资本主义社会当中，人与人之间的关系变成每个人都是他人主要追求利益最大化的目标，从侧面可以看出资本主义社会中人们被剥削和奴役的社会关系。在马克思看来，资本主义私有制助长了社会关系愚蠢的片面性，使社会关系在运行过程中对自然产生反作用，完全颠倒了人和自然之间的主体和客体关系，自然界变成人的附庸，人对自然的索取毫无节制，这不仅造成了人与自然关系的失衡，而且造成了不可逆转的环境和生态问题。若想从根本上停止自然对人类的报复，就必须实现人与自然的完全和解。唯一的方法是对资本主义进行变革，促进共产主义的实现。这种共产主义是解决人与自然、人与人之间冲突的真正途径。由此可见，在共产主义社会中，自然和人类自身都必须克服异化，促使资本逻辑向自然逻辑回归，使人类成为具有能动性和自觉性的自然主人。从本质上来看，人与自然的关系即人与人之间的关系。可见，人与自然若想实现真正的和解就要实现共产主义。斋藤幸平在考察马克思关于人与自然关系的论述时，深入探讨了其观点中所包含的消除人与自然对立的独特理论视角和价值立场。在马克思的观点中，促进人与自然和谐发展，实现人与自然共存以及实现人类自由发展

的统一，是人与自然关系的终极目标。斋藤幸平认为，要打破人和自然之间的对立，解决人和自然之间的冲突，实现人与自然之间的和解，就必须实现人与人之间关系的改变。有鉴于此，马克思强调要从根本上改变资本主义制度及其产生的生产生活形式和价值观念，以推动人类社会向共产主义社会迈进，真正解决人与自然之间的冲突，彻底消除人与人之间的矛盾，实现人和自然的和谐。斋藤幸平认为，马克思关于人与自然关系的论述，为正确看待和把握人与自然的关系提供了基本的理论指导和思想方法。人类应始终对自然怀有感恩之心，秉持敬畏自然的科学态度，遵循自然发展的客观规律，在劳动实践中坚持对自然的保护和回报，实现人与自然的和解，实现人的全面发展。因此，"马克思的生态学是对社会物质变换的历史和超历史方面的综合分析，致力于解释'自然界的一般物质变换'和'人和自然之间的物质变换'的物质层面如何被资本价值增殖所改变并最终被破坏"①。

二、资本逻辑操控下人与自然统一性的关系裂变

（一）对资本依循无限扩张逻辑压缩人与自然统一生态空间的肯定

资本的本质属性是无限扩张，在资本主义的发展过程中，也是按照无限扩张的逻辑运行的。斋藤幸平从马克思主义理论的视角出发，观察了人与自然生命共同体的特征，并从哲学伦理的角度分析了资本追求无限扩张逻辑对人类和自然生态空间统一的压缩现象。资本作为一种经济形式，其目标是追求利润最大化。为了实现这个目标，资本主义不断扩大市场规模、提高生产效率，进而加速资源消耗和环境破坏。这种无限扩张的逻辑使得资本的发展成为一种无止境的过程，无论是对人类社会还是对自然生态空间都造成了巨大的压力。斋藤幸平从马克思主义的理论框架出发，指出资本主义的无限扩张逻辑对人与自然的统一生态空间产生了压缩作用。在资本主义的发展中，为了获得更高的利润和竞争优势，资本不断侵占和占据自然资源，限制了人与自然之间的和谐互动。资源的枯竭、环境的污染以及生物多样性的丧失，直接影响了人类的生存和健康。这种无限扩张的逻辑忽视了人类与自然的共同体关系，破坏了生态平衡，对可持续发展构成了巨大威胁。因此，斋藤幸平通过马克思主义的视角，强调了资本追求无限扩张逻辑对人与自然统一生态空间的压缩效应。这为我们认识和反思

---

① SAITO K. Kohei Saito：Karl Marx's Ecosocialism：Capitalism，Nature，and the Unfinished Critique of Political Economy［M］．New York：Monthly Review Press，2017：74-78.

资本主义对环境和社会问题造成的影响提供了重要的分析框架。进一步探讨如何在社会和经济发展中实现人与自然和谐共生，并推动建立可持续的生产和消费模式，对于保护和恢复人与自然统一生态空间具有重要的指导意义。资本会抓住一切扩张机会，只要利润充足，资本就敢于触碰任何道德和法律底线，通过无限扩张的方式来获取经济利益。在资本发展的过程中，需要不断创造财富和占有财富，而不是基于满足人类生存和发展的实际需要。在这一过程中为了促进扩张目标的实现，资本将自然当作主要工具和对象，通过物质化来占领和掠夺自然生态空间以及自然界中的物质来源。从另一个角度看，资本扩张的整个过程就是资本占领生态空间的整个过程。生态空间提供必要的生态服务和产品，以自然力为生产和再生产的基本条件，形成人与自然关系和谐的基础。资本需要占领生态空间以满足无限扩张的需求，通过破坏性手段实现对土地等资源的圈占。马克思在《资本论》中多次批评资本所演的"羊吃人"游戏，造成农民失去土地等生态空间。资本家为获取高昂的利润，将工人集体囚禁在狭小肮脏的居住空间内，将生态空间作为公共产品，大肆掠夺和破坏，资本主义通过这一过程，在生态空间上烙印资本增殖标记，将生态空间据为己有，导致生态空间萎缩甚至消失。为防止生态空间增加资本主义生产成本，资本生产通过控制成本污染生态空间，导致自然界的再生产因素日趋恶化。

（二）对资本空间聚集撕裂人与自然统一性的物质变换循环圈的主张

在资本追求高利润的过程中，资本积累通常是通过无情地剥夺欠发达地区的资源来实现的。最典型的例子即城乡分离，资本从利润率低的地区转移到利润率高的地区，直到利润率大致平均才停止。在第一次社会大分工即工人和农民的分工之中，造成了城乡分离的情况，导致城市与资本、农村与土地的独立发展。资本主义大工业的发展要求进行集中生产、聚集人口等要素，因此工业化城市应运而生并迅速发展。城市开始拥有相对独立的产业基础，从简单的消费群体过渡到生产群体，对农村和土地的依赖性逐渐减小。城乡分离不仅改变了传统的工农结合、农村自给自足的生产模式，还导致农民需要接受少量的交换行为，通过对劳动产品的交换来满足生活需求。在这种情况下，原本属于农村的资源不断向城市流动，给农村地区自身的持续发展带来了不良影响。城市化过程中，城市的经济繁荣和农村的资源外流形成了一种不平衡的局面，这对农村地区的可持续发展构成了挑战。在这个过程中，资本家逐渐将工商业集中在城市，以增强资本竞争优势，导致城市人口不断增加，而农村人口逐渐减少。这种资本的空间聚集导致城乡分离成为资本逻辑在经济空间中的典型表现。随着资本在空间上的掠夺，大量农村人口流向城市，形成了人口集聚的趋势，而农村人口在日常生活中消耗了大量的土地资源。由于空间问题，这些土地资源无法得到充分的恢复，导致人与土地之间的物质循环中产生了难以弥合的裂缝。斋藤幸平认为，在马克思的观点中，人类可以通过劳动实践对自然界的物质资源进行占领，而自然则通过分解和吸收人类的生产和生活垃圾来促进资源和环境的再生产，形成人和自然之间的物质交换循环。然而，在资本聚集的过程中，农村人口向城市集聚，导致了这种物质交换循环中的撕裂性打击。这种撕裂性打击表现为土地恢复自然肥力所需的自然条件被取消。资本全球化过程中，资本空间聚集现象不仅在国内表现为显著的城乡分离，还在全球范围内表现为多层次的发展趋势。这种现象导致了全球城乡分离的普遍性，同时在国家、民族和地区之间也造成了显著的不平等问题。资本逻辑的聚集方法使得不同地区之间存在着显著的经济和社会不平等。马克思认为，资本空间集聚的增加不可避免地导致自然资源的区域枯竭，造成污染物排放的空间转移等问题，并在全球范围内导致人类与自然之间的物质循环裂缝。因此，资本的空间布局形式使资源循环在人与自然的物质变换过程中产生了断裂，导致全球性的严重生态问题。

（三）对资本压缩运转周期透支人与自然统一性发展可持续性的反思

资本家发现，资本具有较短的运转周期和较快的运转速度，这使其能够用更快的速度占用越来越多的自然资源，实现越来越快的资本增殖。有鉴于此，资本家在资本快速扩张的过程中，不断缩短资本运转的周期，在自然资源数量较为有限的前提下，获取资本利益，这种逐利行为与生态循环周期形成矛盾，并未估计到生态循环的限制性。资本通过突破自然界限制的生产周期，撕裂生态循环周期，造成生态危机爆发。在努力克服经济危机的过程中，资本主义又面临着新的挑战。自然资源遭受了无休止的掠夺，废气、废水的排放量不断增加。生物种类越来越少，环境问题日益严重，如酸雨、臭氧层破坏、温室效应以及土地荒漠化等。这些新的挑战均表明，资本主义在经历了经济危机之后又出现了新的危机，即生态危机。

资本主义生态危机的经济根源是其产生的决定性因素，它决定并支配着资本主义生态危机产生的其他根源。其他根源无疑也影响着资本主义生态危机产生的经济根源。若想解读资本主义生态危机的制度根源，需要对资本主义制度的合法性危机进行分析。自由竞争资本主义制度的本质是政府履行"守夜人"的角色，允许市场自由活动。在这样的背景下，产生了凯恩斯主义经济学，其本质是主张政府对经济进行干预，市场力量部分听从政府力量，从而对资本主义制度产生影响。在凯恩斯主义经济学的指导下，资本主义国家开始广泛干预社会经济生活，从而在一定程度上减少了经济危机的发生频率。政府的介入使得资本主义生产过程中的决定性因素发生变化。在阶段性妥协的同时，政府通过行政制度获得了相对有限的规划能力，通过形式化的民主架构获得合法性，从而被动地避免了危机的产生。这迫使国家允许越来越多的外部条件逐渐进入体系，从而滋生资本主义合法性危机。在这种情形下，资本主义社会的阶级统治并不会通过雇佣关系持续，实际上的权力格局直接决定了阶级间的利益勾连。由于资本主义国家无法确保行政行为是否正当，资本主义合法性危机因此出现。资本主义处于合法性危机中时，倾向于使用非政治性的补偿性政策来维持统治过程的合法性。一旦资本主义国家承诺对商品和财富的持续提供，低收入群体就会习惯性地期待经济增长和生活水平的提高。资本主义国家在不断削弱群众的主观政治意识的过程中，需要对外进行不断扩张，导致资本主义制度与生态系统之间的矛盾加剧。

以农业发展为例，资本家利用先进的科技和工业发展方式，让植物能够快速从土地中获取足够的营养。然而，全年轮作并没有为土地留出休息和修复的时间，使土地资源在短时间内造成了难以挽回的破坏。在资本对运转周期进行压缩的过程中，农业也难以得到可持续性的发展。总而言之，在压缩资本运转周期的逻辑和具体实施过程中，生态循环过程发生明显的周期性紊乱，造成生态循环过程的戛然而止，这种情况的普遍性正在逐步增强。在控制资本压缩运转周期的逻辑下，加快生产、消费和排放的发展路线已成为资本主义社会发展的基调。在资本主义社会中，一切政治、科技和文化活动都围绕着上述发展路线进行。政治只是资本在利益发布过程中的代表，科技成为资本剥削自然的工具，文化成为资本获取的成果，表明上述维度已成为资本加速运作的工具。斋藤幸平认为，资本逻辑控制的发展周期直接导致自然资源的巨大损失。资本加速运转过程中，大量污染物排放出来，打破了自然物质变换循环，这对经济社会的未来发展极为不利，甚至埋下了危机隐患。"只有当人们把资本主义社会的异化理解为人类与地球之间原始统一性的消解时，才会认识到马克思的共产主义计划始终旨在有意识地恢复人与自然的统一。"①

---

① SAITO K. Kohei Saito：Karl Marx's Ecosocialism：Capitalism，Nature，and the Unfinished Critique of Political Economy［M］. New York：Monthly Review Press，2017：42.

第三节　马克思的"去哲学化"理论

一、马克思哲学态度的转变

（一）对 1839—1841 年阶段马克思哲学态度转变的分析

斋藤幸平对 1839—1841 年这一阶段马克思哲学思想体系的发展演变过程进行分析后发现，马克思对于哲学持有肯定的态度，从其博士论文到《莱茵报》，马克思深受古希腊哲学思想的影响，不断修正并最终形成完整的哲学思想，并于 1841 年 3 月底整理完成博士论文《德谟克利特的自然哲学和伊壁鸠鲁的自然哲学的差别》（简称《博士论文》）这一早期著作。

《博士论文》主要分为两部分。在第一部分中，马克思主要对以往对伊壁鸠鲁哲学的误解做了简要的解释。通过旁征博引的论述，阐述哲学史上所存在的论断大致趋同。马克思认为，两位哲学家虽然在同一学说上存在相同主张，但是，两位哲学家的学说主张间存在十分隐蔽、关键的差别。马克思对伊壁鸠鲁和德谟克利特的原子论的分析凸显了伊壁鸠鲁对德谟克利特理论的进一步发展和完善。根据马克思的观点，伊壁鸠鲁在原子理论中的贡献主要体现在对原子运动和形成世界的机制的深刻思考。首先，伊壁鸠鲁对德谟克利特的原子理论进行了进一步完善，指出了原子在虚空中运动的原因，并强调了原子的偏斜运动。这一观点对于解释原子碰撞形成旋涡、从而创造一切事物具有关键意义。马克思认可伊壁鸠鲁关于运动是通过物质内容形成的观点，这意味着伊壁鸠鲁成功地回答了德谟克利特理论中无法从外部解释运动起源的问题。其次，马克思强调了伊壁鸠鲁与德谟克利特在辩证法和机械决定论方面的不同。德谟克利特的原子论未能深刻理解原子的辩证本质，而伊壁鸠鲁通过研究原子的偏斜运动，克服了机械决定论的片面性，将原子理解为构成物体的元素和物质基础。这使他能够更全面地理解原子作为创造一切的基本原理和宇宙形成的最初基础。因此，马克思的分析强调了伊壁鸠鲁在原子论方面的独立思考和对德谟克利特理论的创新发展，以及伊壁鸠鲁的原子论与辩证法和机械决定论的融合，为后来哲学和科学的发展提供了重要的理论基础。

因此，伊壁鸠鲁的原子论可以成为连接本质与现象世界、原子与自然、逻辑与现实的关键。博士毕业后，马克思的哲学思想伴随社会经历产生态度上的转变。马克思开始对费尔巴哈、施蒂纳（Max Stirner）哲学的内在思辨性予以批判，他把批判哲学定义为"对当代斗争和愿望作出当代自我阐明"，足见马克思主义哲学以"对社会现实和思想现状的批判为支撑"。在《路德是施特劳斯和费尔巴哈的仲裁人》中，马克思阐明批判思辨哲学并不是批判哲学本身，并未对哲学本身进行否定。马克思在《〈黑格尔法哲学批判〉导言》中指出，德国得以解放的唯一武器必须是哲学，人类解放也需要从哲学开始，这是马克思对哲学本身所给予的高度肯定。

1842 年 5 月起，马克思参与《莱茵报》撰稿。在将近一年的时间内，马克思通过撰写 35 篇政论、按语和声明等，形成主题相似、内容相连的政论群，由此在研究过程中开始转向政治经济学的研究，发生思想的第一次转变。《莱茵报》时期的政论群，是马克思面向现实问题展开的重要著述，马克思在《莱茵报》生涯中通过哲学实践，以政论作为"武器"，参与改变现实的实际工作中，力图培育普世化的公共精神，形成高扬启蒙理念的自由伦理国家观，创造从根本上否定官僚制度的理想社会。这不仅在现实中反映了马克思已经开始从唯心主义向唯物主义转变，从革命民主主义向共产主义转变，同时反映马克思政治哲学理论的现实转换。

从《博士论文》中，斋藤幸平能够直接体会到马克思在分析人和客观现实、哲学和世界的辩证关系过程中，并没有怀疑哲学本身。马克思指出，哲学必然与外部世界产生关系，成为一种实践力量，肯定了哲学的意志力。由于哲学和世界总是相互作用、相互融合，哲学不断地通过抛弃其固有的缺陷来实现世界的合理化。世界的哲学化和哲学的世界化在根本上是一致的。《博士论文》中处处体现着马克思深受"青年黑格尔派"（左派黑格尔主义）布鲁诺·鲍威尔的费希特倾向主义观点影响的痕迹。表面上，马克思论述两位古希腊哲学家伊壁鸠鲁与德谟克利特各自所主张的原子论存在的差别；实质上，马克思已经在自我意识哲学层面上升到前所未有的新高度，同时对自我意识哲学产生一定程度上的警醒。通过对《博士论文》哲学术语与论辩的分析和管窥，斋藤幸平真切地感受到马克思的自我意识觉醒，对马克思自我意识哲学观予以高度赞许，马克思的自我意识哲学对斋藤幸平正确认知自我意识哲学具有重要意义。《博士论文》在全面研究两位古希腊哲学家伊壁鸠鲁与德谟克利特各自所主张的原子论异同关系过程中，明确肯定伊壁鸠鲁的原子论，并对原子偏斜运动的理论研究成果予以肯定，对原子原有既定轨道来讲，这意味着原子运动过程中存在"自由"。正是通过《博士论文》，马克思自由思想得到初步的阐释。斋藤幸平对马克思运用哲学世界化与世界哲学化研判哲学与宗教关系的过程，予以思想观念层面的确认，对马克思运用哲学反对宗教、运用哲学形式与宗教作斗争的过程持肯定态度。这一阶段的马克思对哲学持有坚定的肯定态度，确定历史已经逐渐走向世界历史的政治哲学视域。

（二）对马克思"去哲学化"理论的首次提出的解读

马克思在首次提出"去哲学化"理论前的批判哲学，仅仅是从较为抽象和空洞的哲学概念上出发，较为脱离社会实践层面，处于思辨哲学。伴随着马克思对思辨哲学所产生的怀疑逐渐深入，马克思对哲学的态度产生较为明显的变化，由肯定哲学逐渐走向否定哲学的阶段，通过批判德国时间政治派、理论政治派，表述全新的哲学观点，形成新的哲学思想。马克思在 1843 年 10 月至 1844 年 1 月在《〈黑格尔法哲学批判〉导言》中，深刻批判了德国理论政治派和实践政治派，探讨人类解放的具体途径，提出"去哲学化"理论，即"消灭和实现哲学"的思想。面对德国 1843 年至 1844 年的社会状况，马克思再次指出思辨哲学存在的显著缺陷。在《〈黑格尔法哲学批判〉导言》中，马克思首次阐明无产阶级历史使命，认为无产阶级是唯一能够将奴役制度消灭、实现人类解放的阶级，并对无产阶级与哲学之间的关系进行了阐述，指出"哲学把无产阶级当作物质武器，同样，无产阶级把哲学当作精神武器"。这是马克思首次提出"去哲学化"理论，即通过实践提出哲学的实现方式，用消灭哲学的方式，促使哲学世界化、世界哲学化，进而建立与既往不同的全新哲学，实现哲学变革。

马克思在长期的系统性探索与实践过程中，对德国政局发表自己的观点，并在批判"实践政治派"和"理论政治派"的过程中，提出"去哲学化"理论。"实践政治派"和"理论政治派"都对德国的政治局势表示不满。德国在哲学上与哲学的时代发展始终保持同步性，但在现实上相对滞后于英国和法国等国家，并未与时代保持同步性。有鉴于此，在消灭和淘汰德国哲学过程中，需要立足于德国社会的现实发展，让德国哲学成为有现实根基的哲学，再通过社会的发展与进步，消灭德国的哲学。

"实践政治派"不认同哲学的现实作用，认为黑格尔哲学已经脱离德国社会现实的范畴，成为为普鲁士王国封建专制统治服务的哲学理论。因此，需要通过对哲学的否定来真正实现否定哲学。"实践政治派"要求德国从现实生活出发，通过具体且具有现实可操作性的哲学理论创建新的实践服务理论。马克思深刻批判"实践政治派"的这种态度，斋藤幸平在研究过程中发现，德国哲学家费尔巴哈在否定黑格尔哲学之后，也关注自身的政治安危，因此其哲学态度表现为与德国政治活动保持距离的态度。在人的自我异化的神圣形象被揭开之后，揭露非神圣形象的自我异化需要哲学积极服务历史，从而促使现实任务的完成。对宗教的批评转变为对哲学的批评，对神学的批评转变为对法律、伦理和政治的批评。因此，在批判德国宗教过程中，马克思用批判性著作概述对唯心主义思辨哲学的批判，认为需要通过批判解决德国哲学思想存在的一些缺陷性问题，诸如国民经济学或私有财产对国民的统治等德国式现代问题，以此阐述新的革命的唯物主义世界观，促使德国社会现实发展程度与德国哲学保持统一高度，促使德国社会发展实现德国哲学所表达的程度。这一过程需要在德国实际发展中完成，通过社会革命，超越政治解放，实现人的自由、全面发展。因此，德国"实践政治派"要求对哲学的否定要求是正当的，"实践政治派"的错误不在于提出否定要求，而在于始终停留于这一要求，而并未认真实现，因此也不可能实现。"实践政治派"眼界的狭隘性，其表现形式是哲学没有被纳入德国社会现实的范畴，认为哲学低于社会实践和社会实践服务理论。

"理论政治派"最为明确的哲学理论贡献是针对宗教的深刻批判，通过击穿宗教对思想意识的束缚性，批判宗教思想的神圣形象，在确定自我意识、独立思想在人的思想领域所产生的主体地位后，促使人用理性思维进行哲学问题的思考。"理论政治派"从黑格尔哲学中提取"自我意识""唯一者"等关键词并对其进行批判，认为哲学能够在社会现实中产生深刻的作用，同时用哲学猛烈批判社会现实，与压制理性和意识的现实做斗争，并未深入思索哲学本身是社会现实的一部分这一原生性问题，而斗争是哲学与德国现实社会之间产生的批判性斗争。"理论政治派"的批评只停留在理论领域，只重视批评他人，而对自己采取"非批评"的态度，在此过程中，将"自我意识"单独抽离并加大宣扬，促使"自我意识"脱离人，成为独立存在并高于人的思维理念。在这一过程中，"理论政治派"的哲学思想仍然呈现出抽象性，并不具备现实性，并未为社会现实提供理论性指导，"理论政治派"所空谈的理论并不能为人的现实世界服务，成为马克思批判的对象。足见起源于哲学的德国"理论政治派"呈现出与"实践政治派"相同的错误，但二者在错误因素上截然相反。

哲学与现实世界的关系，同时呈现出批判促进与相互补充解释的状态，促使哲学成为表述世界观念的窗口，同时反向作用于现实世界。以正统派极端代表布鲁诺·鲍威尔为首的青年黑格尔派，成为马克思对德国"理论政治派"进行批判的主要对象，以布鲁诺·鲍威尔为首的"博士俱乐部"与青年黑格尔派代表人物之一政论家阿尔诺德·卢格（Arnold Ruge）的《德意志科学和艺术哈雷年鉴》联手参与德国现实政治活动，无情地批判德国现实中一切压制人类思想和事物自由的事物，从而实现人真正的解放。在这一过程中，"理论政治派"从未反思和批判过自身哲学思想，马克思在批判"理论政治派"这一批判行为过程中，认为"理论政治派"所采取的"非批判"态度，并不能在批判过程中深刻理解德国的现实哲学，对以青年黑格尔派为代表的德国古典哲学来讲，"理论政治派"并未深刻理解黑格尔哲学中丰富的辩证法内容与德国古典哲学保守体系间存在的深刻矛盾。"理论政治派"认为其在批判过程中，已经深深掌握黑格尔哲学的思想精髓，实质上，"理论政治派"仅仅是抓住黑格尔哲学某一方面，并未超越黑格尔哲学这一古典哲学大成。"理论政治派"想要实现黑格尔哲学与哲学思想，批判德国政治与社会现状，目的在于实现自身理论政治框架，但是，最终并未彻底地脱离黑格尔哲学的辩证法范畴。因此，"理论政治派"对德国政治与社会现状表现出强烈不满，寄希望于通过政治改革，与英国和法国等资本主义国家同样走上资本主义发展道路，这也是黑格尔哲学世界观体系所表述的主要哲学伦理思想与哲学观点。

斋藤幸平对马克思批判"理论政治派"过程中所提及的"不消灭哲学就不能实现哲学"予以认同，认为黑格尔哲学在自我意识的确定性、双重性与社会性上表现出的保守内容应当被消灭，马克思理论作为新的意识哲学，是真正意义上无产阶级的行动理论依据，能够指导无产阶级改造世界的活动，这正是马克思批判青年黑格尔派的关键所在，因此才能实现德国政治与社会的超越性进步。在研究过程中，斋藤幸平深刻体会到马克思重视和信任无产积极的信心，马克思认为，无产阶级虽然被资本家集中于生产环境中，但是因为经受过统一组织训练，在革命性与纪律性上较为强烈，存在被塑造的无限可能性，认为无产阶级是德国社会的新生力量，能够对德国政治与社会运动产生强劲的推动力，对无产阶级的评价较高。在提及无产阶级、新意识与哲学间的牵连关系时，马克思强调，假如新意识与哲学并不能在德国社会中快速改变无产阶级现实处境，将不能实现所呈现的理论价值，与之相对，无产阶级如果不能将新意识与哲学变为主体意识，将难以改变未来发展。

马克思"去哲学化"理论首次提出后，需要通过坚持为无产阶级实现自我意识苏醒所服务，积极寻求适当的现实革命形式，因此成为具有现实价值的哲学，产生影响现实和推动历史进程的作用。马克思认为，"理论政治派"无法真正在现实中实现哲学。若不考虑"去哲学化",扬弃黑格尔哲学,"理论政治派"的批判就不会有任何实际效果,也就不可能在现实中实现哲学。"理论政治派"的错误在于"不消灭哲学,就能够促使哲学成为现实"。在这个阶段,马克思认为实现哲学的物质基础是无产阶级,需要有正确的哲学思想来指导理论。斋藤幸平在研究过程中发现,尽管马克思在这一阶段明确提出了"去哲学化"的思想,但他的措辞中仍然带有明显的"费尔巴哈"特色。尽管马克思不是一个完整的"费尔巴哈派",但他在哲学理论研究和发展中的理论方法仍然借鉴并延续了费尔巴哈的思想,并希望在此基础上能够超越黑格尔哲学。由此可见,马克思在这一阶段的"去哲学化"思想已趋于成熟,并且在表达上较为明确,但还有待进一步发展。

(三)对马克思"去哲学化"理论的持续提出的发现

斋藤幸平通过对马克思"去哲学化"理论的持续提出的研究,发现马克思在1845年春所写的《关于费尔巴哈的提纲》中表明与唯心主义、旧唯物主义彻底划清界限,以"历史科学""实践的唯物主义""真正的实证科学"等称呼表述"去哲学化"理论,充分展示其理论和形而上学的差异,为创造新的世界观奠定了坚实基础。

马克思在这一阶段进一步发展了"消灭哲学"的思想,由此产生了历史唯物主义的基本原理。马克思在《关于费尔巴哈的提纲》现实批判中,充分意识到资本主义生产方式本身存在的矛盾,认识到资本主义对人类社会所产生的毁灭性的作用,从某种意义上,道出哲学部分本质和意义所在。马克思意识到,人类创造出资本,而资本却反其道行之而逐步吞噬人类,人得以为人的劳动开始异化,人与人的社会关系本质被逐渐所掩盖,一切物质与精神文明在资本侵蚀下已经渐渐失去原本历史积淀下的现实意义,成为资本文明运行过程中的符号化增殖工具。只有从资本得以诞生的基础上去改变资本,即通过消灭私有制,获得历史前进的物质力量改变资本主义实践,对资本主义所依靠的根本基础进行颠覆,将资本所颠倒的社会关系纠正回来。

在《德意志意识形态》中,马克思强烈地批判黑格尔所构建的思辨世界。马克思认为青年黑格尔派在思维上的论争,并不能改变德国的政治社会现状。"德意志意识形态家们"在思想领域的各种突破性批判理论,尚未脱离黑格尔哲学的理论基础,只是针对黑格尔哲学的一部分提出异议。事实上,人们不会因此而真正获得解放。这里所说的解放指的是哲学意义上的解放。要实现完全解放,就必须脱离黑格尔哲学的基础,用现实的手段推动现实世界的革命,通过无产阶级革命实现人的真正解放。马克思现在这一阶段的"去哲学化"思想与前一阶段的哲学思想在本质上没有显著区别。马克思不再借用费尔巴哈的类本质概念，也不再以所谓的哲学为基础，首次系统地阐述了历史唯物主义。在《德意志意识形态》之后，"去哲学化"理论思想依然在马克思经典著述中体现。例如，马克思最亲密的战友恩格斯在《欧根·杜林先生在科学中实行的变革》等经典篇章的哲学编中，阐述、回顾马克思对旧哲学的超越。恩格斯在批判杜林理论及其体系的过程中，从哲学、政治经济学、科学社会主义三大部分对马克思主义进行系统说明，认为马克思只有沿着实证科学并利用辩证思维，通过概括这些科学成果的途径，追求可以达到的相对真理，才能真正超越并扬弃黑格尔哲学，指出扬弃哲学道路。

二、马克思"去哲学化"理论的真实意蕴

（一）对"丧失哲学"深意的认知

斋藤幸平在研究马克思为数不多以古希腊自然哲学为主题的作品时，对《博士论文》中马克思所表述的"丧失哲学"深意予以认知。马克思在《博士论文》中呈现出唯物主义思想端倪，侧重探讨古希腊哲学家自然哲学存在的差异性，通过考察较为特殊的哲学问题，探索希腊哲学走向中存在的普遍性原因，以此挽救德国古典哲学。正如马克思在《博士论文》中所阐述的，理论必须走向现实，运动是事物发展的动力，因此抽象的自我意识只有通过转换为实践力量，才能让自我意识走向自由。若哲学实践的实现需要通过将哲学意志强加给现实对象，那么这种哲学实践的片面性将导致旧的哲学观念迅速消失，也就意味着哲学的丧失。恩格斯在其著作《欧根·杜林先生在科学中实行的变革》和《路德维希·费尔巴哈和德国古典哲学的终结》中强调了人们赖以生存的实践产生消亡的原则，证明哲学只有在提出而没有实现之前才属于哲学，一旦实现就意味着哲学的"丧失"。

在现实中，这种哲学不是以理论形式存在的，而是以实体形式存在的。通过研究，斋藤幸平发现马克思的"丧失哲学"主要消灭的哲学并非全部哲学，主要针对黑格尔哲学，尤其是针对黑格尔的国家法哲学。正因为如此，斋藤幸平表示"我不会重复那些关于马克思的陈旧解释，而是使用新资料，来展示一个新的'人类世'的马克思形象"①。事实上，马克思从来没有完全否定过黑格

---

① 斋藤幸平．人类世的"资本论"［M］．上海：上海译文出版社，2023：94.

尔哲学，他在批判黑格尔哲学的同时，也在辩证法上肯定了黑格尔哲学的伟大。马克思在对德国"实践政治派"和"理论政治派"的批判中，探讨了"消灭哲学"和"实现哲学"的问题。"消灭哲学"的过程也是"实现哲学"的过程。马克思对黑格尔哲学的扬弃不仅是在理论上对其进行批判，而且在现实中促进了"新哲学"的实现，主要指的是升华哲学的理性之光，促使其照耀于现实，对现实产生深切的影响。哲学得到升华需要克服在现实生活中的教条化，主动通过一定的"物质基础"摧毁缺陷性危机，不只在理论层面，同时需要通过主动回归到现实生活，促使哲学成为社会发展的现实力量。因此，马克思将无产阶级作为物质基础层面上的物质武器，无产阶级将哲学作为精神革命武器，也可以理解为是马克思"丧失哲学"真正意义上想要传达的思想意蕴。

（二）对"消灭哲学"内涵的理解

斋藤幸平在研究马克思"去哲学化"理论过程中，将渗透在马克思《德意志意识形态》中的"消灭哲学"思想予以深化，以马克思1843年至1844年完成的《〈黑格尔法哲学批判〉导言》为基础，分析《1844年经济学哲学手稿》和《关于费尔巴哈的提纲》。马克思在《德意志意识形态》中表明其哲学观点从人的实际活动出发，属于来源于实践的哲学。马克思认为"青年黑格尔派"已经与右派黑格尔主义产生明显的分裂，"青年黑格尔派"代表更加激进的力量，呈现出强烈的政治愿望与诉求，已经促使德国发生过一次空前的社会变革，马克思将这场变革称为发生在纯粹思想领域的"哲学叫卖"，马克思在这一观点的论述过程中对哲学予以否定，将其合理地理解为革命实践。马克思这种观点在于从直接的生活物质出发，阐述现实生产过程，通过将物质生产与生产方式相互联系的方式，理解历史的生成基础，这一发展过程的基础条件在于挣脱封建阶级的束缚，以前后相继的等级、阶级等创造共同的生产力。马克思反对从哲学视角描述和理解社会、历史与人的本质，主张从现实物质生产活动视角，科学地认识和理解社会、历史与人的本质，对唯物主义历史观的精髓予以正确解读，把握社会、历史本质，同时，将哲学视为关于世界观的系统性理论。

对现实的描述，促使独立的哲学失去基本生存环境，正如描述实践活动与实际发展过程，是从真正证实科学开始，能够取而代之的，不过是从历史的发展规律中观察抽象结果所呈现出的综合思辨性，这种本身已经离开现实的抽象性，并非毫无现实价值。在这一点上，斋藤幸平发现，马克思哲学思辨所主张的是通过实证性科学研究对抽象空洞的哲学观进行现实性研究。因此，在1845

年《关于费尔巴哈的提纲》中，马克思谈及旧哲学存在的现实缺陷，主张通过
新哲学对现实世界进行改变。在《共产党宣言》（又译《共产主义宣言》）中
指出，共产党理论原理并不是以改革家所发表、发明的思想与原则为根本依据。
作为在很大程度上反映现代工人阶级运动的历史，《共产党宣言》指出，共产党
的理论原则只是现有阶级斗争与历史运动之间真实关系的一般表现。斎藤幸平
从这一观点中看出，马克思在研究过程中已经在研究立场上产生了较为明显的
根本性变化，马克思认为，世界产生改变的哲学是始终处于变化发展过程中系
统性的哲学思想。

斎藤幸平通过对马克思在《黑格尔法哲学批判》中所表述的"消灭哲学"
进行研究后，深刻认识其在马克思主义思想发展中的独特而重要的意义。《黑格
尔法哲学批判》标志着马克思在批判黑格尔法哲学过程中的变化，马克思自觉
地向历史唯物主义进行转变，马克思的观点强调了德国"实践政治派"应该通
过实际行动来实现哲学，并满足其政治需求。这体现了马克思对于理论和实践
的辩证关系的理解。从这个角度看，他认为"实践政治派"应该把德国的政治
和社会问题看作实践问题，而不仅仅是哲学问题。马克思强调，在解决这些问
题时，需要在实践过程中进行探索和行动。另外，对于"理论政治派"，马克思
提出通过"消灭哲学"来实现哲学的实践化。这并不是要否定理论的重要性，
而是强调理论应该更加贴近实践，更加直接地参与解决社会问题的过程。"消灭
哲学"可以理解为消除对抽象哲学的过度依赖，使得理论更加贴近具体社会实
践和政治行动。总体而言，马克思的这一观点体现了他对于哲学和实践相互关
系的独特见解。他认为哲学应该更加深入地融入实际生活和社会变革的实践中，
而不是停留在抽象的理论层面。这一思想也为后来马克思主义的发展奠定了理
论基础，强调了理论与实践相结合的重要性。"理论政治派"将德国的政治和社
会问题视为理论批判问题，认为存在的问题可以通过批判来解决。马克思提出
了"消灭哲学"的观点，其实质是要摆脱传统哲学的枷锁，改变其错误观念，
将德国哲学中的抽象和思辨哲学消灭。借助"实践政治派""理论政治派"采
取的不同手段来实现"消灭哲学"的目的，更加真实地把握社会现象，推动人
类认识历程的发展。

（三）对"取代哲学"意指的肯定

马克思"消灭哲学"思想的精髓，对于准确认识和形成正确的哲学观具有
重要的理论基础价值。《德意志意识形态》标志着马克思主义哲学的形成，《共
产党宣言》标志着马克思主义哲学的面世。斎藤幸平在研究中注意到，这两部

关于马克思主义哲学变革的标志性著作同时以"共产主义"的口吻呈现了哲学和共产主义，这并不是一种偶然。在马克思《德意志意识形态》和《共产党宣言》的实际语境中，"消灭"主要表示辩证扬弃，马克思要"消灭"的"哲学"不是普遍意义上的哲学。实际上，它指的是脱离社会历史和社会实践的旧的、唯心主义的、形而上学的"哲学"。

马克思的"消灭哲学"思想可以理解为他对传统哲学的一种超越和革新。这一思想主要包括两方面的内容：一是对旧哲学思想的批判，二是在实践的基础上建构一种新的哲学思想。首先，马克思对传统哲学进行了批判，特别是对那种追求"绝对真理"、具有抽象和思辨色彩的哲学进行了反思。他认为传统哲学过于超越性和神圣化，注重理论的抽象性而忽视了实际的社会问题。在这一批判的基础上，马克思提出通过实践来"消灭哲学"的思想。其次，马克思主张通过实践来建构一种为实践服务的新哲学思想。他强调哲学的真正价值在于引导实践去改变世界，而不仅仅是解释世界。通过实践，哲学应该更加贴近实际生活，关注社会变革和人类解放的实际问题。这就是为什么马克思主义哲学强调实践的历史性、社会性，反对脱离实际生活的抽象哲学。总体而言，马克思的"消灭哲学"思想体现了对传统哲学的批判和对实践的重视。他试图构建一种更符合人类社会实际需要的哲学体系，使哲学更加贴近社会问题，成为社会变革的理论指南。这一思想对后来的马克思主义哲学产生了深远的影响。

"取代哲学"这一概念指的是马克思在《德意志意识形态》中确定的思辨终结点，标志着实证科学研究在实践活动和发展过程中的起点。一方面，马克思坚信传统哲学必将被新思潮所替代。传统哲学的显著特点在于，其存在通常建立在一个基本前提之上，而这个前提往往通过典型的本体论哲学进行解释。马克思则通过对这一哲学前提的解构，为哲学开辟了新的方向。另一方面，随着实证科学的不断发展，形而上学哲学也逐渐在科学领域内找到了解释的空间。因此马克思通过"物质"与"实践"两个重要的概念反驳传统哲学与形而上学哲学，对此斋藤幸平的评价为："如果正确地理解与诸种经济'形式'相关的'物质'的作用，那么马克思的生态学就不仅被证明是其理论体系的内在组成部分，而且是分析当前全球性生态危机的有效方法论基础。"①

---

① SAITO K. Kohei Saito：Karl Marx's Ecosocialism：Capitalism，Nature，and the Unfinished Critique of Political Economy [M]. New York：Monthly Review Press，2017：16.

三、马克思"去哲学化"理论的哲学观本质

（一）对颠覆古希腊传统哲学实体精神的褒扬

马克思的《资本论》思想渊源涉及德国古典哲学、英国古典政治经济学和法国空想社会主义理论等多个学派和思想流派。然而，上述内容只是《资本论》思想的现代来源。除了这些现代思想渊源外，古希腊传统哲学也是《资本论》中一种重要的思想来源。这种古希腊传统哲学的实体精神主要体现在马克思的博士论文《德谟克利特的自然哲学和伊壁鸠鲁的自然哲学的差别》中，他的一系列笔记揭示了马克思哲学的诞生地和秘密。在这些作品中，马克思通过对古希腊哲学的研究，特别是对德谟克利特和伊壁鸠鲁的自然哲学的比较分析，深入探讨了物质与意识、自然与社会等重要哲学问题。古希腊哲学对马克思的思想产生了重要影响。德谟克利特的自然哲学强调万物皆为变化和流动的，认为自然界是由永恒的原子构成的，这与马克思的唯物辩证法思想有着异曲同工之处。而伊壁鸠鲁的自然哲学则强调感觉和快乐的重要性，这对马克思的人类解放思想也产生了一定的启示。马克思从古希腊传统哲学中汲取了灵感，并将其与古典哲学、政治经济学和社会主义理论等思想相结合，创立了自己的哲学观点。这些思想渊源为《资本论》提供了理论基础，并使其成为一部具有深刻思想内涵和广泛影响的伟大著作。通过深入研究古希腊哲学的实体精神，马克思揭示了其哲学思想的渊源和起源，为后来的马克思主义思想奠定了坚实的基础。这种深入的哲学探讨不仅丰富了马克思的理论思考，也为我们理解和解读他的思想提供了重要线索。因此，古希腊传统哲学对于马克思理论的发展和演进起到了重要的作用，将其纳入《资本论》的思想渊源中是必要且合理的。马克思的博士论文《德谟克利特的自然哲学和伊壁鸠鲁的自然哲学的差别》作为其步入社会的第一篇规范哲学研究论文，看上去具有一定的抽象性，并且与现实生活相脱离，然而实际上其目标是改造世界，马克思从古希腊传统哲学实体精神中获得与前人观点进行彻底决断、批判与超越的勇气、自由精神与理论武器。从某种意义上来讲，马克思借助古希腊传统哲学实体精神成功寻找到和开辟出超越黑格尔总体哲学体系的道路，最终在《资本论》中得以呈现。古希腊传统哲学的实体精神成为马克思《资本论》的渊源。从这个意义上说，马克思的博士论文《德谟克利特的自然哲学和伊壁鸠鲁的自然哲学的差别》成为一座"桥梁"，蕴含着马克思主义哲学和古希腊传统哲学实体精神的深刻内涵。

在研究过程中，斋藤幸平发现，马克思受伊壁鸠鲁"无神论"的影响较大。在伊壁鸠鲁看来，哲学的任务是反对神，解放人。马克思对伊壁鸠鲁的伟大成就给予了高度赞扬，称其为古希腊最伟大的启蒙思想家，马克思在博士论文中强调对所有神的痛恨，强调这是哲学的自白，因为神并不承认人的自我意识所具备的最高神性。斋藤幸平认为，马克思在《资本论》中表现出"拜物教批判"，这与博士论文时期的宗教批判截然不同。在此基础上，马克思全面转战政治经济学批判，在马克思后来的大部分研究和著作中，他都专注于反对现象世界和改变世界的任务，并通过拜物教批判实现了以现实物质为研究对象的深入研究。《资本论》中的三大拜物教——商品、货币和资本——都是超感性世界中宗教的世俗表达，马克思揭示出拜物教的形态演变过程中实质性秘密，持续且深刻地针对宗教本质予以批判。马克思从主观性进入客观性，深入理解拜物教中最完整的资本关系形式，凸显资本自行增殖的幻想，揭示资本掩盖自身"吸血鬼"本性的剥削行为，证明剩余价值的真正来源是由雇佣工人在生产过程中创造的，生息资本促使资本主义社会中的拜物教获得最完美、最完整的形式价值。因此，斋藤幸平表示"通过重建马克思在其自然科学笔记中所记录的研究过程，可以看到生态学在马克思的理论中日益占据了更大的意义"①。

马克思的博士论文《德谟克利特的自然哲学和伊壁鸠鲁的自然哲学的差别》及一系列笔记，从内容上来看，属于古希腊传统哲学史，但是在风格上，马克思试图通过一种修正的风格来发展一种全新的、不同的解释；并在推翻旧的学术观点的过程中，由于马克思对伊壁鸠鲁的哲学对个性和自由的维度和因素进行了真诚的赞扬，他在反对和批判黑格尔哲学本质的过程中，通过衡量个别概念来评估特殊现象，对现实中的逻辑本质主义进行了剖析，反对黑格尔资本自由时代对人自由追求的观点。在马克思正式接触政治和经济研究之前，他在哲学和自我意识领域中理解、批评和颠倒了伊壁鸠鲁和黑格尔。斋藤幸平认为，在马克思接触了政治经济学著作之后，特别是亲自审阅和编辑了《国民经济批评大纲》之后，马克思在思想上发生了根本性的转变。他开始借助对政治经济学理论的理解来深化对伊壁鸠鲁和黑格尔观点的理解，而《黑格尔法哲学批判》和《黑格尔法哲学批判导言》成为这一转变的标志性成果。

在《共产党宣言》中，马克思明确指出，个人现在所接受的抽象统治需要

---

① SAITO K. Kohei Saito：Karl Marx's Ecosocialism：Capitalism，Nature，and the Unfinished Critique of Political Economy［M］．New York：Monthly Review Press，2017：18.

摆脱，必须从人的依附性、独立性走向人的自由个性。因此，马克思在独立性的基础上，逐渐形成和发展人的自由个性，这恰好是贯穿《资本论》商品、货币和资本批判的最根本和深刻的"红线"。在《资本论》中，马克思完全颠倒了资本主义社会的轴心，即资本与劳动的关系，就像伊壁鸠鲁颠倒原子论一样。因此，马克思的博士论文《德谟克利特的自然哲学和伊壁鸠鲁的自然哲学的差别》及其一系列笔记并没有从希腊传统哲学体系中肤浅地展示自我意识哲学、无神论观点和资产阶级民主主义观点，而是初步开始对立性超越黑格尔哲学和青年黑格尔学派。这种哲学精神的实质为《资本论》中通过政治和经济批判来改变资本的独立性和个性，实现人的独立性与个性，实现人类的解放与自由，起到了重要的"桥梁"作用。

（二）对以实践性为基础高度统一科学性与革命性的挖掘

实践是马克思主义哲学的逻辑基点。马克思的哲学是从实践的唯心主义到实践的唯物主义，实现从异化史观向实践观点的回归，马克思将实践的概念扩展到经济学中的生产实践等。马克思主义哲学是自然、社会、人类思想发展的本质和规律的正确发展空间。马克思主义哲学立足于社会实践和科学发展，在自身发展过程中，通过不断总结实践经验，充分吸收自然科学和社会科学发展的成果。马克思主义的科学世界观和方法论是马克思主义的突出理论特征和优势，是马克思主义科学性的重要体现。马克思主义作为一个严密的逻辑整体，主要以事实为基础，以法律为对象，以实践为检验真理的标准，表现出形式上强烈的主观性和内容上明显的客观性。马克思主义的革命性集中体现了其深刻的批判精神和鲜明的无产阶级立场。马克思主义以无产阶级革命为基础，引导无产阶级去完成革命，促进社会主义建设不断发展。可以说，马克思主义的革命性已经成为无产阶级行动的重要指南。

社会是连接人与自然、人与历史、自然与历史的关键点。斋藤幸平对以实践性为基础高度统一科学性与革命性的挖掘，以实践性为出发点，研究科学性与革命性相统一的基本特征。马克思主义能够实现上述两方面的统一，主要原因是工人阶级的根本利益和社会发展方向是一致的。工人阶级代表了现代化大生产和先进生产力的发展需要，反映了社会进步的根本趋势。工人阶级的根本属性决定了马克思主义必须通过科学地理解世界和社会发展的客观规律来寻求解放和自由的关键道路。可见，马克思主义主要以科学性为关键前提和基础，通过科学性保障理论的统一性，在表现基本原理过程中，并不会片面性强调科学性或革命性。通过实践推动社会生活从根本上完成马克思主义的根本出发点和归宿，成为一种高度概括的实践经验，能够作用于工人阶级的实践活动和世界的变革，通过实践提供真理检验过程和发展空间。因此，马克思主义具备认知和改造世界的功能，存在的根基在于实践。"它能够灵活地组织生产，以更为广泛和密集的方式对世界物质层面进行破坏性改造。"①

小　结

斋藤幸平通过对马克思经济学著作和手稿笔记的全面梳理和重新解读，全面系统地诠释和重构了马克思政治经济学，使其具备系统性和生态学的特征。他强调了马克思生态思想的完整性，以及这一思想对主流环境思想的超越。为了说明这一点，斋藤幸平通过对马克思政治经济学批判内在的生态关切和自然科学基础的分析，明确了人与自然关系异化及其超越是马克思政治经济学研究的核心主题。他详细阐述了物质变换理论，其中自然与资本的矛盾分析是核心内容。此外，他考察了马克思生态批判思想在自然科学研究中的形成和发展，深入论述了马克思政治经济学批判的生态学视域及其系统性意涵。

斋藤幸平认为，将马克思政治经济学的生态意涵作为生态马克思主义研究的基础性议题，将其重新阐释为一种对资本主义社会的生态批判。他着重强调政治经济学在生态马克思主义分析中的关键意义，提供了生态马克思主义文本阐释研究范式的最完善版本，加强了生态马克思主义政治经济学的理论支撑。

斋藤幸平对于马克思生态思想的理解在某些方面表现为简单还原式的重建和狭隘化的理解，反映了在研究方法和研究视野上的一些局限性。首先，斋藤试图通过将马克思的自然科学笔记与《资本论》的研究结合起来，说明马克思生态批判思想的整体性。然而，在对马克思庞杂而分散的生态笔记内容进行处理时，他未能对马克思的思想变化进行充分评估，尤其是没有深入研究两者之间存在的思想差异。

斋藤幸平强调了马克思物质变换断裂构建马克思的生态批判理论，将其作为对资本主义社会的生态批判的基础。然而，他未充分考虑马克思物质变换断

---

① SAITO K. Kohei Saito, "Profit, Elasticity and Nature," in Judith Dellheim and Frieder Otto Wolf eds., The Unfinished System of Karl Marx: Critically Reading Capital as a Challenge for our Time [M]. New York: Palgrave Macmillan, 2018: 187-217.

裂与历史唯物主义、政治经济学整体架构之间的内在联系。这可能导致对马克思主义生态学的深刻理解受到制约，过度强调了生态学在马克思资本主义批判中的地位，而忽视了政治经济学批判的根本指向。

此外，斋藤幸平试图通过排除恩格斯的影响，考量马克思的生态笔记，认为马克思和恩格斯在生态学观点和研究方向上存在显著差异。然而，马克思和恩格斯在政治经济学、自然科学等方面是密切合作的伙伴，恩格斯的观点可以作为马克思关于自然生态问题的有力补充，有助于更准确地理解资本主义的自然限度和社会生态危机状况。

总的来说，斋藤幸平的研究在一些方面存在局限性，需要更深入地考量马克思生态批判思想的整体性，并综合运用整体性思维和开放性视角进行分析，以更好地理解资本主义社会生态矛盾的批判性分析。

第二章

斋藤幸平对马克思 1868 年以后的生态学理论的解读

第一节　与近代自然科学视域下农业化学的碰撞

一、马克思生态学理论的再解读

（一）对马克思自然限制下认知深化的发现

近代自然科学视域下，马克思自然观是关于人类如何认知和对待自然，利用自然规律处理人与自然、自然与社会关系的基本思维、观点与方法。斋藤幸平对马克思自然限制下认知深化的发展进行研究后发现，马克思通过三个阶段的自然科学研究深化对自然限制的认知。马克思的思想发展过程可以分为三个阶段。首先是 19 世纪 40 年代的唯物史观创立阶段，马克思在这一阶段通过批判旧哲学，建立了新的哲学观念，并阐发了大量关于自然的思想。这一阶段的重点是对自然界及其规律的深入研究和思考。其次是 19 世纪 50 年代的《资本论》创作阶段，这一阶段可以被看作马克思对政治经济学的研究时期。在这个阶段，马克思通过对资本主义生产过程及其内在矛盾的深入分析，阐发了丰富的有关自然的思想。他关注了资本主义对自然资源的剥削和环境的破坏，以及资本主义的内在发展规律与自然规律的关系。最后是 19 世纪 70 年代，马克思通过对历史的研究，特别是对古代社会史和俄国公社发展等社会问题的具体研究，进一步阐发了与自然相关的思想。马克思这一阶段关注社会发展与自然环境之间的关系，从社会的角度分析了人类与自然的相互作用。这三个阶段共同组成了马克思关于自然思想的发展过程。他在这个过程中不断深化对自然的思考，并将其与社会、政治经济等方面相结合。这使得马克思的思想体系更加完整和综合，为我们理解和应对当今全球性的环境问题提供了重要的思想参考和借鉴。对此，斋藤幸平指出，马克思在自然限制下深化认知主要凸显出实践、历史和资本三个维度，正是这三个维度深刻体现出马克思在自然科学视域下的自然观变革。马克思最初对英国古典政治经济学家大卫·李嘉图（David Ricardo）质量取向的边际收益递减规律持反对态度，1865 年马克思通过阅读尤斯蒂斯·冯·李比希（Justus von Liebig）的《农业化学》，改变对大卫·李嘉图边际收益递减规律的理解，接纳尤斯蒂斯·冯·李比希所持有的矿物化肥能够无限制提升土壤肥力的基本观点。在 1862 年出版的《化学在农业和生理学上的应用》第 7 版中，尤斯蒂斯·冯·李比希强调农业改进过程中的主要限制性自然因素，指认资本主义财富及农业生产的非理性形式，批评现代工业化进程向前推进过程中，规模化社会分工对农业所形成的掠夺趋势。一方面，马克思已经在研究过程中深刻意识到自然限制所产生的现实性影响，判定资本主义不断扩容的投资和农业集约化生产并不能使生态农业下的农作物作业比例增加。因为为植物提供所需能量和养分的土壤营养物质，以及土壤营养物质的实质作用发挥经常受到大自然的约束。马克思在研究过程中承认，如果把世界视为一个系统，那么根据这一理论，物质世界既是守恒的又是无限的，马克思强调不能通过科学技术的发展任意操控和改变自然界。另一方面，马克思深度观察和探讨现代农业生产过程中的自然限制因素。例如，旱涝、盐碱、风沙等限制性因素。不同于德国古典经济学家威廉·罗雪尔（Wilhelm Georg Friedrich Roscher）对农业集约化种植发展趋势不加批判的赞扬，马克思更加关注市场价格对农业可持续发展的破坏性。过高的农资价格造成农民使用农资数量远远超出应该使用的量，造成的后果就是土地环境质量的持续恶化，甚至对人的健康产生较为直接的负面影响。不仅如此，马克思生态观通过物质变换断裂理论深入批判和揭示资本主义农业的消极作用，对现代农业生产过程中出现的城乡对立矛盾予以抨击，指出资本主义生产方式和资本主义制度自身存在的反生态性，在社会物质变换上，马克思认为资本主义集中生产模式已经严重破坏了物质变换过程，一方面资本主义通过集约化生产聚集社会历史发展动能，另一方面通过集中生产模式破坏人与自然、土地间的物质变换过程，人通过衣食住行等形式消耗掉土地组成部分，破坏土地持久性肥力，造成土地出现永恒的自然萧条。

资本主义的生产目的是追逐利润最大化。为获得尽可能多的利润，分布在不同行业的资本家展开激烈的竞争，而竞争的结果必将造成利润率的平均化。在此过程中，资本家必然无法自觉、合理地经营土地这一共同的、永久的财产，资本家在榨取和滥用土地过程中，促使土地成为不能出让的生存基本条件和再生产资本。这意味着，马克思不再将大卫·李嘉图的土地收益递减规律看作抽象假设，而是将土地收益递减规律视为资本矛盾的具体表现，把自然限制问题融入资本主义批判的语境中。

（二）对马克思对资本主义的生态批判角度的分析

马克思通过自然科学研究，深刻意识到资本主义生产体系造成的环境问题，在资本批判、技术批判、制度批判、文化价值观批判等多方面的批判基础上，马克思拓展对资本主义的生态批判。斋藤幸平认为，生态学马克思主义对历史唯物主义理论生态视域的开启，不仅拓展了历史唯物主义的理论空间，同时，这些观点也为进行资本主义生态批判提供了重要的理论基础。"马克思始终主张，未来社会要超越资本主义条件下与自然的异化分离，重建'原有的统一'。"[1] 马克思物质变换理论的发展与尤斯蒂斯·冯·李比希的农业化学研究密切相关。早在《伦敦笔记》时期，马克思就在阅读第 4 版《化学在农业和生理学上的应用》时，接受了尤斯蒂斯·冯·李比希对运用科学技术提高农业生产力的乐观态度，认同了土地产量与土壤中所含化学元素的关联，并采纳了李比希的土壤肥力化学分析方法。马克思借鉴了李比希的农业化学研究，丰富了他对资本主义生态问题的理解。他认识到资本主义的生产方式对自然环境造成了严重的破坏，而李比希的研究揭示了土壤肥力与农业产量之间的密切关系。这使马克思深刻理解到资本主义生产方式对自然环境的破坏性，并从李比希的研究中获得了启示。他意识到，资本主义的追逐利润的生产方式导致了对土地、水资源和生物多样性的剥夺和破坏，并给人类社会和自然生态系统带来了巨大的压力。马克思将李比希的土壤肥力化学分析方法应用于资本主义生态批判中，通过对资本主义社会生产关系和自然生态的深入研究，揭示了资本主义生产方式对土壤和农业生产的负面影响。资本主义追求利润的驱动力使得农业生产过程中使用大量化肥和农药，导致土壤质量下降、生物多样性丧失和环境污染等问题。马克思进一步认识到，资本主义生态问题的根源不仅在于资本主义生产方式本身，还在于私有制导致的资源私有化和利益追逐。他提出了社会主义与共产主义的理念，主张通过消除资本主义的剥削和私有制，实现资源的公共管理和社会的生态平衡，以更好地保护和管控自然环境。马克思对尤斯蒂斯·冯·李

---

① 斋藤幸平，刘仁胜. 重新理解马克思关于"财富极大丰富"的思想 [J]. 国外理论动态，2023（5）：77-87.

比希的农业化学研究的借鉴和运用，丰富了他对资本主义生态问题的分析和理解。这使他的生态批判具备了更加科学和系统的基础，为我们认识和应对当今世界面临的环境挑战提供了重要的思想启示和指导。19 世纪 60 年代，斯蒂斯·冯·李比希在第 7 版《化学在农业和生理学上的应用》中放弃早期乐观主义，不再将矿物化肥视为解决土壤肥力衰退问题的"制胜法宝"，而是通过批判现代农业因违反土壤肥力补偿定律而呈现出的掠夺性，尤其是序言和长篇绪论部分集中体现了尤斯蒂斯·冯·李比希的态度转换情况，成为马克思研究的主要对象。一方面，城乡间的空间距离持续加大，土地间的物质变换被破坏，处于纯粹的自发状态。另一方面，农业科学强制地建立起人和土地间的物质变换过程，却在资本主义农业商品化的趋势下，加速土地中土壤营养成分的迅速枯竭。马克思通过列举北美地区土地枯竭的案例和历史上北美农业中出现的土壤养分消耗问题，对资本主义现代农业的掠夺性提出了批评。在进行辩证批判的过程中，他发出了土地营养物质流失将导致文明衰退的警告。基于这一认识，马克思进一步深化了对资本主义农业的生态批判，并指出资本主义农业在任何发展阶段的进步，并不是通过劳动者技艺实现的进步，而是通过掠夺土地实现的技术进步。然而，这种技术进步是在某一阶段内提升土地肥力的形式，同时也是破坏土地肥力持续进步的方式。此外，马克思进一步将尤斯蒂斯·冯·李比希的思想运用到对生态帝国主义的分析中，开辟了一个全新的生态学范式。他认识到生态帝国主义不是孤立的话语体系，也不仅仅是实体化的制度结构，更不是只限于观念性力量，而是上述复杂内容的有机性重组。马克思的这些观点深刻揭示了资本主义农业中的生态问题，以及其对土地和人类社会造成的深远影响。同时，他对生态帝国主义的分析也拓展了我们对国际关系和资源控制的观察视角，引导着我们深入探究当代世界的生态挑战和全球权力纷争。因此斋藤幸平也提出"地球毁灭与资本主义之前"① 的观点。斋藤幸平认为马克思在生态方面的关注主要体现在两方面。一是，他通过对鸟粪贸易的批判，指出现代资本主义国家对周边国家自然资源的盲目掠夺，造成了自然物质变换的破坏。马克思关注英国和美国的鸟粪贸易对地球系统造成的影响，将其称为鸟粪帝国主义，强调资本主义国家的掠夺性行为对自然环境的负面影响。二是，马克思关注到英国对爱尔兰的殖民统治，通过大量没收土地并奖励给英国将士的方式，形成了特殊的经济社会制度。英国殖民主义持续输出爱尔兰土地资源长达一个半世纪之久，

---

① 斋藤幸平. 人类世的"资本论"［M］. 上海：上海译文出版社，2003：28.

导致了爱尔兰土地的退化,马克思认为资本主义从其诞生之初就对土地进行了破坏,而这种破坏不仅威胁了农业生产的基础,也对人类的生产和生活产生了负面影响。在马克思看来,资本主义制度与农业存在着矛盾,这表现在生产关系的不平等交换关系、能创造收益余额的交换关系,以及与生产力紧密相连的生产关系的发展过程。他强调了生产关系的彻底转变以及生产者的联合,主张对自然和社会物质变换进行自觉理性的管理,以应对资本主义制度对自然环境和社会的影响。

(三) 对马克思生态社会主义构想生成的阐释

斋藤幸平指出,马克思在思考如何维持和恢复自然生态过程中,逐渐认识到生态环境保护对未来发展的重要性。他关注了 19 世纪 60 年代后尤斯蒂斯·冯·李比希对资本主义农业发展的悲观态度。在这一背景下,马克思特别关注了德国植物学家 C. 弗腊斯(Carl Nikolaus Fraas)在《各个时代的气候和植物界》中对人类活动对植物和气候变化的影响的论述。

通过研究 C. 弗腊斯的著作,马克思认识到"合理的农业不仅需要考虑土地的化学成分,还必须考虑气候等物理因素,因为没有大自然的合作和支持,土地的生产力就无法得到维持,而且灵活地使用自然力比依赖化肥具有更好的生产效益与可持续性"的观点是正确的。这使马克思意识到可持续农业发展的可能性,并寻找了基于人与自然之间的物质变换的全新发展路径。这反映了马克思对生态问题的深刻思考,并为寻找环境友好型的农业发展提供了理论基础。

同时,马克思注意到 C. 弗腊斯在《各个时代的气候和植物界》中对气候变化历史的研究。弗腊斯根据自然气候的变化解释了古老文明的兴衰,并对人类不合理的耕作行为导致的气候变化进行了批判。他认为人类的行为是导致古老文明灭亡的必然因素,一旦农业生产通过破坏自然物质变换来达到生产目标,必然会导致土地荒芜。

这一研究为马克思的政治经济学批判提供了更广泛的生态研究视角。马克思认为,需要忠实地对生产力发展所带来的负面影响进行研究,社会主义需要通过建立人与自然之间和谐的发展关系来推动生产力的发展。C. 弗腊斯的观点体现了一种潜在的社会主义倾向,即有目的地控制人与自然进行物质变换。斋藤幸平在研究中认为,马克思在高度关注自然生态破坏问题的同时,已经深刻认识到需要详细研究不同类型的自然科学,以阐明帝国式生活方式和资本主义自然的限度,并持续探索生态社会主义生产变革方案。

二、近代自然科学视域下农业化学物质变换裂缝的三个维度

(一) 对自然界物质变换循环中存在裂缝的重申

马克思认为现代资本主义农业旨在使作物尽可能快地吸收土壤养分，以便作为商品出售给消费者。恰如尤斯蒂斯·冯·李比希在《化学在农业和生理学上的应用》中所说，在农民种植农作物过程中，磷肥和钾肥等无机物质对农作物的生长能够产生较为关键的作用，但是，就其在土壤中的天然占据比例来说，无机物质的作用相对有限。有鉴于此，尤斯蒂斯·冯·李比希提倡将补充定律作为理性农业的首要原则，尤斯蒂斯·冯·李比希认为作物产量主要受土壤中相对含量最少的养分控制，作物产量高低取决于最小养分补充程度，强调将植物吸收的矿物质归还给原始土地举措对保持土壤肥力的重要性。人与自然间在原始层级上进行的代谢所具备的物质特性并不兼容，于是导向对后者进行破坏，在人与自然间物质变化循环遭受破坏的过程中，资本农业的可持续发展自然生态条件遭受进一步的破坏，造成土壤肥力一度发生枯竭。在斋藤幸平看来，这种批判资本主义目光短浅、追逐利润最大化的掠夺式农业的观点，时至今日仍然有效。掠夺式农业在全球氮循环过程中持续发生，这种农业模式从土壤中汲取尽可能多的养分，而不做出任何回报。掠夺式农业是被在短时段内最大化利润的需求所驱动的，在资本主义下，土壤的物质条件与可持续生产是完全不相容的。资本增殖逻辑与自然的可持续代谢间就产生了巨大鸿沟，在人类与环境的代谢交互中造成"无法弥补的断裂"。

(二) 对社会城乡生产过程中特有裂缝"城乡对立"的剖析

马克思坚持唯物史观，通过生产力和生产关系的矛盾运动，将资本主义空间生产中特有的存在裂缝定性为城乡分离和对立。在缺乏社会分工的情况下，掠夺农业就不会存在。这种分工主要基于工人阶级在城市的集中，并不断从农村输送农产品的新型需求。这形成了资本主义国家内部的对立性空间分割。在表述中，马克思通过空间裂缝的概念展示了国际关系的等级分化。他从政治经济学、社会学和生态学等多个角度批判了资本主义空间生产，开启了空间批判思潮。换言之，"物质变换裂缝"主要通过全球范围内的大规模长途贸易来表现。物质变换裂缝引起负面效应，例如，资源枯竭和环境污染不成比例地被运送到边远地区，这种不平等的生态交换形式促使中心地带积累更多的资本，使其变得更加富裕。

为了更深入地理解在这种资本对立形态下的空间组织形式,《化石资本》的作者安德烈亚斯·马尔姆(Andreas Malm)指出"人类世"概念中所涉及的"物神崇拜"概念存在危险性。他试图将生态学对自然环境悲惨结局的终极原因归结为火的使用,这种观点将问题还原到人类的本质活动,忽略了社会关系的作用。对人类一般活动的讨论可能导致难以看到产业革命引发的科技变革所带来的经济不平等,以及由温室气体排放等引起的地理和政治不平等。将现代生态危机还原为人类本质的讨论已经不再涉及资本主义社会的各种关系。《化石资本》重现了从水磨到燃煤蒸汽机的历史性转变。在经济增长过程中,托马斯·罗伯特·马尔萨斯(Thomas Robert Malthus)的经济增长理论通过对技术的解释表明,资源的稀缺对价格上涨、廉价替代材料的发现和发明产生了影响。化石燃料的使用不仅仅是为了获取能源,也是作为化石资本运转的工具。煤炭作为可运输和垄断的能源,具有独特的社会价值。通过对煤炭的开发和利用,资本能够摆脱对劳动力和生产资源稀缺的河流地区的依赖,将运行空间搬迁到劳动力丰富的城市,从而彻底改变生产方式、提高劳动效率,大幅解放生产力,推动了人类历史上的首次技术革命,以平衡资本与劳动力之间的力量。化石燃料在资本主义中充当着特殊的角色,与城乡对立的社会分工密切相连,呈现出明显的对立性。这种对立性主要源于空间断裂所带来的负面后果。通过有利于城市的再分配方式,城市得以实现工业化发展,积累大量资本,而农村则被迫持续输出各类自然资源。这最终导致农村自然资源的逐渐枯竭和稀缺,环境呈现出不断恶化的趋势。空间断裂好比一种不稳定的"虫洞",为发达国家提供了便利条件,让它们得以转移经济和环境成本。这种生态上的不平等交换现象在全球范围内相当普遍。尽管资本主义通常认为科技发展可以有效解决环境问题,但这种观念忽视了物质变换裂缝是一种可以在空间上持续转移的产物。

(三)认为自然时间与资本时间存在维度偏差的现实依据

时间不仅是人存在和存在展开方式的体现,而且只有实现从自然时间到社会时间和意义时间的转变,才能深入探讨时间的哲学本质。斋藤幸平指出,马克思的时间观已经成功实现了这种转变。通过观察土壤养分和化石燃料缓慢形成的过程,可以看出自然时间和资本时间存在明显的实践维度差异。资本主义通过试图缩短资本运行周期,追求最大化利润,却在这一过程中不可避免地通过原材料和辅助材料的流动形式增加资本投入。同时,资本通过不断革新资本运行过程中的生产流程,以前所未有的生产速度提升生产力,促进资本增殖。伴随新的科学技术持续引入,资本运行过程中的生产力能够成功提升至原有生产力的两倍甚至以上，但是，自然界的自然力并不能通过加速无机肥料形成的方式同步配合资本运行。

最终造成的结果体现为，人类社会出现以前就存在于自然界中的物质资源，比如，水、火、蒸汽、空气、矿藏、土地等自然界自然力，并不能追赶上资本的运行速度，这两种特殊过程在运行过程中产生时间维度的偏差。马克思通过列举资本主义野蛮制度下的过度砍伐现象，说明资本主义制度是生态危机的真正根源，资本主义的不合理活动导致生态破坏问题，随着时间的推移，资本主义制度自身固有的弊端不断显现和加重，周期性经济危机频现并演化为时下的系统性危机。

三、近代自然科学视域下农业化学物质变换转移的三个维度

（一）对自然资源枯竭的审视

1. 行星边界

行星边界是斋藤幸平研究马克思生态社会主义过程中出现的可持续发展先决条件框架。地球系统具备自然复原力，在自然负荷增长到一定程度后，自然复原力将逐渐消逝，极有可能造成地球系统发生不可逆转的、大破坏性的变化。例如，地球极地冰川的消融、濒危野生动物大规模灭绝等。一旦地球系统处于自然复原力临界点，人类就将面临巨大风险。斋藤幸平认为，经济增长过程中，需要在自然资源极限处，划定确保经济可持续增长的明晰界限，以此避免经济转型造成自然资源承担额外的环境负担，产生不可逆转的自然资源枯竭态势。这与瑞典环境学家约翰·洛克斯特伦教授所主张的观点具有高度一致性。

行星边界框架包含环境边界，2009 年由瑞典斯德哥尔摩复原力中心（Stockholm Resilience Centre）和澳大利亚国立大学（The Australian National University, ANU）所领导的地球系统和环境科学小组基于科学证据提出，将工业革命以来的人类行为视为环境变化的关键驱动力。瑞典环境学家约翰·洛克斯特伦教授曾经试图在研究行星边界九个界限过程中，通过测量和预测九个界限阈值的方式，确定人类生存的稳定极限，目的在于划定不超过自然复原力极临界点的"人类安全活动范围"。行星边界框架从全球视角出发，对地球系统关键生物物理过程的安全便捷予以框视，为人类活动厘定安全活动空间，依据地球气候稳定性与生态系统恢复力等延伸出的科学原理，行星边界框架已经对 2019 年联合国可持续发展峰会正式通过的联合国可持续发展目标（Sustainable Development

Goals，SDGS）产生较为显著的影响，成为推动全球科学技术创新与效率提升的目标值。根据该框架所涉及的界限门槛与边界，行星边界存在较大的不确定性（如表 2-1 所示），以较为复杂的方式产生相互作用，而边界的粗略性决定人类发展的安全空间，超越其中一个甚至多个行星边界，有可能产生高破坏性、灾难性风险，将引发尺度系统内非线性突然变化。

表 2-1　行星边界九个界限中的门槛与边界表

地球系统过程	控制变量	边界值	当前值	边界交叉	工业化前值
气候变化	大气 CO_2 浓度（ppm） 另外：引爆点	350	400	是	280
	从工业革命以来增加的辐射强迫（W/m^2）	1.0	1.5	是	0
丧失生物多样性	每年每百万物种灭绝率	10	>100	是	0.1~1
生物地球化学	从大气中清除人为氮	35	121	是	0
	进入海洋的人为磷	11	8.5~9.5	否	-1
海洋酸化	表层海水中文石全球平均饱和状态	2.75	2.90	否	3.44
土地使用与开发	地表转为耕地（%）	15	11.7	否	低
淡水	全球人类用水总量（km^3/yr）	4000	2600	否	415
臭氧消耗	平流层臭氧浓度	276	283	否	290
大气气溶胶	区域大气中总颗粒物浓度	尚未量化，未确定边界水平			
化学污染	浓缩有毒物质、塑料、内分泌干扰物重金属和放射性污染物进入环境	尚未量化，未确定边界水平			

从斋藤幸平针对行星边界框架进行的研究中不难看出，从约一万年前的全新世到工业革命以来进入的人类世，人类已经成为地球系统产生改变的关键因素。"人类世"以来，每年每百万物种灭绝的速度已经增加 100 多倍，人类成为

改变河流流量与水蒸气流动的主要驱动力量，人类的活动对地球系统进一步施加持续的破坏性压力，造成环境产生不可逆的突然变化，出现自然资源枯竭。根据瑞典斯德哥尔摩复原力中心和澳大利亚国立大学针对人类经济活动的测量，9个行星边界中，气候变化、生物多样性、土地使用与开发、生物地球化学4个地球系统的行星边界已经被突破。其中，气候变化与生物多样性是行星边界中的核心边界，改变上述边界中的任何一项，均能够促使地球系统进入一个全新的状态。一旦地球系统已经处于并不友好的危险状态，将导致包括"富裕国家"在内的全球不同地区发生人类福祉的迅速恶化。这一现状从事实上恰好验证人类世的真实现状，人类通过人类活动支配自然资源，最终通过不可逆转的行为方式，最大限度改变地球系统，造成不可挽回的危机局面。迄今为止，斋藤幸平通过研究瑞典环境学家约翰·洛克斯特伦教授的观点、理论，确认经济增长与自然资源负担间存在的"脱钩"。

换句话讲，斋藤幸平认为"脱钩"已经成为试图通过新技术，促使联动增长彼此脱离的一种关键方式。针对全球气候变化来说，"脱钩"的根本目标在于通过寻找不增加自然资源负担的经济增长形式，防止二氧化碳排放超过行星边界中的临界点，防止地球系统在二氧化碳超量排放的前提下，陷入自然资源枯竭的境地（如表2-2所示）。

表2-2　行星护栏的描述表

尺寸	被测
将气候变化限制在2℃	预计2070年全球化石资源的CO_2排放完全停滞
将海洋酸化限制在0.2个pH单位	同上
停止丧失生物多样性和生态系统服务	预计生物多样性丧失的直接驱动因素将于2050年停止（人为）
组织土地和土壤退化	预计2030年全球将停止净土地退化
限制长期居住的人为污染物	/
汞	应当在2050年前停止可替代使用及人为汞排放
塑料	预计2050年全球停止向环境释放塑料废弃物
可切割材料	预计2070年全球停止生产适用核武器、民用核反应堆核燃料
阻断磷的流失	截至2050年全球应当停止磷的开采

2. 稀缺性和灾难资本主义

稀缺性和灾难资本主义间的关系较为微妙。斋藤幸平认为，2020年以来，全球资本主义呈现出较为明显的稀缺性倾向，在理论界，这种情况成为资本主义社会制度下不可避免的恶劣结果。因此，当前资本主义社会正在进行的是"幻觉的脱钩"与"再挂钩"。① "短缺经济学"只是解释短缺的潜在可能性，而这种可能性最终的实现方式取决于正常生产秩序所依赖的前提条件。在美国弗兰克·N. 马吉尔（Frank N. Magill）的《经济学百科全书》中，稀缺性被定义为商品价格低于市场出清的均衡价格。在马克思的语境中，完全由市场主导的经济根本不会出现持续性的稀缺性。一旦商品需求超过供给，价格将直接上升，直至达到新的供求均衡为止。匈牙利经济学家亚诺什·科尔内（Janos Kornai）的《短缺经济学》则从社会主义实际生产经验的角度出发，超越了市场价格的视角，提出了与西方主流经济学完全不同的衡量标准。在传统社会主义制度下，价格机制在绝大部分经济活动中的作用有限，生产调节的依据主要是产品数量而非价格。社会主义制度下，短期消费和长期投资之间的关系被视为排在第一位的政治问题。传统社会主义经济经常会出现稀缺性，因为部分产业可能面临技术或组织瓶颈，无法跟上预期的增长目标。由于经济秩序中断，传统社会主义制度下的短缺并不会持续很长时间。然而，资本主义的经济危机可能持续时间较长，因为导致生产中断的因素可能是系统性的。在系统性危机中，原本正常的经济生产秩序所依赖的物质前提和制度前提被破坏，新的秩序形成需要花费比市场调节和预期适应更长的时间。

造成稀缺性和灾难资本主义的主要原因既非政策性失误，也非社会主义国家相对较低的物质起点或赶超资本主义国家的目标，而是社会主义经济社会关系和制度条件。核心机制在于，资本主义通过加速资本运行投入生产，对投入品的需求越是超过供给，普遍稀缺的状况就越发严重。从微观和亚微观的视角对东欧国家生产决策的典型模式进行描述，可以概括出两个造成稀缺性的微观前提。一是，经济参与者，尤其是企业，拥有软预算约束。这意味着它们可以期待政府或其他机构的救助，而不必担心彻底的破产。这种预算约束的软性使得企业在经济决策中更容易产生过度投资和资源浪费。二是，资本家在运行资本过程中普遍具有超出预算进行支出的动机。可能是他们的个人动机，例如，提高社会地位或满足消费欲望，导致过度的投资和资源使用。这两个条件不仅

---

① 斋藤幸平. 人类世的"资本论"［M］. 上海：上海译文出版社，2023：43-45.

在传统社会主义制度下存在，同样也广泛存在于现代资本主义制度中。在过去几十年里，资本主义国家为了追求短期的经济繁荣，牺牲了经济运行的长期可持续性。这导致了各种意外事件的频繁发生，资本主义生产的连续性被打断，资本主义生产体系在面临外部冲击时难以应对。资本主义国家的基础设施逐渐出现稀缺，生产系统变得脆弱，这可能会导致类似事件更频繁地发生，从而带来社会总体生产成本的提高和供给约束的增强。资本的本性是追求增殖，一旦利润率下滑或实体经济增长疲软，资本就会寻求其他方式来实现增殖。结果就是金融垄断资本突破政府对其的限制，渗透到各种商业关系中，形成以债权、所有权为载体，以食利和投机为主要特征的全球积累体制。这种机制与新自由主义相互作用，对资本主义生产、再生产条件造成破坏，增加了稀缺性的可能性，并加剧了后果。由于金融资本对全球资本主义生产的主导，后果主要由无产阶级和发展中国家承担。

（二）对空间资源恶化的审视

1. 原始积累增加人造稀缺性

2020 年以来，全球资本主义出现了全方位的混乱与短缺现象，包括供应链危机、能源危机、粮食短缺以及劳动力短缺等问题，在各个领域同时存在并相互交织，对全球经济产生了深远影响。尽管各种外部冲击是导致经济稀缺性的直接原因，但稀缺性现象深刻地反映出资本主义生产的技术特征和制度属性。供应链危机和工业品短缺的演变始于运输业的短缺，主要是由于劳动力短缺以及发达国家在去工业化背景下对港口基础设施长期投资不足。此外，船舶运输的特性也是一个重要因素。然而，运输业短缺只是供应链危机的导火索，供应链的脆弱性更多是源于 20 世纪 80 年代以来全球生产的两个重要变化。一方面，全球生产网络的形成使得单个产品的生产过程被拆分为不同的环节和模块，由不同国家和地区分工完成。因此，与以往相比，单个环节的中断更有可能传导到整个供应链网络。另一方面，"准时制"生产方式的普及，甚至发展为"零库存"管理模式。这种生产方式降低了企业成本，但高度依赖于原材料输入与成品输出之间的良好匹配。这些变化使供应链变得更加脆弱，一旦其中任何环节出现问题，就可能波及整个供应链，导致短缺现象进一步加剧。此外，能源危机和粮食短缺等问题也与资本主义生产方式的能源消耗和粮食生产的依赖性有关。这些全球性的短缺问题不是暂时性的现象，而是深深地根植于资本主义生产方式的内在特点。解决这些问题需要从技术创新和制度改革两方面入手，以实现更加可持续和稳定的全球供应链体系。同时，也需要更加关注劳动力资源的合理配置和发展，以提高生产效率和应对劳动力短缺的挑战。总之，全球资本主义面临的混乱与短缺问题需要我们对其产生的根源加以深入思考和分析，从而采取相应的措施来应对并推动经济的可持续发展。只有在技术、制度和资源合理配置等多方面的综合改革下，才能实现全球经济的稳定与繁荣。

能源与粮食短缺的问题一直困扰着许多国家，而 2022 年 2 月爆发的"俄乌冲突"更进一步加剧了全球能源与粮食安全问题。能源与粮食的短缺直接威胁着经济运行和社会再生产的重要物质基础，其严重程度相当于 20 世纪 70 年代的石油危机，且各国之间经济的紧密联系使这种影响进一步放大。全球范围内频繁发生的极端气候是导致粮食减产和能源短缺的共同原因。尽管极端气候不一定直接影响传统化石能源企业的生产，但会对新能源的生产造成冲击，从而增加了对传统能源的需求。此外，现代农业严重依赖化肥，而化肥的主要原料就是化石能源。因此，能源短缺本身又会进一步加剧粮食短缺问题。最后，能源短缺和粮食短缺的问题都与国际局势密切相关。尽管在俄乌冲突爆发之前，全球已经持续经历着能源与粮食过剩和短缺长期波动的情况，这种波动并不仅仅由单个国家所控制，而是受到国际地缘政治的干扰。与此同时，金融资本对大宗商品的投机运作也直接加剧了这种情况。这些问题的解决需要全球范围内的合作与协调。必须采取措施来推动可再生能源的发展、加强粮食生产的韧性和可持续性，并加强国际之间的合作，以确保能源和粮食的稳定供应。此外，还需要减少对大宗商品的投机行为，以降低价格波动对世界经济的影响。总之，能源与粮食的短缺问题不是单一国家所面临的挑战，而是一个全球性的问题，需要全球范围内的共同努力来应对。只有通过国际合作、科技创新和可持续发展的实践，才能在人类社会追求繁荣的过程中确保能源和粮食的稳定供应，为全球经济的可持续发展奠定坚实基础。

劳动力短缺问题常常与资本主义国家高昂的劳动力成本和低生育率密切相关。然而，近年来劳动力短缺的性质呈现出了明显的变化。在公共卫生事件的影响下，大量劳动力因疾病无法履行工作职责，另一部分劳动力在较长时间内无法进入劳动力市场寻求工作机会，从而进一步加剧了资本主义国家原本就紧张的劳动力供给压力。劳动力短缺的问题已经呈现出全方位的特征，其中，仓储、物流和销售相关的岗位空缺已经达到了 170 多万个，这正是前文提到的供应链危机所面临的重要因素之一。新自由主义时代所积累的复杂社会矛盾在公共卫生事件爆发后显现出来，直接加剧了劳动力短缺问题的严重程度。自 20 世纪 80 年代以来，全球主要的资本主义国家推行新自由主义政策，压制工会力量、取消社会保护等措施，导致工人阶级的组织力量、相对收入和抗风险能力全面下降。这使得一部分劳动力被迫退出劳动力市场，经济收入和生活质量都在不断恶化。在缺乏充分保护条件的情况下，资本主义力图通过让劳动力承担更高强度的工作来降低劳动成本，在严重的供应链危机和通货膨胀的影响下，劳动力的处境变得更加艰难。伴随着资本主义国家劳动关系冲突的不断加剧，全球供应链关键节点的劳动冲突也进一步升级。在阶级斗争中，劳动力的主要诉求是提高薪资待遇、提供公共卫生防护措施等。这些诉求与公共卫生事件和生产资料的全面短缺密切相关。劳动力短缺成为资本主义经济陷入全面短缺的直接结果，并进一步加剧了稀缺性的出现。例如，物资短缺导致劳动力的再生产价值直线上升，关键岗位上的劳动力成本也增加了物资生产的困难。这与20世纪70年代的稀缺性灾难存在着相似之处。这种持续的劳动力短缺不仅对经济产生了直接的负面影响，也加剧了社会不公和社会冲突。为了解决这一问题，政府和企业需要共同努力，加强劳动力保护、提高工资待遇、改善工作条件，并积极推动技能培训和教育，以提高劳动力市场的供给和质量。为此斋藤幸平也强调："可持续性对于我们后代的繁荣不可或缺。"① 总之，劳动力短缺是新自由主义政策以及公共卫生事件和全球生产资料短缺问题的直接结果。它加剧了资本主义经济的稀缺性，同时也需要综合的政策措施来解决，以实现更加公正和可持续的发展。

2. 曾经充足的共有空间资源

斋藤幸平认为，在原始积累前，土地、水等共有空间资源比较充足。共同体内全部成员均可以根据自身需求免费获取上述资源。当然，资源获取并不能随心所欲地使用，需要依循一定的社会规则来完成资源使用，违反者需要接受一定的惩罚。正是因为共有空间资源属于共同财产，共同体内成员会对共同空间资源进行适当形式的照顾，而且生产的目的并非单纯获取利润，因此，并不会过度进行对自然的干预，实现与自然的共存。"圈地运动"后，私有制已经破坏原有的富裕的可持续关系，免费的共有空间资源成为不给付租金便不能使用的稀缺性资源，原始积累已经瓦解原本充足的共有空间资源，人为制造出较为明显的稀缺性。未开垦的土地转变为私人所有。在私有制之下，一旦通过金钱获取土地，将可以随心所欲地支配，并且不会遭受任何形式的干扰。共有空间资源的所有者拥有自由支配权利，这种自由恶化了绝大多数人的普通生活，造

---

① 斋藤幸平. 人类世的"资本论"［M］. 上海：上海译文出版社，2023：67.

成土地荒芜、水质受到不同程度的污染。

(三) 对气候资源危机的审视

1. 不可逆点

所谓不可逆的气候资源危机临界点(不可逆点)是指气候研究中确定的某个临界阈值,表示气候系统能够从一个稳定状态跨越到另一个稳定状态,而这种变化是无法逆转的。专家表示,如果全球能够实现大规模减少温室气体排放,可能会直接延缓超过2℃的全球升温幅度的发生。然而,关于气候系统的研究仍需不断深入,以减少未来发展中存在的不确定性。英国埃克塞特大学全球系统研究所长期关注全球气候变化对地球系统气候资源危机临界点的触发情况,全球系统研究所所长提摩西·莱顿(Timothy Lenton)教授在《美国国家科学院院刊》(PANS)发表关注"地球气候系统中的临界要素"论文,论文被许多科学家引用,极大程度上推动临界点领域的研究。2022年9月,提摩西·莱顿教授在《科学》(Science)杂志上发布最新研究,重新评估2008年以来科学界发表的200多篇关于不可逆点的论文及数据。研究发现,全球主要气候临界点可能已经增加到16个,例如,亚马孙热带雨林枯萎、北极海冰面积减少、全球珊瑚礁大规模死亡等。斋藤幸平在《人类世的"资本论"》中,通过审视气候资源危机研究判断,量变引起质变的关键是"不可逆点"。[①] 不可逆点之所以较为关键,是源于不可逆点突破能够对生态环境造成较为显著的影响。一方面,到达不可逆点的积累时间较长,在积累时间段,避免触发不可逆点的平衡行为较为关键,一旦触发不可逆点,地球自然系统可能会较为快速地遭遇直接的破坏性结果,在不可逆点触发后,地球自然系统将会重新进入新的平衡状态,但并不会是原本的运行状态。另一方面,难以预测性是气候资源危机的另一个显著特征,也是气候资源危机最为危险之处,尽管危险即将来临,却无法对临界的不可逆点进行精准评测,当意识到临界点来临时,不可逆点实际上已经被触发。一个"积极的转折点"可能是可再生能源价格的加速下降,以及各个国家对部署零碳排放技术、可再生能源技术的巨大政治支持。

2. 减少二氧化碳绝对排放量的必要性

减少二氧化碳绝对排放量就是减少温室气体的排放,从而减弱温室效应。温室效应是指透射阳光的密闭空间由于与外界缺乏热对流而形成的保温效应,即太阳短波辐射可以透过大气射入地面,而地面增暖后放出的长波辐射却被大

---

① 斋藤幸平. 人类世的"资本论"[M]. 上海:上海译文出版社,2023:4.

气中的二氧化碳等物质所吸收，从而产生大气变暖的效应。大气中的二氧化碳浓度增加，阻止地球热量的散发，使地球可感觉到的气温升高，这就是有名的"温室效应"。二氧化碳排放过多将导致地球平均气温过高，就会造成全球气候异常，最直接的变化是南北极冰川融化、海平面上升、陆地沿海城市被淹没和多数岛屿彻底消失。极端天气、森林大火等对温度变化敏感的自然灾难会大幅增加。

迄今为止，全球范围内 186 个缔约方共同加入气候变化《巴黎协定》中，设立国家自主贡献方案。该协定呼吁 2020 年后，将全球升温控制在比工业化前水平高出 1.5℃ 的水平，对全球应对气候变化的行动做出统一部署和安排。使用清洁能源推动经济发展，用风能或太阳能等可再生能源代替释放污染性的煤炭及天然气和燃油发电厂，将大大减少二氧化碳绝对排放量。另外，风能或太阳能等可再生能源不仅比化石燃料更清洁，而且通常更廉价，价格更合理。全面转向以用风能或太阳能等可再生能源为动力的电力运输，在降低二氧化碳绝对排放量方面也将发挥巨大作用，同时，使用清洁能源可减少全球范围内主要城市空气污染。多个国家积极出台相关产业政策和法规，完善电动汽车产业链，加速推广更加廉价和高效的电动汽车，促进低碳环保出行，致力于实现二氧化碳绝对排放量降低，提出逐步淘汰销售化石燃料驱动汽车的计划。例如，欧盟委员会为应对气候变化的大规模计划中，最重磅的提议是"Fit for 55"的行动方案，自 2035 年起禁售包括混合动力车（HV）在内的汽油和柴油新车；航空业强制遵守二氧化碳绝对排放量降低规定；制造业生产有气候污染的家庭热能产品，需要支付额外成本；由碳排放限制相对宽松国家输入的钢铝材料要被加征关税等。2030 年欧盟委员会注册的新款轿车、厢型货车的二氧化碳平均排放量，必须分别较 2021 年的上限减少 37.5% 和 31%。到 2040 年，欧盟委员会需要在公共和私人充电桩上花费 800 亿~1200 亿欧元。从 2050 年起，欧盟委员会更要求实现机动车尾气零排放，届时，燃油发动机新车将无法获得行驶证。农业粮食系统的碳、温室气体排放是指农场生产活动（作物和牲畜）、土地利用变化以及生产前和生产后过程产生的排放，甲烷成为大气中最主要的与畜牧业相关的潜在温室效应气体，甲烷所产生的暖化效应是二氧化碳的 23 倍。前两部分是农业用地产生的排放，而第三部分是指供应链过程中的排放，包括运输、加工和投入品制造，以及家庭消费和废物等。农业粮食系统温室气体排放最多的国家是中国、印度、巴西、美国和印度尼西亚，但上述国家并不是人均排放大国，亚洲和北美洲碳排放总量接近 24%。包括美国、中国和印度在内的一些发达国家和新兴经济体，农产品收购活动和供应链的排放是粮食系统碳排放的主要驱动因素。在巴西和印度尼西亚，土地利用变化所造成的碳排放是其最大的组成部分。减少二氧化碳绝对排放量极为重要。从大气中寻找脱碳的方法和从森林、泥炭沼泽、红树林、土壤，甚至地下海藻森林中挖掘基于自然的解决方案，是全球范围内长期付诸巨大努力来拯救森林、种植树木、恢复泥炭和红树林地区及改善耕作技术的动因。通过联合国全球契约，欧盟委员会、日本和韩国及其他110多个国家，已承诺到2050年实现碳中和，这些承诺是实现目标的良好意愿的重要信号，将真正促进可再生能源投资、智能建筑、绿色交通及一系列其他措施的执行，有助于减缓气候变化。

3. 所谓"从大气中清除二氧化碳的新技术"

（1）BECCS对技术的转嫁

西方资本主义国家为实现"绿色经济增长"将社会、自然成本转嫁给边缘地区。例如，19世纪秘鲁沿海的鸟粪开采，生态帝国主义结构仍然在南美和非洲等地区反复重演，只不过通过其他形式进行，对象演变成为稀有金属。斋藤幸平通过分析自然资源被消耗的指标，发现全球各个国家的指标增长率与实际GDP呈现正相关，所谓的西方发达国家相对脱钩、绝对脱钩表现出暂时性，反而发生GDP与自然资源被消耗的指标再挂钩的情况。包括矿物、矿石、化石燃料与生物质能在内的资源总消耗量，到2050年时，预估将达到1800亿吨左右。上述资源中可循环回收利用的占比约为8.6%，考虑到自然资源消耗量的高速增长，自然资源的可回收利用率反而呈现下降趋势。西方资本主义国家所追求的气候凯恩斯主义在实现所谓"绿色"经济政策的过程中，将进一步加剧对边缘地区的资源掠夺。斋藤幸平在研究西方资本主义国家"绿色经济增长"政策过程中，对政策的有效性持怀疑态度，商业利益驱使下滥用概念、阳奉阴违的"洗绿"行为已经在全球范围内泛滥。"换句话说，基于气候凯恩斯主义的'绿色经济增长'，正是能够让资本主义维持'正常运转'的'最后堡垒'"①，例如，特斯拉、福特等公司面向全球市场生产的采用磷酸锂铁电池的纯电SUV销售计划，只会强化现有的消费文化，最终造成众多自然资源的浪费，这就是"洗绿"的典型。而在现有政策框架和方法论下，绿色金融起步发展至今的20多年里，尽管规范性文件和行业准则早已问世，但法律法规仍然停留在宣示性、建议性阶段，并且发布于久远以前，缺乏研判的专业性，与当下的新常态不相

---

① 斋藤幸平. 人类世的"资本论"［M］. 上海：上海译文出版社，2023：35.

兼容，要识别"绿色项目"或"绿色公司"本身举步维艰，让"洗绿"问题变得更加隐蔽。在清洁交通领域，电动汽车被认为是内燃机汽车最有希望的替代品。由于尾气排放为零，电动汽车有助于消除局部污染，这在人口过剩的城市地区尤为重要。然而，这并不意味着电动汽车根本不产生任何环境负担。因此，斋藤幸平将其总结为："即便冠之以'绿'，但还是贪图无限增长的话，最终还是会超过地球的极限吧。"①

借助 LCA 生命周期评价方法，建立电动汽车全生命周期模型，研究发现，HEV、PHEV、EV 消耗的汽油分别降低 27.4%、43.4% 和 94.9%，但是煤炭消耗分别增加 15.7%、155.0% 和 293.9%，碳排放量依旧很高。清洁环保一直是电动汽车的标签，也是车企在宣传中的一张"安全牌"，但清洁环保只是电动汽车的部分事实，也是相对概念。电动汽车的全生命周期碳排放的确比其他类型汽车略低，其中燃料周期的碳排放显著低于其他车种，但是，电动汽车在原材料获取、整车生产、维修保养等车辆周期阶段的碳排放较高，无论是碳排放占比还是绝对数值，电动汽车行驶过程中使用电力替代燃油，实质上是将碳排放由消费端转移到生产端。电力的使用会贯穿电动汽车整个生命周期过程，能源生产和使用过程是全球污染较为严重的过程之一，将排放大量的二氧化碳，造成电力消耗的增加，需要安装大量太阳能电池板、风力发电设备来弥补电力缺口，这是不可忽视的隐含碳足迹，为此需要开采更多的自然资源，制造发电设备，产生更多的二氧化碳排放量，环境自然遭受多重破坏，印证了杰文斯（William Stanley Jevons）悖论，最终，环境危机进一步加剧。

汽车的主要金属材料是钢、铝、铁和铜等，金属的原材料开采及生产制造过程中会产生大量的碳排放，对全球变暖潜势有很大影响。例如，2021—2030年，全球范围内用于乘用电动汽车电池中钴的累计使用量将超过 205 万吨，相当于全球已探明钴矿可开采量的 30%。2030 年全球动力电池中镍的使用量预计达到 86 万吨，比 2018 年的使用量增长 43 倍。由此可见，未来动力电池生产制造的碳排放压力不容小觑。对于这些资源，仅从碳排放的角度去衡量环境影响远远不够，其实际开采过程引发的生态和社会问题难以用数字来衡量。据统计，2019 年全球大约 30% 的镍资源产自印尼。从矿石中提取矿物的过程中会使用化学品和砷等物质，这些物质暴露在空气和水中会变成有毒物质。含混着有毒有害物质的矿渣沉入海底，不仅对当地本就濒临灭绝的珊瑚礁造成致命损害，同

---

① 斋藤幸平. 人类世的"资本论"[M]. 上海: 上海译文出版社, 2023: 36.

时也影响到依托这些珊瑚礁生存的水产品，间接影响当地居民的生产生活。刚果（金）的钴供应链出现雇用童工、手工采矿等问题，智利阿塔卡玛盐湖开采锂矿造成其本就匮乏的地下水资源几近枯竭，引起当地居民的抗议。这些案例揭示电动汽车在成为低碳产品的同时，不仅会将污染转移到边缘地区，还将对当地居民身体健康和日常生活产生持续的威胁。作为电动汽车的生产者，汽车企业应当肩负改善产业链环境问题的主要责任。长期来看，电动汽车行业应该追求全产业链、全生命周期的绿色低碳，将目标指向 100% 可再生能源使用、资源减量和资源循环。根据国际能源署（International Energy Agency，IEA）测算，2040 年前，全球电动汽车并不会大幅度减少二氧化碳的排放量，因为电池越大，制造过程中产生的二氧化碳越多，如果将电池的生产制造过程纳入绿色技术的范畴，实际生产情况属于将一个问题转嫁给另一个问题。因此，斋藤幸平认为，有必要向电动汽车和太阳能转型，但是，将未来托付给技术乐观主义必将产生严重的错误。气候凯恩斯主义所呼吁的电动汽车和可再生能源 100% 转型的诱人性较为明显，未来属于逃避现实的帝国式生活方式。将二氧化碳从大气中清除出去的新技术被称为"负排放技术"，这一技术被视为减少二氧化碳排放量的技术。斋藤幸平认为，假如"负排放技术"成功实现，绝对脱钩将较为容易，因此，负排放技术成为气候凯恩斯主义的"大救星"。作为应对全球气候变化的关键负排放技术之一，碳捕集、封存及再利用技术（Carbon Capture, Utilization and Storage，CCUS）可以将二氧化碳从工业过程、能源利用或大气中分离出来，直接加以利用或注入地层以实现二氧化碳永久减排。

生物质能—碳捕集与封存（Bio‑Energy with Carbon Capture and Storage，BECCS）是 CCUS 中的一类特殊技术，能将生物质燃烧或转化过程中产生的二氧化碳进行捕集、封存。BECCS 技术的转嫁原理在于利用植物的光合作用将大气中的二氧化碳转化为有机物，以生物质的形式积累储存后，这部分生物质可以直接用于燃烧产生热量，或者通过化学反应合成其他高价值的清洁能源。生物质燃烧和化学合成过程中产生的二氧化碳，被认为是植物生长所储存的二氧化碳释放出来，这一过程属于"净零排放"。利用 BECCS 技术捕获释放出来的二氧化碳，将其进一步压缩和冷却处理后，用船舶或管道输送，最后被注入合适的地质构造中永久储存，这一过程属于"负排放"，例如，将其输送并封存到海底或地下等与大气隔绝的地方。因此，BECCS 技术与传统 CCUS 技术的区别是 BECCS 技术可以实现负排放，是一种负排放技术。

在评估 BECCS 技术的转嫁贡献过程中，联合国政府间气候变化专门委员会

IPCC 在《IPCC 全球升温 1.5℃特别报告》中指出，BECCS 的部署在 2030 年仍然有限，在 2050 年左右全球二氧化碳达到净零排放。BECCS 规模约为 45 亿吨。IEA 国际能源署可持续发展情景目标是，全球于 2070 年实现净零排放，CCUS 是第四大贡献技术，占累积减排量的 15%。BECCS 的部署将在第二阶段（2030 年到 2050 年）快速增长，占 15%，尤其在发电和低碳生物燃料方面。到第三阶段（2050 年到 2070 年），捕集比前一阶段增长 85%，其中 45% 来自 BECCS。IEA 2050 年全球能源系统净零排放情景下，2030 年全球二氧化碳捕集量为 16.7 亿吨/年，2050 年为 76 亿吨/年。其中，2030 年生物质能的碳捕集量约 2.55 亿吨，2050 年来自生物质能的碳捕集量达到 13.8 亿吨。

相较于其他的负排放技术，斋藤幸平认为利用 BECCS 实现二氧化碳负排放的潜力更大。经过对直接空气捕获和储存、海洋施肥、矿物质的增强风化、植树造林和重新造林、土壤碳的范围封存、生物碳固存以及生物质能—碳捕集与封存等七项技术的系统分析与评价，斋藤幸平认为从碳潜力和碳成本两方面折中来看，BECCS 技术是未来有望将全球温室效应稳定在低水平的关键技术，但是，即使这一技术成功实现，"绿色增长"也必须通过扩大 BECCS 技术规模，适应不断扩容的经济发展规模。发表在 *Global Environmental Change* 期刊上的新研究，重点关注 BECCS 所产生的经济影响。正如美国麻省理工学院和伦敦帝国学院的能源倡议研究人员共同参与全球变化科学与政策联合项目过程中，詹妮弗·莫里斯（Jennifer Morris）在建构经济预测与政策分析（EPPA）模型中所表明的，在气候政策情景下，该技术可能对全球经济产生影响，即全球升温分别保持在 1.5℃和 2℃以下。此外，将 BECCS 纳入政策可以防止广泛的经济损失：在全球升温 1.5℃的情况下，如果没有 BECCS，到 2100 年全球消费量将减少近 20%，但如果有 BECCS，则只减少 5%。就成本而言，BECCS 的表现比直接空气捕集要好，BECCS 的好处远远超过成本，后者是使用二氧化碳捕集和储存（CCS）的其他主要负排放技术。一系列的实验有力地验证了来自碳许可的收入，确实在推动 BECCS 的部署，BECCS 去除二氧化碳的价值远远大于发电的价值，电能本质上是一种副产品。但发展 BECCS 存在的不确定因素也较为明显。其一，适用于 BECCS 的生物质资源可获得性的不确定，生物质资源种类上的缺失、生物质资源在空间上分布的失衡，可利用土地面积、环境政策制约、技术经济的发展等因素，均会影响到生物质能的实际可供应量。据说，为实现 2℃的生物质能目标，需要浪费大量农业用地。其二，BECCS 对技术的转嫁存在较高的技术不成熟表现，BECCS 在发展过程中涉及生物质能利用与 CCS 两个部分，纤维素乙醇、F-T 合成生物燃料和生物质气化联合循环发电技术在研发示范阶段，虽然利用先进的生物质能，但是仍然在未来发展上存在较为明显的不确定性，而 CCS 大部分技术仍然处于示范性工程阶段，在实施技术上存在较为艰巨的技术挑战。其三，BECCS 经济影响的成本不确定性较为突出，一方面，需要在成本链条上，充分考虑到生物质能运行成本，同时要充分考虑到 CCS 技术成本。其驱动 CCS 技术的发电设备需要大量水。就现阶段的全球农业生产来讲，大量消耗的水资源已经构成巨大环境问题，而由于气候变化，水在未来将变得更加珍贵，将大量水用于 CCS 技术，通过 CCS 将大量二氧化碳注入海底，直接结果必然造成海洋大幅度酸化。另一方面，生物质能与 CCS 不同技术成本间的实际差异较大。此外，BECCS 技术自身的不确定性，直接影响技术转嫁过程中的经济性，对降低减排成本来讲可以产生较为关键的作用。其四，生物质能的发展本身就面临着对社会和生态影响的质疑。因此，BECCS 对土地、水、粮食和基础设施等的影响仍然需要学界认真研究和讨论。

（2）IPCC 模型的自相矛盾

IPCC 是一个跨政府组织，本身并不进行研究工作，并不针对气候或其相关现象进行监察，主要工作是发表与执行《联合国气候变化框架公约》有关专题报告。IPCC 主要根据成员互相审查对方报告及已发表的科学文献来撰写评估报告，下设 3 个工作组和 1 个清单工作组。WGI 为自然科学基础，主要报告的是全球变暖的科学事实，过去现在未来的气候状况，评估目前全球气候变暖的程度以及未来气候变化的可能状态和趋势；WGII 为气候变化影响、适应性和脆弱性，主要评估社会经济和自然系统对气候变化的脆弱性、气候变化的消极和积极后果以及适应气候变化的备选办法；WGIII 为减缓气候变化，聚焦减缓气候变化，评估减少温室气体排放的方法，以及从大气中消除温室气体的行动和对策；TFI 国家温室气体清单工作组是在 3 个工作组评估报告和几个特别报告的基础上进行提炼。每个工作组的每份报告都会对全球应对气候变化产生显著且深刻的影响，其主要目的是研究自然气候的变化，以及人与自然相处过程中的关系问题。

IPCC 组织一批杰出的科学家对气候变化的各个主题论文进行回顾，隔 5~8 年根据全世界研究进展，发表具有权威性的综述。以 IEA 发布的碳核算报告为例，其数据来源主要为国家向 IEA 能源数据中心提交的月度数据、来自全球各地电力系统运营商的实时数据、国家管理部门发布的统计数据等。IPCC 强调参数的本地化，需使用反映国情的本国参数，鼓励使用高层级的方法，例如，美国从 1994 年开始每年向联合国递交温室气体排放清单。在多年的温室气体清单编制过程中，美国环境保护署（U. S. Environmental Protection Agenuy，EPA）积累了大量的系统数据和工作经验，形成协调性良好的数据收集和处理模式。大气计划办公室和交通与空气质量办公室负责清单排放量计算，一些政府机构提供活动因子数据，一部分企业也会义务参与清单编制工作。

IPCC并没有独立的碳核算模型，而是采用的各个研究机构模型。IPCC报告所引用的碳核算模型是全球各个国家政治家和学术政客谈判、交易、博弈的结果，而不是科学家的独立研究成果，因此，IPCC的气候变化评估报告缺乏科学的准确性、严密性、可靠性和权威性，并不具备科学上的理论意义和实际的应用价值，结果无疑是不完善的。碳核算的具体过程虽然是客观的测量与计算，但其测量范围的划定及具体标准的制定仍存巨大的空间和差异，也由此带来不确定性。因为气候模式不可能完美地模拟出未来气候状况，但是这种博采众长的结果无疑是现在最好的方案。由于不同气体对温室效应的影响程度有所不同，IPCC提出二氧化碳当量这一概念，统一衡量包括二氧化碳、甲烷、氧化亚氮、氢氟碳化物、全氟化碳、六氟化硫和三氟化氮等气体排放对环境的影响。碳核算机制是一个多元主体体系，各个主体所承担的角色和责任将直接影响核算结果的准确度及成果性质。整体而言，碳核算方式可分为自上而下和自下而上两类，前者指国家或政府层面的宏观测量，后者包括企业自测与披露、地方对中央汇报汇总，以及各国对国际社会提交反馈。从国际层面来看，国际组织和国际协定主要依赖各国政府和企业自主进行碳核算和报告，以计算碳排放情况。在自上而下的测算中，主流的国际标准是基于《IPCC 2006年国家温室气体清单指南》（2019修订版），这个标准提供了方法和规则，用于各国进行碳核算。自下而上的测算则是基于温室气体议定书系列标准，广泛应用于全球各国，用于建立国家温室气体清单和实施减排承诺。这些方法和规则的体系对全球各国都有重要而显著的影响。这些由非政府组织出具的标准及指引，均鼓励国家、城市、社区及企业等主体对核算结果进行汇报和沟通，确保公开报告一致性。在IPCC第五次评估报告中，几乎全部的2℃计划均掺杂诸如BECCS技术的梦幻技术，斋藤幸平认为参加评估报告的专家们对BECCS技术实现的不现实程度心知肚明，然而，专家们仍然通过不断加入不现实流程的方式，架构复杂的模型，以智力游戏撰写出众多梦幻设想，恰如全球可持续发展问题科学家、瑞典水资源领域的领先科学家约翰·罗克斯特伦所批判的，IPCC不过是专家们浪费时间的游戏，真正需要做什么、需要采取哪些措施阻止气候危机更加重要。IPCC可以说已经陷入经济增长陷阱中。

在 IPCC 第六次评估报告中，WGI 工作组报告主要包含 12 个章节，侧重关注气候现状、人类对气候系统的影响、未来气候变化的预测、全球碳循环和生物地球化学循环、水循环、海洋和冰冻圈以及海平面变化、极端气候事件和风险等，人类活动导致气候变暖的结论是明确的，极端气象和气候事件频发，未来气候变化，海洋、冰盖和全球海平面在百年甚至千年尺度上是不可逆转的，限制人类活动引起的全球变暖等自然科学基础评估结果引人深思。目前，地球的平均气温相较于工业革命前已经升高 1.1℃，人类活动在过去的 2000 年里造成的气候变暖是前所未有的。模拟的自然变率造成的气温变化较为平稳，不会超过 0.3℃，而模拟的"人类活动+自然变率"和观测到的平均温度变化较不稳定。这说明现在的全球增温主要归因于人类活动燃烧化石燃料和土地利用造成的温室气体的排放。

观测全球变暖幅度和人类活动影响，造成的温度变化误差范围内是一致的，主要归结为人类活动产生的温室气体的增温作用以及部分气溶胶的冷却作用。混合温室气体的影响对全球平均温度有着复杂的作用。一般来说，这些气体会导致约 1.5℃ 的增温。而气溶胶气体则会对温度产生约 0.4℃ 的降温效果。太阳活动和火山活动对当前全球平均温度的整体影响并不明显。温室气体主要包括二氧化碳、甲烷和氮氧化物。其中，二氧化碳对温度的增加约为 0.8℃，甲烷对温度的增加约为 0.5℃，其他气体对增温的影响相对有限。而气溶胶整体上会减弱温室气体的增温效应。其中，硫化物会产生约 0.5℃ 的降温作用，几乎抵消了甲烷的增温效应，而黑炭具有微弱的增温作用。需要注意的是，这些数字只是大致估算，实际情况会受到各种复杂因素的影响而有所变化。因此，在深入研究温室气体的影响和作用机制的过程中，我们需要进一步完善模型和数据，以更准确地评估和理解气候变化的过程。整个气候系统、变化尺度是数百年数千年间前所未有的。目前，大气二氧化碳的浓度在 410ppm 水平，超过 2Ma（百万年）的任何时期。全球表面温度从 1970 年以来比过去 2000 年的任何 50 年增加得都要快。在 2011 年至 2020 年间，北极海冰平均面积是 1850 年以来最低。1900 年以来全球平均海平面高于过去 3000 年里任何一个世纪。全球海洋过去 100 年变暖的速度比 11000 年前的末次冰消期转换还要更快。

人类影响的气候变化已经造成全球许多气象和气候极端事件，包括热浪、特大暴雨、干旱和热带风暴等极端事件。极端热事件从 1950 年以来发生得越来越频繁，越来越严重；极端冷事件变得更少。高信度研究表明，人类活动造成的影响是这些变化的主要驱动力。1950 年以来，大部分陆地观测数据表明，极端降雨事件的频率和强度显著增加，主要是人类活动引起的气候变化造成的。人类活动引起的气候变化也会造成某些区域的农业和生态干旱。

北美和地中海有确信的证据表明是人类活动造成的干旱，这些区域并不是因降水少而干旱，而是温室气体升高造成的高温，引起所谓"热干旱"。1950—1980年全球陆地季风降雨的减少，可能部分是人类活动排放的气溶胶造成的，从那以后季风降雨的增加，归因于升高的温室气体内部变率。20世纪，整个南亚、东亚、西非温室气体造成的降雨增加被人类排放的气溶胶导致的降雨减少抵消。

人类累计排放二氧化碳的量和全球变暖的温度有一个线性关系，特别是温室气体排放量、温室气体浓度和温升之间并不存在一一对应的同步变化关系，全球二氧化碳的累积排放量越大，全球气候变暖的幅度就越高。每增加1000Gt的二氧化碳的排放，会增温0.45℃。如若不立即进行减排，几乎可以肯定未来平均温度会随着累计二氧化碳的增加而持续升高，并给人类带来灾难。

需要注意的是，地球的大气中本身就含有一定浓度的二氧化碳，而且地球上的许多不同自然生态系统也会吸收和释放二氧化碳。因此，大气中二氧化碳的浓度存在自然的时间和空间变化。这是地球系统中的诸多复杂过程所导致的。不同的地区和季节可能会有不同的二氧化碳浓度水平，而且这些浓度也会随着时间的推移而有所变化。我们需要考虑到这种自然变率，以更准确地了解并评估气候变化和二氧化碳排放的影响。全球变暖造成的全球生态系统的破坏、生物多样性的损失、自然灾害、冰川消融等问题已经影响到人类的生存和发展。造成21世纪气候变暖间断现象的原因是，在太平洋年代际振荡的大背景下赤道信风加强，使赤道西太平洋暖水堆积和赤道东太平洋变冷，造成海洋上层热量向深层传输，是全球变暖的另一种表现形式。

第二节　与近代自然科学视域下政治经济学的碰撞

一、马克思政治经济学"内容"与"形式"间的相互关系

（一）对物质内容与经济形式关系所反馈的历史特征的诠释

作为一种政治规划，马克思主义既没有把希望赌在任何"救世主"身上，也没有指望自然的时间过程。这是其为真正现代意义上的解放政治学规划所带

来的理论前提变化之一。尽管马克思的解放政治学规划仍然依赖时间，但这一时间绝非传统历史哲学之本体论意义上的匀质绵延，而是作为社会建构。这正是马克思政治经济学批判谈及历史规律时的底蕴，因此亦是理解政治经济学批判之历史叙事特色的关键。斋藤幸平为说明和诠释物质内容与经济形势关系所反馈出的历史特性，进行了较为复杂的论证。以人口问题为切口，马克思成功以自然、历史视野区分人口规律运行过程中的差异化，即"物质变换断裂"和"物质变换转移"。①马克思采取政治经济学批判的形式，旨在揭示现代社会结构的真相，打破幻觉和神话。这一点在《资本论》中得到了明确的验证。马克思从货币和资本的历史形成过程出发，揭示了这些机制的神秘性，阐明了资本主义生产方式的历史起源。在《资本论》中，马克思认为，"劳动"作为现代经济学的起点，是一个抽象的概念，表现了古老且适用于各种社会形式的关系。只有在抽象概念中，劳动才能真正表现为实际、真实的存在。马克思通过对概念史的分析，强调了劳动作为令人信服的抽象范畴，其适用性是基于历史条件的，必须在具体的历史条件下才能充分发挥作用。马克思的目标是要揭示资本主义制度的本质和运行机制，以便为无产阶级争取解放提供理论基础。通过揭示劳动和其他生产过程的本质，马克思试图破解资本主义制度中的经济奥秘和神秘化现象，使人们能够更全面地认识和改变现实世界。这对于批判和超越资本主义的意义具有深远的影响。辩证思维中的逻辑与历史方法强调在具体分析中采用逻辑方法来确保思维的准确性和合理性。这种逻辑方法在辩证思维中是一种一般的抽象思维模式，即在不同的特殊条件下适用于全部场合的简单抽象。逻辑方法的运用能够有效地保证思维的逻辑性，但这种逻辑方法本身只有在发达社会形式中才能形成较为科学的前提条件。因此，抽象在科学中的功能是相对普通的，并非特定社会分析过程中具备先验性的科学保障。特定社会分析的根本出发点是以所有表象为前提，是在历史条件下形成的，与抽象的一般性规定性不同。在现代资产阶级社会分析中，雇佣劳动被视为最为科学的分析前提，因为它反映了生产交换中的价值关系和社会形态。劳动作为人类运动的特殊形式，通过人的自身活动来调整和控制人与自然之间的物质变换过程，成为人类认知和改造世界的活动。劳动是人类社会生存和发展的基础，人作为参与生产

---

① 斋藤幸平论述了马克思物质变换理论的双重批判维度，即"物质变换断裂"和"物质变换转移"。斋藤幸平，张健，郭梦诗. 全球生态危机背景下的马克思物质变换理论[J]. 南京工业大学学报（社会科学版），2020，19（6）：23-24，111.

的主体，通过输出劳动量或劳动价值来维持自身的生存和发展。因此，在分析物质内容与经济形式之间的关系时，真正的焦点在于决定内容形式的变换、形成与消失的场景。在这个视野下，实践不是人类社会外在生活支配的客观力量，而是建构社会生活的主观力量。这一论断强调了人的主观实践在社会变迁中的重要作用。

（二）对经济形式与物质内容关系所生成的物质属性的解读

形式与内容是构成事物的两个关键方面，经济形式与物质内容是普遍联系与永恒发展得以真正实现的真正环节。斋藤幸平认为，马克思在《德意志意识形态》一书中，在形式与内容辩证关系上，作为内容的生产由于形式不同而区分为物质、精神与人的生产；作为内容的经济由于形式差异而区分为自然、商品和产品经济；作为内容的经济关系由于形式差异而区分为公有制和私有制，私有制通常区分为个体所有制、奴隶制、封建制与资本主义制；社会意识可以区分为自然与社会科学、文学、艺术与哲学等。在上述现象中，内容与形式通过相互依存形成物质属性。经济形式与物质内容赖以生存和发展的形式，是物质属性的外在表现形式，内容成为形式的基础与实质，两者产生相互依存的关系。形式不是区分内容种类的根据，形式是由内容决定的，生产力决定生产关系，经济基础决定上层建筑，国体决定政体。在上述三层含义的基础上，经济形式与物质内容关系所生成的物质属性趋向于更加深层的含义。

在研究本质到现象的政治经济学方法论中，社会生产关系成为社会生产的关键前提，而社会生产关系则通过发展变化呈现出并不永恒的发展态势。在这个过程中，生产力直接决定着生产关系。生产关系作为生产力的社会形式，需要与历史阶段的生产力状况相适应。随着生产力的发展，生产关系也会发生变化，达到一定阶段时，可能与生产关系产生矛盾。原有的生产关系逐渐成为生产力发展的桎梏，从而产生革命性质的变革。新的生产关系主动适应生产力的发展，取代旧的生产关系。生产关系在生产发展的不同阶段呈现出截然不同的性质和表现形式。马克思在其著作中指出，人类历史上经历了原始共产主义、奴隶制、封建制、资本主义和共产主义五种不同的生产关系。作为共产主义生产关系低级阶段的社会主义生产关系被认为是人类历史上最先进的生产关系之一。社会主义生产关系在经济形式和物质内容关系上表现出显著的优越性，为生产力的发展开辟了广阔的发展前景。在生产力高度发展的基础上，社会主义生产关系有望逐渐演变为共产主义高级阶段的生产关系，创造出更加先进的物质内容关系。为此，斋藤幸平认为："虽然常常被误解，但马克思的价值论并不是用来揭露资本对工人压榨的工具，而是为了分析资本如何遵循自身的价值增殖理论，重新在工厂以外的家庭、自然、国家等领域进行分配，并将这些领域作为'无偿的自然'和'廉价的自然'进行'占有'的方法论基础。"①

二、马克思物化理论与价值理论的生态批判价值

（一）对生产交换普遍化在物质变换的关键作用的强调

基于对马克思《资本论》及其手稿的文本考察，斋藤幸平对马克思的物质变换理论做出一种系统化阐释。对于社会转型，学界从社会学视角出发，将之理解为从传统社会向现代社会的结构性转变。马克思经过从理性批判、异化逻辑批判、生产逻辑的建构到资本逻辑批判等思想发展阶段，形成以资本逻辑为主导的批判性社会转型思想。

马克思在《资本论》物质变化思想中，强调生产交换普遍化的作用。其一，自然界的自身物质变换。机器生锈和木材腐朽是客观的自然现象，是自然界自身物质循环的客观表现，可以视为自然的物质变换。这种物质变换是自然界自身物质循环，能量转换、信息传递的表现，表明自然界的物质循环符合客观规律，自然界的物质变换过程是其他领域物质变换过程的基础，缺失这一层次的变换，其他两层物质变换也就无法正常循环、运行和发展。

其二，劳动是人类与自然之间获取生存所需物质的纽带。通过劳动和工具的使用，人类不断扩展物质变换的范围。马克思将劳动视为人类与自然之间的"物质变换"纽带。人类通过持续不断地使用自身的劳动能力来耗费和发挥，在生产和生活中将生产资料与劳动力相结合，从而构建起人类与自然之间的桥梁。马克思既承认自然界具有客观规律性，又肯定人类可以通过劳动的主观能动性积极地影响和改变自然，以适应人类的生产和生活需求。正是人类自身的劳动实践驱使着人类社会不断向前发展。这个观点深刻地反映了人与自然的辩证关系。它展示了人类依赖于自然界生存，自然界是人类生存所需能量的来源，同时，人类通过自身的主观能动性对自然产生影响。人类通过劳动不仅满足自身的生存需求，还能够创造出更丰富、更充实的生活条件。这种观点对于我们深入理解人与自然的关系以及可持续发展的重要性具有重要意义。

其三，人与人通过商品交换方式达成的变换。在资本主义社会，当商品交

---

① 斋藤幸平，陈世华，卓宜勋. 人类世的马克思主义 [J]. 南京工业大学学报（社会科学版），2019，18（3）：9-19，111.

换达到顶峰，资本主义社会经济运行的重要环节，商品流通由"商品、货币、商品"构成的物质变换过程完成社会物质变换。通过这种物质变换过程，空间和时间的距离得以消除，资本主义经济得到了迅猛的发展。在这个过程中，产业资本经历了购买、生产和销售这三个阶段，实现了货币资本、生产资本和商品资本的职能形式。这使得价值开始增殖，并最终回到了原始出发点，完成了资本循环的基本过程。这一过程的关键在于资本家的投资行为，他们将货币用于购买生产资料和雇佣劳动力，通过生产过程创造出有价值的商品。随后这些商品出售，从而将价值转化为货币形式。通过扩大生产规模和提高效率，资本家能够获得更高的利润，并将利润再次投资于生产过程，推动资本的持续积累和增殖。这种循环往复的过程形成了资本主义经济的基本运行机制。这个过程既体现了资本主义经济的内在逻辑，又对社会和经济的发展产生了深远影响。通过不断的资本循环，资本主义经济能够实现持续的增长和积累，但也会带来资源消耗、环境破坏和社会不平等问题。因此，对于实现可持续发展和推动社会公平正义的目标，需要对资本主义经济的运行方式和价值追求进行深入思考和调整。

（二）对资本纯粹量"增殖"导致社会与生态可持续发展危机的论断

马克思在《1857—1858 年经济学手稿》中站在生态环境与自然界的角度，对资本属性进行了一系列分析。其表示资本是把一切都变成有用的体系，只要资本是时代的基本原则，即世间万物都有共通性，就需要以普适性为前提，在资本之下附庸，围绕资本需要为自身辩护。自然界中的资本作用为让自然成为资本的工具，给予实用性角度辩证理解与看待各类事物。资本需要以有意义、有价值的角度理解和看待自然。抽象化的形式存在于自然界并突出自身特点。在这样的背景下自然界将无法感知资本，效用原则使得资本成为独立性的因素，自然界失去原本的价值，沦落为纯粹的工具。在资本增殖原则作用下，出现无限增殖的局面，无限利用自然资源，体现自然资源的资本价值。

三、马克思"资本的弹性"与"自然的反抗"思想阐释

（一）对资本扩张的"某些不可逾越的自然界限"的分析

1. 技术性转嫁对生态体系的搅乱

人为满足生存需要，不断创造出各种各样的工具与技术，同时运用到日常生产、生活方方面面。技术创造与应用给人类生产、生活提供服务，促使人的

生活质量、经济水平有所提高。工具、技术在迅猛发展过程中，人认为技术是一种中性的工具，发展技术的最终目标是完成现代化，促进人类实现共同进步，这一外在的异化力量，造成对自然与人的双重奴役，大量工具与科学技术的普及与应用，导致人的生存处境越发尴尬。虽然工具与技术理性对效率、功用、计算等手段的关注程度较高，给人的生产和生活提供便捷，但是，在各种原因，包括技术本身的原因、自然原因以及技术主体原因等的影响下，工具与技术理性给人类赖以生存的自然生态环境造成严重的影响。工具和技术分裂出外在的异己力量，反作用于人，在支配和统治人的过程中危害人的健康生存与发展，产生所谓的科技异化反应。正如霍克海默（Max Horkheimer）所认为的，工具化和技术化带来的最为直接的后果，就是人放弃了对人生意义、价值的追求，人的自主性逐渐衰落，技术的异化直接造成人的异化，人的异化直接催生人在思维、行动与存在方式上的物化。技术的这种负效应，是技术在创造和运用的过程中所导致的生态异化。例如，工业革命兴起后，科技异化的猛烈发展与畸形存在造成财富与劳动本身异化成为统治人的工具，而随着社会发展和技术进步出现的空气与环境污染、全球淡水资源短缺、森林植被毁坏、生物多样性减少等负效应，均向人类的生存与发展提出新的挑战。这种在科学技术发展过程中的"自然报复"均由于人不当的价值观直接或间接影响而产生，面对日益严重的生态危机，人类只有重新审视人与自然和社会的关系，不断研究技术与生态关系，才能在理论基础支持下，通过具体的途径来消解或者弱化技术对生态的异化。

2. 空间性转嫁对外部化与生态帝国主义的影响

在马克思所处的时代，备受关注的替代性肥料是海鸟粪石。这些干燥的鸟粪含有众多植物生长需要的养料和无机物，在处理过程中相对便捷，原住民将海鸟粪石作为粉料，此后，海鸟粪石一举成名，成为缓解土壤严重消耗的救世主。首个关注到海鸟粪石的欧洲人通过在南美地区考察后发现，可以将大量海鸟粪石出口到欧美国家，促使英国和美国的土壤肥力得以为继。但是这种空间性专家的行为，并未从根本上解决"裂缝"造成的生态危机，一大批工人被动员后，海鸟粪石被大量掠夺，最终产生的结果是大量原住民的暴动。因为海鸟粪石产生的资源枯竭问题成为争夺自然资源过程中的战争导火索。从钦查群岛战争和硝石战争等历史案例中可以看到，一部分中心地区通过采取针对自身有利的形式企图消解矛盾，这种转嫁性尝试主要通过生态帝国主义表现。生态帝国主义通过掠夺自然资源和转嫁生态矛盾，打击原住民生活和生态系统，造成生态矛盾逐渐突出。

3. 时间性转嫁对大分岔时代的"塑造"

马克思针对森林过砍伐曾经做出相关探讨，时至今日，时间性转嫁最为明显的表现在于气候变化。毫无疑问，大量的化石燃料消费已经引发较为剧烈的气候异常反应，但是，气候变化所带来的影响并不会立即全部显现，长期存在的滞后性，促使资本利用已经投产的挖掘机和管道榨取更多的剩余价值。资本主义就是这样，长期无视当下的声音，通过创造外部性将成本转嫁给未来，牺牲未来的发展来繁荣当下。时间性转嫁的消极性较为明显，二氧化碳的减排需要通过技术推动，但是，即便开发出新技术，在技术实际应用过程中，也会因为技术的步子过大造成生态危机的加速和环境的持续恶化，这种正反馈效应将加剧环境危机。鉴于此，新技术将无法应对和解决新情况，自然将会对经济活动产生较为巨大的负面影响。例如，新技术并不能成功追赶环境恶化速度，人类逐渐无计可施，未来的人类直接承受经济活动负面影响带来的严重后果，经济陷入明显的困境。斋藤幸平认为，人类需要找到根本，从本质上阻断气候变化。

（二）对资本主动克服强加在其无尽价值增殖上的物质障碍的分析

尽管在资本主义社会中，人与自然之间的物质变换仍然存在，但这种变换只能在人类与自然相互分离的基础上发生。资本主义生产的核心特征是劳动过程受制于资本价值增殖的逻辑，这导致人与自然之间的物质变换不断受到干扰和破坏。这意味着，我们必须对人与自然关系的冲突进行深入分析，并将其提升为对资本主义社会的政治经济学批判。资本主义制度的运作导致了对自然资源的过度开发和环境破坏，同时也加剧了社会不平等和剥削。资本主义社会追求利润最大化和经济增长，忽视了对环境可持续性和人类福祉的重视。资本主义的逻辑迫使劳动力成为交换价值的商品，将自然界作为资源进行剥夺和利用，进一步加剧了人与自然之间的矛盾。因此，需要对资本主义社会进行政治经济学上的批判，去探究其根源和机制，以及对人与自然关系的破坏和冲突的根本原因。这需要综合考虑社会、经济和环境等多个层面的因素，以寻求解决人与自然关系紧张的可行途径，并推进可持续发展和社会公正的目标。斋藤幸平认为，马克思对资本纯粹量"增殖"导致社会与生态可持续发展危机的论断，源自资本的这种不断追求增殖的趋势与人的消费的无限扩大趋势是相互适应的，对主动克服强加在其无尽价值增殖上的物质障碍的分析较为准确。"马克思的价值论，是为了分析社会和自然是如何通过彻底的物化被重组和被破坏的。"① 资本家为获得更高的经济回报，往往需要以足够多的商品创造收益。但收益的前提是将各种商品销售一空，让消费者购买，才能让原本不多的资本创造足够高的价值，使资本家获得利润。马克思指出资本的收益与增殖靠的是刺激人的物质欲望，当人存在物质欲望以后就会购买商品，产生强烈的购买欲望以后无限扩展消费。大量消费与大量生产有着紧密的关系。无止境将各种垃圾投放到自然界，并向自然界索取各种各样的自然资源是资本增殖的本质与原理。当然，自然界中的一些资源具有不可再生的特征，简单通过这种形式无法实现可持续发展。并且自然界垃圾空间与能够接受的废品空间是有限的，在消费无限扩大、资本主义作用下，自然承载力与消费扩大之间的矛盾会变得十分尖锐。斋藤幸平对此认为："因此，资本主义扰乱自然新陈代谢的问题不能通过增加生产力来解决。相反，情况往往会变得更糟……"②

第三节　与近代自然科学视域下农业物理学的碰撞

一、对马克思青睐资本主义农业的发掘

发展过程中资本生产中所用的各类资源与资料最终汇聚到社会中的少数群体，没有生产资料的人只能成为资本创造过程中的资源或是劳动力，无法取得与劳动力投入完全匹配的回报。现实世界背景下社会中的无产阶级与资产阶级是对立的两个阵营。在资本主义发展和转型过程中，乡村与城市、农业与工业、体力与脑力渐渐成为对立角色。另外，在资本发展中，生产资料从低级层次转移到高级层次，具体表现为农村地区的各类生产资源汇聚到城市当中。各种小生产者在这样的背景下渐渐失去原本的生产能力与生产资料，只能成为生产体系的附庸者。与之对应的是中等生产者，因为遭受排挤最终只能变成无产者。无产阶级与资产阶级是在这样的背景中出现的。在生产力越发达的情况下，这

---

① 斋藤幸平，陈世华，卓宜勋. 人类世的马克思主义 [J]. 南京工业大学学报（社会科学版），2019，18（3）：9-19，111.

② SAITO K. Kohei Saito：Karl Marx's Ecosocialism：Capitalism，Nature，and the Unfinished Critique of Political Economy [M]. New York：Monthly Review Press，2017：133.

种无产阶级与资产阶级间的矛盾越明显和激烈，此时资本主义将会面临巨大冲击。当然资本主义并非毫无用处。因为资本主义能够改善社会生产力。资本主义背景下积累的各类生产资源能够为社会的发展提供有力支持。农村、农地、农民以及农业问题的研究，多集中于农村社会以及资本主义转型。马克思在论著中表明，在工业化发展中，需要从现代化与社会形态角度出发，强调农业在工业化社会中的核心作用与地位，运用科技手段与技术提高生产力，以及"大吃小"是社会发展必然趋势。

马克思主义认为，对国民经济而言，农业的地位是不可忽视的，同时，农业对国民经济的发展具有显而易见的重要性和意义。作为人类文明和生存发展的基础，农业在社会的发展中扮演着关键角色，也是实现工农联盟的重要组成部分。农业生产为国家的粮食供应提供了重要保障，确保了人民的基本生活需求得到满足。此外，农业还提供了就业机会，尤其是在农村地区，农民可以通过农业生产自给自足，同时也为城市和工业提供了原材料和市场。农业的发展还可以促进农村经济的繁荣，增加农民的收入，改善农村居民的生活水平。此外，农业还与环境保护和可持续发展密切相关。农业生产需要保护和合理利用土地、水资源等自然资源，同时农业也是生态系统的一部分，农田、农村地区的生态环境对于维持生态平衡起着重要作用。因此，农业的发展不仅是国民经济发展的必然要求，也是促进社会稳定和人民福祉的重要保障。政府和社会应该重视农业发展，加强对农业的扶持和保护，提高农民的生产技术和管理水平，确保农业生产的可持续发展，实现工农联盟的良性循环。马克思在论著中表示，不论是文明的进步还是财富的增长，通常情况下都需要考虑费用、劳动力投入、食品生产之间的关系。在人类文明的发展和生存中，农业生产作用显著，农业可以改善社会生产供应能力，为工业部门提供充足的原材料，是控制劳动力成本以及生产高品质工业产品的关键步骤。不论是推动城市的工业化脚步，还是满足工农联盟的建立需要，都应给予农业发展足够重视。

马克思主义关于农业发展的相关思想中体现出了资本农业的发展诉求，其认为农业发展的历史规律与必然过程是资本农业。也就是说农业生产过程中必然会出现生产率提高的过程，大吃小、大排挤小是难以避免的事情。为了让农业为工业的发展提供有力支持，需要农业快速发展，紧跟时代发展脚步。在城市工业产业不断壮大的同时，资本化农业生产模式可以为工业体系的建立与生产提供充足的原材料与自然资源。在产品市场需求不断扩大的同时，实现二者相辅相成的发展目标。

马克思主义揭示了农业转型的历史性和特殊性，其动力和发展路径在不同国家和历史时期表现出显著的差异。农业转型是一个复杂的过程，其特征和目标在不同阶段和国家间存在差异。在农业转型过程中，不同国家和地区面临着不同的条件和挑战。这些条件包括政治、经济、社会和环境等方面的因素，决定了农业转型的特征和发展路径。在不同历史时期，农业转型的目标和要求也会有所不同。例如，在落后地区，农业转型的目标可能是提高农民的生产水平和生活质量，而在现代化的农业经济体系中，农业的发展目标可能是提高产量和效益，保障国家粮食安全。此外，农业转型还受到各种传统、文化和制度因素的影响。不同国家和地区的农业传统、土地所有制、农民组织形式等都会对农业转型产生重要影响。因此，农业转型的历史性和特殊性意味着每个国家都需要根据自身的具体情况和发展阶段，制定相应的农业发展战略和政策，以实现农业的可持续发展和农民的福祉。因此，斋藤幸平认为马克思主义的农业理论为我们深入理解农业转型过程中的历史特点和发展规律提供了重要指导，这有助于我们在实践中更好地把握农业发展的方向和路径。同时，我们也需要提高对农业转型特殊性的认识，精心规划和推进农业发展，为农村社会提供更好的发展机遇和条件。《资本论》中以英国为案例，叙述英国自耕农是如何成为工农阶级的。虽然在农业转型过程中会因为各种各样的情况出现转型方式、转型路径多样性、多元化特点，但最终结果都和马克思主义所认为的资本化农业发展模式一致。

二、对马克思批判资本主义农业的研究

斋藤幸平在研究马克思批判资本主义农业过程中，发现马克思对资本主义农业生产不可持续性的关注。"资本主义贬低自然的倾向源于商品交换的规律。"[①] 马克思对资本主义农业的关注源自19世纪中期西方资本主义国家与欧洲国家关于生态环境中土壤肥力危机讨论和第二次农业革命。在1867年出版的《资本论》中，马克思改变了他在《1861—1863年经济学手稿》中对资本主义农业的反生态性提出了批判。这表明他开始意识到资本主义农业反映了一种与自然环境和农民福祉相悖的生产方式。斋藤幸平指出，马克思认识到了资本主义农业已经通过最不合理的经营方式，逐渐将资本主义市场下的商品交换取代墨

---

① SAITO K. Kohei Saito：Karl Marx's Ecosocialism：Capitalism, Nature, and the Unfinished Critique of Political Economy［M］. New York：Monthly Review Press, 2017：133.

守成规的经营。然而，马克思对于农业科学大规模应用是否能够达到预期的丰收情况有所疑虑，这种疑虑可能源于他对资本主义农业的本质特征进行了深入分析。马克思认为，资本主义农业的根本目标是追求利润最大化，而不是为了满足人类的基本生活需求或保护自然环境。在这种追逐利润的情况下，马克思意识到农业科学的应用可能会受到资本主义生产方式的制约，无法真正实现预期的丰收。此外，马克思对资本主义农业的反生态性有了更加清醒的认识。他意识到，资本主义的生产方式往往会导致自然资源的过度开发和破坏，以及环境污染和生态平衡的破坏。马克思对这种破坏性的农业生产方式表示强烈的批评，并认识到资本主义农业需要转型，以保护环境和农民的权益。这反映了他对资本主义农业生产方式的深刻认识，并促使我们重新思考如何实现可持续的农业发展，为农民、环境和社会福祉带来更多的利益。

马克思认识到资本主义农业对土壤肥力造成了严重破坏，使土壤肥力补偿机制失效，化肥效果逐渐减弱甚至导致净流失，导致土壤肥力急剧减弱。首先，资本主义生产方式导致城乡之间的分离与对立，使农田的土壤肥力持续净流失，土壤肥力的缺口巨大。马克思指出，大量粮食和农产品被运往千里之外的城市，将构成土壤肥力的化学元素带往城市，但消费者未能将排泄物和废弃物运回远离的农田，导致土壤肥力继续流失。其次，目前的城乡对立问题导致了许多问题，尤其是土壤的使用问题。在资本主义农业发展过程中，需要运用科学技术从人类角度来补充土壤肥力，并积极从正面角度来分析问题。这包括推广有机农业和生态农业，减少化学农药和化肥的使用，推动循环农业模式，促进城乡一体化发展，使得土壤肥力得到充分恢复和补充。马克思的这一洞察力提醒我们要关注环境可持续性和农业发展之间的平衡，重视土壤肥力的保护和修复，以实现农业的可持续发展和农民的福祉。只有通过科学技术和社会改革，资本主义农业才能实现与土壤肥力相协调的发展，为人类社会和自然环境的和谐发展创造条件。通常情况下这种方式的结果都是负面的，只能加快土壤衰竭速度。马克思主义认为，农业发展中，面对土壤问题需要通过批判资本主义的方式，创建反生态性土壤肥力补偿办法，改善土壤肥力下降的局面。传统办法很难做到土壤肥力补充，只会加剧农业资本对于收益的强调，进而出现农业生产规模的盲目扩大局面，出现掠夺土地资源实现生产进步的情况。当前北美地区这种反生态发展现象十分普遍。马克思主义认为，在先进农业视角下，不能偏信经验，应当发挥科学技术作用，从补偿定律角度出发批判资本主义的农业生态发展模式。

三、对马克思生态学理论展开社会主义农业物理宏观、微观视角的比较

马克思关于农业发展的问题蕴含着丰富生态农业思想，可概括为农业物理物质循环利用、依靠科学进步来推动农业物理生态技术进步与可持续发展、保护农业生态环境等。作为唯物主义思想马克思主义的生态学同样体现唯物主义追求，通过实践的形式阐述社会、人以及自然三者之间的关系，即生态文明不单单表现出对物质生产力的提高诉求，同时也表现出对自然发展规律的尊重，站在生态发展的角度构建自觉型、生态型的文明社会。由生态思想引申发展而来的马克思主义生态农业，强调农业的生产与实践过程。

斋藤幸平认为，马克思基于自身对生态理论的认知展开社会主义农业物理宏观、微观视角的比较，阐述了两个重要的观点。一方面，资本主义农业生产方式已经对生态产生明显的破坏性。另一方面，需要寻找与创建全新的生产关系。在马克思的角度中，资本发展同社会生产体系有着密切联系，资本主义具有普遍破坏性与全球性的特点。将社会与自然的生产力统一，达到的效果属于生态生产力，二者缺一不可。与之对应的是，社会与自然之间的结合的生产力属于农业的自然生产力，是生态生产力的一部分。从生态生产力的角度切入，在这样的背景下提出的生态农业实际上需要社会、自然与人之间的和谐共生。作为生态文明最终目标的生态农业，必须重视传统农业生产经验的充分利用，不能遗忘传统的农业经营生产模式，需要体现经济、生态与社会效益平衡关系，才能达到现代化农业发展目的。

小　结

19 世纪 40 年代，马克思主义理论与实践核心思想逐步确立。根据《资本论》中的叙述可知，1863 年起，马克思开始转变对于资本农业的认知和态度，该时间线一直维持到 1865 年。马克思多次强调，在阅读农业化学作品的不同阶段，自己获得的阅读效果是不一样的。这表明尤斯蒂斯的作品对于马克思主义思想和态度的转变具有深刻影响。在城乡空间距离变大的同时，土地与人之间的物质转换发生明显变化。采用农业科学手段推动土地与人之间的物质转换，面对商品化农业资本背景，土壤问题越发严重。对此马克思将北美的土地资源

利用情况作为案例。受到尤斯蒂斯的影响，原本的马克思主义认为，农业是无生态的，后来则演变为有生态的内容，从原本只是对资本农业的范生态批判，到后来对社会主义农业进行了全方位构建，呈现出丰富、立体、动态的生态思想。

斋藤幸平在其《人类世"资本论"》中采用了与众不同的研究方法，重新梳理了农业生态的演化与生成联系，为马克思的社会主义研究开拓视野，理论价值独特且突出。该书采用考据式的解读模式，在解读马克思主义文本的过程中，理解其中独特的色彩关系。当然，因为 MEGA² 当中的知识只是很少的一部分文本，在其后续陆续出版更多内容的同时，将会展现出更多的考据空间。内容方面，《人类世"资本论"》对马克思农业的生态思想进行拓宽，顺着马克思主义与李比希关系线，结合 MEGA² 资料，拓展得出马克思在李比希的影响下，十分青睐资本主义模式下的农业模式，并以此为基础拓展了社会主义农业的生态体系，为马克思的农业系统与生态思想展现全新领域。

第三章

斋藤幸平对马克思政治经济学的生态意蕴的解读

第一节　人与自然的关系异化及其超越

一、马克思政治经济学视角下人与自然关系的异化与对抗

（一）人与自然关系的异化归因

1. 劳动异化

斋藤幸平的观点强调了共产主义在解决人与自然之间关系的问题上的重要性。他认为，共产主义的真正目标是恢复人与土地的温情关系，实现对人与自然之间关系的集体、有意识的组织与调节。这需要将资本主义社会的异化理解为人类与地球之间原始统一性的消解，从而认识到马克思的共产主义计划一直旨在有意识地恢复人与自然的统一。在这一观点中，马克思将人与自然的统一性视为历史性被否定的特征，成为资本主义生产方式的核心特征。他将在更高层次上恢复这种原初统一性视为未来社会的基本任务。"他试图从物质世界的角度理解资本具体化力量相关的生态系统的破坏。"① 人与自然的统一性观点在马克思的政治经济学研究中逐渐深化，经历了从哲学论证为主到更彻底的唯物主义批判的发展过程。在《德意志意识形态》中，马克思意识到彻底的唯物主义必须分析人与自然之间相互作用的劳动中介和社会历史特征。这标志着马克思对人与自然异化问题看法的重大变化，不再将资本异化统治与人道主义等同于自然主义的哲学理念对立，而是追问资本主义生产方式下人与自然对立的原因

---

① SAITO K. Kohei Saito：Karl Marx's Ecosocialism：Capitalism，Nature，and the Unfinished Critique of Political Economy［M］. New York：Monthly Review Press，2017：261.

及其解决路径。在这一过程中，马克思逐渐形成了批判性的"物质变换"理论。斋藤幸平认为："在马克思的物质变换理论中，自然仍然位于抵抗资本的重要位置，因为资本不能任意地将自然纳入其实现最大化增殖的目的之中。事实上，通过试图征服自然，资本不得不在更大范围破坏人类自由发展的基本物质条件。"[①] 总体而言，这一观点强调了共产主义对人与自然关系的深刻反思，认为其根本任务在于恢复人与自然的统一性，使社会关系更加和谐和可持续。

2. 资本主义私有制

通过《1844年经济哲学手稿》，马克思深刻揭示了资产阶级对资本、物质利益、财产的贪婪追求，同时指出随着生产力不断进步，资本主义私有制将不可避免地被社会所淘汰。他对社会中贫富差距拉大和两极分化的问题进行了研究，特别关注了资本主义工资、利润和地租等方面。在分析异化劳动时，马克思通过揭示工人阶级和资本家阶级之间的对抗，强调了人与物的对抗。他将异化劳动的根源归结为资本主义私有制，认为消除异化必须消除资本主义私有制。这使共产主义成为解决社会问题的现实诉求。此外，唯物史观在马克思思想中的演变也是关键的。马克思在《莱茵报》时期开始从唯心主义向唯物主义过渡，而《1844年经济学哲学手稿》中已经显露出唯物史观的思想。到《神圣家族》时期，马克思唯物史观形成的基础已经奠定。在《关于费尔巴哈的提纲》和《德意志意识形态》等作品中，马克思进一步发展了他的唯物史观，这成为他对资本主义私有制进行理论批判的基础。总的来说，马克思的思想体系中，唯物史观是对社会历史发展的理论基础，而他对资本主义私有制的批判也是在唯物史观的框架下进行的，遵循生产原则探讨资本主义发展过程中必然会出现的社会矛盾，其认为因为矛盾问题所表现的局限性，在私有制冲突中阻碍生产力的进一步发展是资本主义灭亡的根本原因。晚年时期的马克思通过演绎和归纳人类学的事物发展规律，站在全人类文明发展角度对其唯物史观进行不断完善和丰富。从人类学的视角来看，马克思强烈批判资本主义制度，认为其中的私有制是人类文明的毒瘤。在马克思将研究方向转移以后，运用两种生产理论对私有制进行批判。纵观其一生能发现，马克思致力于将资本主义推翻，其表示改变世界需要从实践角度出发，致力于通过批判与改变世界的过程，开创适用于无产阶级发展的道路，让全人类获得全面、自由的发展。正因如此，斋藤幸平

---

① SAITO K. Kohei Saito: Karl Marx's Ecosocialism: Capitalism, Nature, and the Unfinished Critique of Political Economy [M]. New York: Monthly Review Press, 2017: 20.

才会指出，如果有一天资本主义灭亡，必然是因为私有制，生产实践导致资本出现问题，使得人类文明将私有制抛弃。在暴力革命中无产阶级最终可以将资本主义的私有制推翻，私有制的掘墓者必然是无产阶级，在阶级矛盾的作用下，无产阶级终将站上人类文明的顶峰。

（二）人与自然关系的对抗根源

1. 认识论、哲学理论根源

为理解和掌握唯心主义，明确唯心主义与社会发展的渊源，需要站在哲学角度思考路线联系和问题。站在唯物主义视角，唯心主义同唯物主义区别非常明显，二者有着不同的认知路线。基于物质的角度出发，思想、感觉都是唯物主义发展路线。站在感觉和思想的角度判断和认知事物，则是唯心主义发展的路线。唯心主义坚持者并没有将感觉看作反映客观事物的存在，而是采用臆造的形式对客观概念进行推演，所以才会同科学、自然产生冲突与矛盾。当然唯心主义自然也不会对鬼神教义和客观真理进行区分，这让信仰主义成为唯心主义的一部分。在马克思的视角下，人类大脑最基础的功能是认识世界，客观反映事物。客观与主观的不断趋近是从低到高的，这是唯物主义的基本思想，而与之相反的则是唯心主义。唯心主义错误地将世界观看作精神与思维的认知，并不认同事实客观存在的物质，所以从历史观角度来看，唯心主义显然是不正确的。资本主义依靠唯心主义力量，通过颠倒世界观，将精神力量作为武器，欺骗、麻痹以及扭曲历史和无产阶级，目的是维护自身经济利益以巩固统治。在这种模式下，资产阶级必然会同无产阶级产生对立和矛盾，不利于人类文明的长远发展。

2. 社会制度根源

（1）基于牺牲的帝国式生活方式

在生态主义中，生态帝国由众多思想构成，包括经济进路、理论阐释、政策设定等诸多内容，这些内容体现出生态霸权的特征，排斥力量、制度以及各种反对的声音。在实现生态帝国的过程中，生态帝国通过展示力量、建构制度并形成统一话语模式的方式，强行要求他人服从。有别于传统帝国主义的强制剥夺政治色彩与生态暴力的是，生态帝国主义使用语言、经济的力量。例如，很多资本主义国家通过牢牢把握国际话语权，通过政治、经济力量施加压力，操控国际制度，尤其是在全球的政治格局、伦理方面，利用各种公约和制度框架，突出西方文明和资本主义的主导作用以及优越性。"如果不进行这样的掠夺与转嫁成本，帝国式生活方式就不可持续，这就是问题所在。"① 与之对应的是绿色经济、绿色增长以及绿色资本主义成为其有力的武器，一方面提高着资本主义国家的国际影响力，另一方面则成为套在发展中国家脖子上的枷锁，导致发展中国家不论是生态还是经济都在持续恶化。在改善全球生态环境与地球系统过程中，资本主义国家以牺牲发展中国家的利益为手段，用政治化的生态帝国力量改变世界格局。实际上从这一角度来看，改善生态环境与自然系统的效用的确有，但是在某种程度上牺牲了后发展者的资源。斋藤幸平表示，很多资本主义国家的崛起和发展都离不开诱骗、引导，在无声中将原本应当由全球国家共同发言和决定的权力牢牢把握在手中，用相应且特定的手段控制全球气候管理决定，通过制定适用于资本主义的"普适性"手段和话语控制其他发展中国家。从碳政治的内在逻辑中可以展现生态帝国生活特点与主义特征。

（2）地球毁灭于资本主义消失前

人类文明的毁灭同帝国主义有着莫大的联系。帝国主义包括帝国主义的各种思想和生态都会加剧人类文明的恶化程度，导致世界陷入发展危机。帝国主义晚期阶段，水帝国、能源帝国、生态帝国等主义左右人类文明和思想，21世纪背景下，资本主义成为帝国主义的代表，不仅有可能导致资本主义灭亡，也有可能导致人类文明灭亡。反抗灭绝运动以及形成新的物种意识将会成为人类发展危机解决的重要途径。21世纪背景下，人类世时代的到来，可以看作资本主义的黄金发展时代。站在地质时代发展与变化角度来看，各种环境污染、生物灭绝与自然资源的大量消耗都有可能引起地球危机与生态危机，即当前人类文明面对的各种发展危机的诱因都和人类有关。当然更准确地说是全球资本主义以及帝国主义导致的人类世危机。根据资本主义的逻辑来看，不增长的经营活动就是灭亡的前兆，资本主义没有出现发展就会陷入灭亡，所以资本主义需要达到疯狂的发展境界才能维系生存，其后果是大量环境遭到破坏，人类赖以生存的环境渐渐被破坏。在资本主义与地球毁灭前，人类就会先陷入灭绝的局面。为防止出现这种情况，最重要的事情是反对和消灭资本主义，让资本主义从地球中消失。

（三）科学技术滥用

1. 生态帝国主义

生态帝国主义是资本主义发展的产物，最早经由艾尔弗雷德·克罗斯比

---

① 斋藤幸平. 人类世的"资本论"［M］. 上海：上海译文出版社，2023：9.

（Alfred Crosby）的著作《生态帝国主义：欧洲 900—1900 年的生态扩张》所提出。资本主义发展与扩张的过程中，必然会出现生态帝国主义，其主要表征欧洲移民在无意或有意间造成的细菌入侵、动植物入侵。被殖民的地区在殖民活动作用下容易出现种群崩溃与环境恶化现象。艾尔弗雷德·克罗斯比认为，非洲、大洋洲以及北美洲等地区之所以会出现当今的局面，同当初殖民者的各种行为，包括携带病菌有很大联系。很多病原体的威力远超热武器造成的影响。生态帝国主义除了将世界资源掠夺到欧洲国家和地区，同时也破坏了被掠夺地区的生态系统。生态帝国主义利用生态的脆弱关系，加强地方控制，向发展中国家倾倒各种废物与杂物。有证据表明，被殖民地区土著超过 90% 死于外来疾病。约翰·贝拉米·福斯特认为，生态帝国主义下，欧洲殖民者所导致的被殖民地点遭受的永久性伤害不仅局限于资源掠夺，同时也包括在生物扩张中改变的社会关系，例如，北美印第安人过去很长一段时间内只能从事低级工作。正因如此，很多学者认为生态帝国主义同资本主义之间存在明显的文化、经济、政治联系。

约翰·贝拉米·福斯特认为，生态帝国主义视角下，社会经济具有如下特征。当各种外围以及半外围资源遭到其他国家的掠夺时，生态系统会在被掠夺的同时出现明显退化，此时会出现劳动力以及人口迁移。该现象同生态系统、自然资源被转移和挖掘关系紧密。发达国家掠夺者利用发展中国家的治理漏洞和生态管理实现帝国统治的巩固，通过转嫁生产风险、倾倒生态垃圾等方法打破两者生产关系。环境与资本主义之间的矛盾关系，是全球关系断裂的重要诱因。总之，环境与资本主义之间的矛盾，已成为资本主义无法可持续发展的重要原因。生态帝国主义用非正义、不平等的方式，从发展中国家转移财富和资源，包括人口资源，并将各种生态垃圾倾倒至发展中国家，导致发展中国家失去竞争力量。而各种财富与资源则集中到发达国家手中，助力发达国家长远发展。

2. 技术乐观主义

以本质角度来看，技术乐观主义属于技术救世主义或是技术崇拜，其通过神圣化、绝对化、理想化技术的方式，将技术发展与进步看作社会进步的动力与决定性因素。第二次世界大战后，技术的哲学、技术元素在技术时代巧妙地汇聚，基于技术的哲学反思和基于哲学的技术批判，自然而然地构成技术哲学的两条进路。先验在哲学中地位空前，关于技术哲学解读，以德国存在主义哲学家、神学家卡尔·西奥多·雅斯贝尔斯（Karl Theodor Jaspers）和 20 世纪存在主义哲学的创始人及主要代表马丁·海德格尔（Martin Heidegger）等为代表的经典技术哲学家，以先验论为切入点，从宏观视角借助对技术的批判审视，展示与启蒙运动时代截然不同的技术画像，拓展并充实关于技术的哲学解读。技术衍生着异化，技术乐观主义因技术发展，所带来的负面效应遭受质疑，因而技术画像在批判的基础上走向对技术的否定、恐惧和悲观。马丁·海德格尔的座架模式通过洞悉技术对人与世界的促逼，质疑技术本质解释的抽象性。德国当代技术哲学家弗里德里希·拉普（Friedrich Rapp）着重研究技术的本质、技术发展的一般规律和价值，以及技术与社会的关系。其在技术哲学领域的研究历程中，于《技术哲学导论》中指明经验研究的重要性，在分析与哲学有关的历史发展、由经验提供的技术的总体特点后，确立一种基础坚实的形而上学解释。

经验转向源自对经典技术哲学先验的反思与超越，以面向社会、具体工程技术的研究，应对先验的宏观与抽象，通过对技术本身的分析与描述走出先验的悲观与后思。荷兰特文特大学技术哲学系教授彼得·保罗·维贝克（Peter-Paul Verbeek）将经验研究视为探究技术本质的必备条件，认为当进入实物时脱离理论限制，便可以对技术展开全方位解读，以技术本质角度阐述技术的哲学关系。对先验的经验之维关注与对经验的形而上之维揭示，是哲学对技术进行解码的两个向度。需要注意的是，虽然技术哲学从其诞生以来，常被视为追随技术的发展，但技术哲学并不仅是对技术的哲学脚注，而且是在厘清技术本质中走向技术实践。

先验与经验的联袂，一是在对技术本质的形而上学探究中，保持先验与经验联袂；二是走向技术实践虽然偏重经验，但先验与经验联袂能确保走向深度、力度与持久性。正是通过联袂，技术哲学的技术性与哲学性进一步得以彰显。技术作为工具有其合理性，且为人所熟知。在日常生活中，智能增强技术、情感机器人、类人机器、脑机接口等新兴技术就是作为人类之外的工具而出场的。基于这种立场，技术工具论演绎为技术是人的工具时，不能恰当体现技术的自主与智能；若技术发展迫使人成为技术工具，人类主体地位必将面临挑战，因此，技术哲学需要对技术工具论予以慎重反思。21世纪，技术哲学界的伦理转向作为对技术伦理问题的关注，特别是从技术内部进行伦理评估的路径，就源自对技术工具论的反思。人的有限性成为人文主义哲学对人理解的主要内容，技术力图超越这种有限性。技术参与到人自身、人生存环境及人性塑造中。一方面，人通过技术不断增强自己；另一方面，人的主体性及其地位等遭遇来自技术系统自主性与普遍性的挑战。技术助推人主体地位确立，强化以人为本的理念，但这并非技术之力全部。现实是技术并未因此而退出，反而更为迅猛。在某种意义上，技术发展倒逼着关于人的本质和技术未来的思考。在推进技术快速发展的同时，斋藤幸平认为，不能忘记马克思思想中的进步点以及各种先进发现，从结果来看，物质力量的进步同理智有直接关系，人类文明的进步与进化，从某种角度可以看作对旧事物的警示。21世纪的智能技术、生物技术等成功开启人与技术共融，进入人与技术的新关联时代，为人文主义提供新的技术语境。有鉴于此，在探究人生价值、意义以及人的本质过程中，需要站在人文主义的角度，基于人与技术之间的关系，打破人与技术的对立，对决策、技术治理、技术边界、人的地位、人的自由进行审视，并提供相应的框架，守护人的本质。指导技术赋能，警惕人被技术取代与湮没。

3. 技术对想象力的剥夺

想象力能够在超脱现有极限的同时，突破认知与理解的界限，将原本的经验全部颠覆。从这一角度来看，古文化、艺术以及技术等因素具有相同的特点。作为一种独特的力量，技术不仅可以改变制度，将旧事物毁灭，为新生文明的诞生以及生产方式的发展提供力量，同时也能产生新的思考、认知与思想。技术的发展同人类的好奇心、需求有着密切关系，很多情况下技术同想象力具有异曲同工的功效。此外，技术除了具有自动化、智能化与数字化特征外，也有实用性与交互性的价值。从某种角度来说，技术的出现源自人类的使用需要，技术本就是满足人、服务人的一种能力，最大化想象力价值。获得想象力需要不断挑战现有技术，与时俱进挑战过去，秉承科学精神和态度发展。地球自然系统在封闭性技术的驱动下产生不可逆转的巨大变化，在技术运用过程中产生更深层次的利用问题。斋藤幸平认为，资本主义国家总是吹嘘技术能够创造出前所未有的美好未来，将技术的冠名视为"革命"。逐渐增加的税金、劳动力被大规模投放到技术革命中，人文科学被视作无用的内容，相关研究费用持续被削减。生态现代主义的地球工程与负碳技术即负排放技术所承诺的未来具备的光鲜亮丽的结果，实质上是一个延续使用化石燃料的未来，这些梦幻的技术通过光鲜亮丽的承诺，通过技术成功掩盖现有系统中并不具备合理性的精神意识形态。换言之，生态危机、技术压制已经成功排除创造完全不同生活形式与创建碳化社会的高度可能性。生态危机本身应当成为人类反思过去行为的根本原因和构思一个截然不同未来的关键契机，然而，在构思能力上，大多数人认为，技术能够解决生态气候的变化问题。也可以说，正是技术这一精神意识形态造成社会普遍性存在想象力困乏的问题。为了能够设想出一种全新的社会形式，必须通过抵制对资本的隶属，重新拿回人的想象力，马克思的"去增长共产主义"成为人获得想象力的根本源泉。同时，斋藤幸平认为"资本主义制度下无法实现去增长"①。

二、马克思政治经济学视角下人与自然关系的超越

（一）马克思政治经济学视角下人与自然关系的和解

1. 人与自然本质的统一

在人与自然的关系上，马克思认为二者存在高度的互通性。斋藤幸平认为，马克思对人的特性进行了能动性与受动性的双重规定。在自然界中，人是渺小的存在，人的发展离不开自然界的支撑，人也是受动性与能动性的统一化角色。起源于自然的人类，不论是自我认知还是活动生存，都需要同自然界互动。自然界限制人类的发展。当然，自然界属于见证物的同时，自然也会被人所改造。在物欲以及情欲的驱使下，人类靠着才能、天赋主动改变自然界。不论是人类依赖与适应自然界，还是人类改变自然界，均表现出能动性与受动性双重特征。人不仅仅是自然存在物，也是自然的一部分。作为能动的存在，人类能按照自身需要对自然界进行改造，并表现与证实自身条件。如同马克思的言论一样，作为自然界一部分的人，同动物有着本质的区别。动物并不能区分开来自己与生命活动之间的关系；人却不一样，人可以主动、自觉，不遵循生理需求而从事各种活动，在反思生命轨迹的同时，区分自身活动与生命关系。例如，见义勇为、保护他人等行为便是违背人类自我保护机制区分生命活动与自身联系的行为。

2. 私有财产条件下人对自然的占有关系

异化劳动与私有财产之间的相互作用，导致异化劳动视角下，私有财产逐渐演变为异化劳动手段与产物之一。在私有财产模式作用下，人与自然之间的关系被割裂。劳动力量面对私有财产模式，力量最终变成工具行为以及私有性的自然产物，自然因此成为被占有资源。劳动过程是一个对象化的过程，即劳动者的主体特征物化为对象的过程，或者说是自己的生命投入对象的过程。这个对象化过程本身蕴含着异化的可能。马克思并不把私有财产仅仅理解为人与物的关系，马克思使用私有财产这一概念更为强调它所体现的人与人的关系。

---

① 斋藤幸平.人类世的"资本论"［M］.上海：上海译文出版社，2023：75.

马克思的表述证明，私有财产存在异化。假如抛开私有财产异化，那么私有财产可以体现为人与物的关系，人需要通过物实现本质。在马克思语境中，私有财产的异化主要指的是主体性外化为某种异于主体并支配主体的力量，私有财产产生主体属性，能够在现实经济生活中发生异化。马克思通过分析私有财产异化过程分析人对自然的占有关系，这一分析逻辑的发展过程中，国民经济学将私有财产作为关键前提，从私有财产的主体性观察，在物质交换过程中，私有财产被视为独立于占有者的存在，并且，因获得外化的私有财产这一定义，在物质交换过程中，将私有财产作为人对自然占有价值的体现，这主要表述的是私有财产已经丧失体现占有主体个性的主体本质，异化为外在的、毫无思想的对象性存在，通过异化成为货币。

人和自然具有同一性。马克思认为，人本身源自自然同时又明显高于自然。如果说自然界已经在本质和规律上具备永恒的必然性，人与自然的关系在实质上就是人对自然的利用和占有。马克思断言，人作为源自自然又高于自然的社会存在物，在本质上是自由的存在物。在人还没有发生异化反应之前，靠着有意识的劳动创造财富是人类的本质与发展追求，此时人类还没有形成丰富的欲望和贪婪表现，契合自然发展的规律。在财产成为私有物品以后，人类需求不断放大和受到刺激。按照人类需求，资本家创造出货币。通过货币手段限定不同的物品与资源价值，并实现购买行为目的。用货币的方法刺激人类的购买欲望和需求，引导人进行消费。面对需求的异化条件，精致化生产资料。按照人的需求角度，从自然界中获取各种各样的资源，满足人类的各类需要。面对资源有限的条件，自然和人类之间的矛盾不断加深。在私有制下，自然资源逐渐变成满足人和资本运行的关键场所。

斋藤幸平认为，人类作为自然界的一部分，对自然科学的认知需要建立在具有意识的生命体之上，通过动态化认知进化过程表现认知层次，依赖自然界提供的各种资源和环境，如水、食物、氧气、土壤等。同时，人类对自然界也有着不可忽视的影响，如过度开垦土地、砍伐森林、污染水源等都会破坏生态平衡，给自然环境带来严重后果。作为基本文化形式溯源的自然科学，展现出人类文明的独特创造能力，也是人类发展的能动性原因，可以让人类文明的发展和空间创造获得充足力量。面对私有制社会背景，自然科学视角下，对自然界的控制与征服离不开自然科学。马克思主义认为，人类生产力的发展与文明发展需要自然科学的支持。在资本主义制度下，依靠异化主义和手段，将各种能量释放而出。不过面对资本主义的生产、发展，如今的自然工具即科学，已经成为重要力量。生产力的创造在某些角度中推动资本主义以及大工业发展，导致自然资源被进一步挖掘和利用，人与自然之间的矛盾越发突出。根据斋藤幸平的研究可知，人类文明的发展需要给予自然足够的尊重，将保护、利用自然作为前提，实现人和自然共生、良好互动。

（二）马克思政治经济学视角下人与自然关系的升华

1. 人与自然统一于实践

实践促使人从自然中分离出来并与之相对立，因此，可以断定的是不同于其他生物，人的各种实践活动与行为具有显著特征，即能动性。虽然人类的各种行为，包括精神活动、物质生活方式与自然关系是非常紧密的，但是人类同其他的自然界物质区别十分明显。人类相较于其他生物，能动性十分突出。人类根据自身需要对自然界加以改造，人类在反省的过程中理智、及时地反省与评价个体的行为，有利于自然界的快速改造以及自身同自然界的融合、适应，并在自然界中寻找一席之地。在斋藤幸平的视角下，马克思主义认为，在生产时间的同时，人类的各种具体实践可以将自然界分成人化自然和自在自然两部分，在循序渐进中，自然会不断转化，从自在自然变成人化自然。该过程中，人类所不熟悉、没有感知认同的被称为自在自然，独立于人类行为之外，如同受到自然规律统治和支配一般，具有独立自主的特点。与之对应的是人化自然，在人的实践活动与认知自然过程中，形成自然认知烙印，超脱现实自然界，体现出人与自然的相互统一联系。不难看出，生产实践不仅改变了自然的形态，同时也能将人的目的和行为注入其中，在自然对象中使用人的尺度元素，能够对自然形式进行改变，在人类活动与行为中，将自在自然变成人化自然。

斋藤幸平认为，社会实践是实现人与自然和解、促进人与自然协同发展的关键"痛点"。在此过程中，实践的角色为中介，促使自然界进行分化。根据马克思的观点，人需要通过保持与自然的和谐关系，防止人类的生命活动遭到大自然的惩罚。实际上人类只是自然界的一部分，人类虽然能够利用自然资源，却无法成为自然的主宰和统治者。人类与自然界的各种生物具有和谐共生、相互依存关系。虽然人类的智商远高于其他生物，但是这并不意味着人类就能随意掠夺和伤害其他生物，人类不能做出反人类、反自然的行为。人类应当利用较高的智商和思维，做出各种利于自然、保护自然的活动，同自然界建立和谐、友好关系，保障地球系统平衡性与稳定性。

2. 人与自然统一于社会

马克思早期的《1844 年经济学哲学手稿》包含丰富的人与自然哲学思想，

认为人与自然并非对抗性的关系，两者是统一的。本质上自然界对社会的人来讲是真实存在的。从另一个层面上看，只有在社会中，自然界才可以真正意义上称为人存在的基础，是人在现实生活中的生活要素。劳动生产力决定人与自然间的物质变换作为生活的自然规律，由必然转化为自由，实质上是人与自然完成了本质上的统一，这一自由本质作为扬弃的自然本质即社会本质。可以说，社会是人通过劳动改变自然界的最终产物。这一改变过程是人在物质生活中的必然转化形式，在这一点上，必然性主要指的是生活的自然规律。必然性转化为自由，成功扬弃自然本质，升华成为社会本质。斋藤幸平在研究过程中，对马克思所认为的自然界的人的本质、人的自然的本质、只有在社会中才能存在、两者统一于社会、人与自然统一于社会等观点予以认同。因此，社会是人与自然完成本质上统一后的复活形式，自然界的复活促使人实现自然主义、自然实现人道主义。在这一点上，马克思赋予自然、人与社会本体论意义上的相互贯通性。

3. 人与自然统一于生态

马克思主义生态哲学基于理论基础提出对人与自然关系的解读，由此形成生态文明理论，反对近代主客体分离哲学世界观、自然观、还原论与分析论，强调人与自然间所形成的相互依赖、影响和作用的生态共同体，强调应当秉持整体和有机论断看待和研究人与自然的关系，将实现两者的和谐视为实现生态系统稳定与和谐的关键基础和前提性条件。人与自然统一于生态过程中，斋藤幸平认为马克思将德国古典哲学的实践原则与历史原则贯彻始终，实现对近代主体形而上学理论的现实超越，提出自然观、历史观有机统一的生态共同体生态思维。马克思一方面强调自然已经向人类持续提供必备的生活与生产资料，人需要依赖自然和遵从自然规律完成生活和生产。另一方面，马克思强调人类需要顺应自然界运行规律，在充分尊重自然界发展规律的基础上，充分利用和改造自然运行规律，两者间形成较为具体的统一关系。马克思在此过程中始终强调，人与自然关系的性质取决于人与自然的互动方式，这促使马克思主义生态哲学从社会制度和社会共产关系着手，探讨生态问题出现的本源性基点与解决的现实路径，提出通过人与自然关系的和解。实现与"生产力至上主义"诀别，借此发现"'可持续性'和'社会平等'是紧密相关的"。①

---

① 斋藤幸平. 人类世的"资本论"［M］. 上海：上海译文出版社，2023：126.

第二节　对资本主义的生态批判

一、现象批判——对资本主义工业生产方式的生态反思

资本主义工业生产方式的后果是人类忽视社会发展规律，一味地开采和利用各种有限的自然资源。而在为了控制生产成本，实现生产收益最大化过程中，资本家无视废液、废渣以及废气带给人类环境的不利影响，随意破坏环境。据相关数据统计，80%的二氧化碳是200年间工业革命中西方发达国家工业化进程中所排放。在空气污染中，煤烟当属罪魁祸首。有证据表明面对资本家的压迫，工人只能持续奔波和工作，每天的大部分时间都在劳动。各种严重污染的工作环境严重危害工人身体健康，导致工人出现身体问题。因为英国属于最早迈入工业时代的国家，所以英国的很多城市存在严重污染问题。在各种粉尘污染的作用下，当地的生态系统遭到严重的破坏，所谓的工业黑化便是在这时候出现的。

二、本质批判——对资本主义生态环境恶化根源的揭示

马克思担忧社会生态遭到资本主义发展之下的工业影响。基于人与自然长远发展的角度，马克思表示，人类以地球主人自居，一味地掠夺和破坏自然环境，最终会遭到大自然的报复。之所以无产阶级将马克思主义作为重要的理论武器，其根本原因是马克思主义看得通透，能够以客观角度，站在无产阶级的角度审视问题，揭露资本主义的恶劣天性。可以说在世界发展过程中，最恶劣的罪证便是资本主义。靠着工业化生产模式，资本主义虽然能够创造巨量财富，但生态危机也在此阶段被埋下。也就是说，资本主义是社会发展问题的根源。自然界的资源是有限的，而工业体系并不会在这种情况下停工，所以会出现无法调和的矛盾。可以说工业的本质同自然之间的关系是矛盾与冲突的，工业只会不断掠夺地球中的各种资源。站在资本主义角度剖析生产属性，资本主义显然违背了人类文明的发展初衷，其属性也违背人类生存需要。从政治角度来看，反人类与反自然的资本主义模式，其生产方式是自然生态陷入危机的重要诱因。因为上层角度的资本主义没有意识到问题与矛盾，也没有消除问题的意图，所

以才会让马克思主义得以快速普及。具体表现为，资本主义国家并没有制定过应对环境污染和破坏的法规，而是将生产风险转嫁给发展中国家，导致发展中国家同时蒙受自然生态损失与人力损失。马克思主义深刻揭露了资本主义的发展本质和问题，研究生态危机的根本原因。为了拯救自然，改变社会生态，需要摒弃资本主义经营模式和资本主义的经营制度。

三、生态批判——批判资本主义生态危机后的生态论证

马克思站在自然的角度，辩证看待人在自然界中的影响力以及人与自然之间的关系，最终成就了生态判断理论。其认为，批判资本主义的工业化生产过程中，需要做到辩证唯物统一。实际上马克思在研究中并没有区分主客关系，而是合二为一，展现其对自然辩证的理解与认知。

人与自然需要在劳动中创造新的关系，当人、自然与劳动生产建立联系以后，就会出现人化现象。正因如此，马克思主义认为，人类对自然的客观主义改造，是人类能动性的体现，所以才会将自然开发当作人类的基本需求。当然，人类不能过度开发自然，过度开发自然的结果是自然报复人类。在辩证理解中，可以推断与理解为当资本家在工人阶级中掠夺了应有的生产与发展资料以后，工人阶级可以重新夺回资源。马克思主义在批判资本主义的工业生态以后，将这种论据作为依据，提出先决性的生态文明发展条件和机遇。

第三节　自然的物质极限

一、马克思自然物质极限思想

（一）人对自然的生态影响

1. 生态影响原则

当出现生态危机，就表明人已经无法再同自然保持友好和谐关系。此时的自然存在普遍、严重、紧迫的关系问题，需要人类重新审视自身同自然之间的联系。乔纳森·休斯在《生态与历史唯物主义》一书中指出，应当站在生态原则的角度，结合影响原则、依赖原则判断生态学与历史唯物主义之间的联系，并将其作为生态原则考察思想。通过延伸与深度挖掘马克思主义自然理论，站

在人和自然的关系，相互区别、相互渗透生态联系。生态原则表明人类行为具有计划性。从行为与结果来看，人类的各种行为会影响自然界的发展。不论是生产过程还是生活过程，人类对自然的影响，均表现为人类可以改造自然，通过客观规律以及生产力解决自然界的发展问题。

斋藤幸平结合乔纳森·休斯的研究和分析，得出的结论是，生产力同技术发展联系紧密，即技术能够提高生产力，生态问题通常和生产力有关。当然此时还没有实质性的解读与关系。在对生产力发展过程解释中，需要考虑自然界各种因素，不能忽视自然界效能与因素。该过程表现出自然界的互动特点，尤其是人在自然界中发挥的作用，用相反的形式反哺人类，表现为运行自然思想。对此，乔纳森·休斯通过对马尔萨斯思想和理论进行分析，结合马克思的相关研究，最终断定自然极限关系。乔纳森·休斯表示，人与自然的关系认知需要从生态角度出发，立足辩证思维，解读人与自然的联系。在相互区分、作用和交叉中，生态能够构建自然同人之间的思维共同体。应厘清自然与人之间的关系，合理、科学诠释生产力，并在人与自然之间的协调中展现现实意义。

2. 自然物质极限的相对性

在指定的社会和历史条件下，马克思关注自然极限问题，并反对孤立地从自然因素的角度分析自然极限，如马尔萨斯理论所做。在马克思的观点中，自然极限并不仅仅是自然问题，而是社会历史问题。马克思通过关联社会生产关系与人类的生产活动方式，指出生产过程的特征主要基于人类与自然界的相互作用。人类通过科学技术手段对自然界施加影响，并受到自然因素的限制。需要注意的是，马克思强调人类受到自然法则的约束，承认自然界对人类的限制是确凿无疑的。他认为，社会组织形式成为决定人类与自然界相互作用方式的关键因素。生产关系与生产力的发展对人类的行动存在一定的制约作用。社会中的各种因素在生产过程中相互制约和相互作用，也成为自然极限的影响因素。因此，马克思认为解决自然极限问题需要考虑社会形态、生产方式、技术发展等因素的综合作用。我们必须在适应自然界规律的基础上，合理利用科学技术来克服可能存在的自然极限。这意味着社会应该通过合理的社会组织、技术创新和资源管理，与自然界实现协调发展，以达到可持续发展的目标。马克思的观点提醒我们，要认识到人类与自然的关系密切相关，并在制定政策和决策时不仅要考虑经济和社会利益，还要注意保护和可持续利用自然资源，避免对自然环境造成不可逆转的损害。斋藤幸平认为，马克思还强调了社会制度对人类与自然相互作用方式的影响。如果社会组织形态扭曲了人类与自然的关系，就可能导致资源过度开发、环境破坏和生态系统崩溃。马克思对于克服自然极限的思考也引发了对可持续发展的思考。他认识到,只有通过社会变革和建立新的经济制度,才能真正实现人与自然的和谐。这需要转变生产方式,采用更环保、资源节约和可持续的技术,促进资源的合理配置和利用,在满足人类需要的同时保护环境。马克思的观点提醒我们,我们不能忽视自然界的限制和规律,而是要积极研究并寻找合适的方法来应对自然极限。只有通过社会的智慧和创新,才能找到解决问题的路径,并实现人类与自然的可持续共存。总之,马克思强调人类与自然的相互关系、社会制度对环境的影响,为我们认识和应对自然极限问题提供了有益的思考。马克思通过结合自然和社会历史,将人与劳动实践活动紧密相连,并指出自然极限的边界是由人的实践活动所决定的。在辩证的视域中,他强调并不存在固定不变的自然极限,而是存在相对性较为明显的变化性。19世纪时,马克思通过科学技术发展的视角考察自然极限,并认为技术发展在确定自然极限边界过程中发挥着关键作用。他认为自然极限并非绝对,而是相对可变化的。在对马尔萨斯理论的批判中,马克思提出自然极限的相对性,并指出科学技术因素在考虑自然极限时是不可忽视的。他认为马尔萨斯理论主要通过提出绝对自然极限来掩盖资本主义制度的真实性。马克思的观点得到了现代环境主义者的支持,他们认为对自然条件极限的考察已经从食物生产延伸到资源、污染等更广泛的范畴。现代环境主义者认为,科学技术的高效率可以在选择资源开发和利用方式时发挥关键作用,而可行性技术和固废处理技术等因素能够选择更加有效的替代性资源,从而延缓自然极限的到来。斋藤幸平提出应当摒弃掠夺式资源开发形式,采取更加合理有效的资源开发利用形式,以极大限度地延长自然极限到来的过程。这一观点强调了可持续发展和环保的重要性,追求资源的可持续利用,以保护环境和延缓自然极限的到来。

(二)生态危机的根源

1. 资本主义生产方式

资本主义生产方式是建立在商品经济高度发达、生产资料私人占有、剩余价值的生产、生产社会化以及资产阶级专政等特征之上的社会经济制度。这一制度以社会化的大规模机械化生产作为物质条件,同时以生产资料的资本家私有制为基础。在资本主义生产方式中,商品经济的发展尤为突出。商品作为价值的载体,成为经济交换的基本单位,商业活动的广泛展开使得商品生产与流通形成了相互依存的网络。同时,生产资料私人占有是资本主义经济的核心特征之一。生产资料如土地、工厂和机器等为私人所有,劳动者则通过出卖劳动力来获取生存和发展的必需品。剩余价值的生产也是资本主义经济中的关键过程。在资本主义生产中，劳动者创造出的价值远远超过他们所得到的工资。资本家通过占有生产资料并雇佣劳动者，榨取劳动者的剩余价值。这种剩余价值的生产使得资本家积累更多的资本，同时剥削和压迫劳动者。生产的社会化也是资本主义的一大特征。随着科学技术的进步和生产力的提升，越来越多的生产过程变得集中、协作和社会化。资本主义的生产方式注重效率和规模，通过分工和组织来实现生产过程的高效率运作。资本主义生产方式的另一个重要特征是资产阶级的专政。资本家作为生产资料所有者和财富的积累者，掌握着经济的主导权和决策权。通过金钱与权力的结合，资产阶级能够统治整个社会，压制工人阶级的利益和反抗，并维护自己的特权地位。总之，资本主义生产方式以其独特的经济组织形态，充分展示了商品经济的发展、生产资料的私人占有、剩余价值的生产、生产社会化以及资产阶级的专政。这一制度在现代社会中扮演着重要角色，但也存在着一系列问题和矛盾，需要通过探索和改革来寻求更加公正和可持续的社会经济模式。资本主义生产方式的核心在于市场经济，主要以市场供求关系为基础，通过生产、分配和交换等基本环节的相互作用，完成价值的创造和资本增殖。资本主义生产方式主要以私有制为基础，生产资料与剩余价值不断被资本主义和资本家所占有，无产阶级只能依靠劳动力维持生计。如果试图分析欧洲之所以在工业革命后商业得到迅速发展，可以追溯资本主义生产方式的起源。资本主义生产方式的基本形式是，将资本家的利润作为基本生产出发点和生产归宿，将无产阶级的剩余价值作为获取利润的根源，建立在市场经济基础上的生产形式。有鉴于此，资本主义生产方式的最终目的在于追逐利润的最大化，主要的生产手段以机器和科技为主，经济发展标志是生产资料、商品和资本的不断积累和扩大化。资本主义生产关系是资本主义生产方式的社会形式。资本主义生产关系是以生产资料私有制为基础的雇佣劳动制度。其特点呈现出生产资料为资本家私人所有，资本主义生产目的是获得剩余价值。在雇佣劳动制度下，由于无产阶级没有掌握生产资料，无产阶级必须依附于资产阶级才能获得生活资料。资本主义生产以交换和货币关系作为自己存在的必要条件。资本家为追求更高的附加值，往往需要通过不同的压榨手段榨取剩余价值，例如，通过压缩工资、增加劳动强度和延长劳动时间等方式，降低生产成本和提升最大利润率。在分析无产阶级剩余价值过程中，资本主义生产方式的基础在于榨取无产阶级的劳动力获取劳动价值，这种价值主要经由生产力与劳动力的价值所决定。资本家通常支付给无产阶级劳动力价值的一部分，剩余部分归资本家所有。资本主义生产方式绕不开市场经济，在生产过程中，生产价值的形成和实现主要由市场供求关系决定，这一点直接决定商品的价格和价值，经济活动需要在此基础上完成；同时，根据市场经济的实际运行特征，资本主义生产方式呈现出较为明显的生活社会化与私人占有矛盾，在资本主义生产方式中这一点是不可避免的矛盾。资本主义生产方式的最终目标在于实现利润最大化，在市场经济运行经济基础上，通过生产、分配和交换等主要环节，实现相互作用后，不断创新生产技术和生产管理方式，进而降低生产成本，提升资本运行效率和生产效率。总体上来讲，资本主义生产方式以私有制、最大化利润追逐和市场经济为主要特征，资本家通过掌握大量生产资料，在实际生产过程中以资本运行和生产手段为生产基础，通过雇用大量无产阶级作为劳动力，不断创新和推动生产形式的发展，同时，资本主义生产方式直接催生出资本主义扩大化发展，引发社会层面上对资本主义的排斥和大规模反抗。

2. 资本主义社会制度

资本主义是一种以生产资料私有制为基础的社会制度，与社会主义制度有着本质区别，在促进资本主义经济发展方面，具有不可磨灭的历史功绩。资本主义制度是高度发达的商品经济，商品经济是以社会分工为基础，以生产资料和产品属于不同的生产者为决定条件的，是直接以市场交换为目的的经济形式，继承以往社会所创造的生产力，并且在继承基础上极大程度地推动社会生产力的迅速发展。资本主义社会是人类社会最后一个剥削阶级社会。资本主义生产的真正限制是资本自身。资本及其自行增殖表现为生产的起点和终点，表现为生产的动机和目的，生产只是为资本而生产。资本主义在漫长的发展历史中曾陷入过多次经济危机，甚至可以说世界大战也和经济危机有直接联系。在"二战"过后，为了能够恢复发展，很多资本主义国家通过转嫁经济发展风险与矛盾的方式，将矛盾施加给发展中国家，也就是说，国际矛盾风险依旧存在。20世纪末日本经济在快速发展后出现经济泡沫问题，直接导致其经济倒退30年，至今日本经济仍旧没有恢复如初。美国安然公司纵使拥有上千亿资产，但依旧在2002年破产。实际上美国的房地产在次贷问题中不断积累负能量，很多投资基金和抵押机构因此破产，引发严重的金融风暴，很多发达国家因此陷入经济危机。

（三）马克思自然物质极限思想的内涵与精神实质

1. 马克思自然物质极限思想的主要内涵

斋藤幸平认为，马克思在研究自然物质极限相对性过程中，能够充分立足于资本主义现实，考察资本主义私有制度下自然资源的稀缺性问题，运用唯物史观和辩证法将社会发展看作一个由客观规律决定的社会经济形态演进的过程，认为任何一种社会形态都不是永恒的、稳定的，通过对马尔萨斯主义的驳斥，指出生态危机的根源并不在于人口增长与资源的消耗，与经济增长达到自然极限的荒谬观点展开激烈辩论。因此，斋藤幸平在分析资本主义生产方式与资本主义制度问题过程中，更加关注资本主义生产方式、科学技术、社会制度、人类解放战争等维度出现的自然物质极限的相对性，通过阐述自然极限思想关键内涵和精神实质，思考和诠释自然极限思想的辩证性。马克思通过自然极限理论体现出的当代生态思想，在多维度考量和有机质的增长观等方面，对现代生态文明发展产生较为重要的启迪性作用。

2. 马克思自然物质极限思想的精神实质

从本质上来说，马克思生态思想精神的发展与产生，最具有影响力的方法和理论，实际上是马克思生态中关于人和自然对象的理解。作为改变人与自然关系的力量，实践的影响是不容忽视的。资本主义的各种问题的出现同资本逻辑有关。消灭资本逻辑才能达到人与自然和谐共处的目的。按照斋藤幸平的理解，唯有把握与理解马克思如何思考，运用马克思所提出的生态理念和思想，才能在遇到生态危机的时候从容化解。

二、马克思解放战略与自然物质极限间的关系

斋藤幸平认为，马克思认为或希望历史是走向社会主义并且最终实现共产主义的进步过程。马克思并没有将否认自然极限作为解放战略的一部分，其表示自然极限属于客观的现实，是自然界的一部分。马克思主义致力于解放生产力，在这样的背景下推动物质发展，提高生产能力。马克思主义认同资本主义在提高生产力中的作用，解放社会，让社会解脱于自然规律。不过马克思认为，资本主义也是限制生产力进一步发展的重要诱因。马克思主义从精神层面出发，没有停在解放物质层面，将解放生产力看作丰富精神的必要性条件。在马克思的理解中，生产力的发展需要服务所有人的创造性、娱乐性与文化性需求，充分满足每一个个体。马克思想要实现的目标是统一、完整的个体，在统一、完整的和谐环境中，创造性、爱心与精神化满足人的高层次需求，明确自身在自然界的作用，感受自然与世界之间的联系与美好。应强调，马克思主义并不认为唯心论是自由意志的一部分，唯心论承受着巨大的社会发展限制，应承担物质的客观规律。马克思所理解的自由并非绝对，而是相对属性。共产主义背景

下，自然极限需要得到认同，无法做到随心所欲。历史环境会影响最后的意志自由。共产主义应当如同关怀个体人类一样表现出对自然的关怀，体现对人类文明的认同。马克思认为，生产过程中人与自然的关系需要先取缔私有制制度，协调推进人与自然的关系，有意识地取代市场经济，用价值交换价值，让所有人都能顺利就业，合理分配社会财富，不能信奉消费主义，要让经济实现发展与进步，在高效化生产的同时，减缓资源浪费问题。

三、马克思政治经济学生态意蕴下对自然物质极限的多维度考量

在物质交换方面，劳动实践的生态本质在于通过转换物质形态的过程，实现人类劳动与行为的界定，描述自然与人之间的相互作用、相互影响，强调人和自然之间的互动离不开劳动的过程，劳动需要人以自身为载体，同自然建立物质交换、物质互动过程，可以为社会发展明确物质交换意义，表明在物质交换的过程中，物质的生产影响重大。采用生态劳动的过程能够实现生态环境的补偿、更新与修复。

在自然资源层面，关于价值的界定，马克思将研究重点放在对经济体系商品价值的研究，断定不同商品的作用与意义，以价值交换切入，明确商品关系与本质，最终得出劳动价值。《资本论》指出，资本家的发展源自通过榨取他人的劳动价值，通过对劳动者的剥削获得财富。马克思对商品生产中自然物质价值十分看重，从价值与使用价值两个角度判断自然条件与自然资源中的作用与影响。

在自然力循环利用方面，马克思在《资本论》中将自然生态与社会经济融为一体，自然生态中融合循环经济理念，反映马克思思想的实践性、前瞻性与科学性价值。他认为，要解决废弃物、排泄物所造成的环境污染，需要依靠科技进步；在资本主义社会，解决的方法仅仅是围绕着有用性，只有发现效用且可以使资本家得到更多物质利益，或是原料太昂贵时，资本家才会局部处理。生态危机的症结在于资本主义社会生产生活方式。

在消费理念提升方面，马克思对社会再生产中的消费十分看重，明确再生产作用与地位，深入剖析资本主义的消费问题，对消费异化进行批判，系统性论述了消费适度性、自然环境辩证关系以及消费生产联系，表明消费异化同现代理念消费观存在协调性、适度性特征。环境正义成为马克思公平正义观念的延伸。

四、马克思自然物质极限思想的生态意蕴

自然极限思想源自罗马俱乐部发布的《增长的极限》研究报告。2022 年是《增长的极限》发布 50 周年，有人称其为 20 世纪的经典著作，并认为其内容几乎贯穿人类的命运和前途联系，可以看作人类思维的启蒙模板，也是人类文明发展的经典著作。从该著作中可以看到关于经济增长、人口增长的极限理论，同时也表明在资本主义背景下，无产阶级承受比较大的生产风险。无产阶级应改变认知，正视自身需求，合理消耗能源与资源，寻求属于自身的合理权益尤其是自身在自然界中的地位。该报告指出，生态危机的本源性原因在于增长与自然极限存在的天然矛盾。最早"人类困境"的概念出现于 20 世纪 60 年代，目的是寻求经济危机背景下，自然资源环境枯竭以及人口与资源之间冲突的破解途径。

小　结

斋藤幸平通过对人与自然关系异化的明确，丰富了马克思政治经济学的研究主题，强调了以自然与资本的矛盾分析为核心内容的物质变换理论。他关注了马克思生态批判思想在自然科学研究中的形成与发展，将马克思政治经济学的批判视角重新解释为对资本主义社会的生态批判。这有助于强化生态马克思主义政治经济学的科学理论支撑。然而，斋藤幸平的研究也受到了一些批评，其中一个主要的观点是他对马克思的生态批判思想进行了相对孤立的解读，可能在某种程度上削弱了对马克思主义生态学更深刻理解的可能性。他将马克思政治经济学批判理解为对资本价值形式与物质世界内在矛盾的批判，这可能在一定程度上偏离了马克思对资本主义生产方式内在矛盾的科学分析视角。总体而言，斋藤幸平的研究为理解马克思主义经典文本的生态维度提供了有益的探索，但在对马克思的生态批判思想进行解读时，需要谨慎处理其孤立化的倾向，以更全面、整合的视角理解马克思主义生态学。

第四章

斋藤幸平对马克思"新陈代谢"理论的解读

第一节　生态与经济

一、马克思的自然—社会新陈代谢及断裂理论

（一）自然与社会关系中的新陈代谢

新陈代谢这一概念在马克思的著作中扮演着重要角色。马克思借助新陈代谢概念，将他对资本主义政治经济学的批判有机地结合在一起。这些批判包括对直接生产者剩余产品剥削的批判、对资本主义地租理论的批判和对马尔萨斯人口理论的批判。通过这一概念，马克思深入研究了资本主义社会中人与自然的相互关系，从而展开了对环境恶化的深刻批判，为当今许多生态学思想的发展奠定了基础。自然与社会的关系中的新陈代谢主要是指通过劳动作为中介的自然与社会之间的新陈代谢关系。马克思认为，人们在本质上是社会关系的总和，劳动表现为双重关系：一方面是与自然的关系，另一方面是与社会的关系。马克思认为劳动过程实质上是自然与社会新陈代谢过程的体现。新陈代谢在这里被用来指人类通过物质交换和能量转化在劳动基础上与自然界之间形成的辩证关系或系统结构。为了更好地理解由劳动产生的新陈代谢关系，我们需要研究和深入思考自然与社会之间通过劳动形成的相互关系。这种相互关系涉及资源的利用、能量的转化和物质的循环等过程。我们必须深入考虑人类生产活动对自然环境的影响，以及如何通过合理的规划和管理来实现人与自然的和谐共生。马克思的新陈代谢概念提醒我们，人类与自然的关系不仅仅是经济和社会问题，还是一个更广泛的生态系统问题。我们必须认识到，我们与自然界之间的相互

依存关系，以及我们对自然环境的影响。只有通过深入研究并采取相应措施，我们才能实现可持续发展，并维护人类社会的繁荣与环境的健康。

马克思认为，人拥有自然属性和社会属性这两种重要特征。作为人类自然力的劳动活动，使得自然物质发生形式上的变化，变成了具有社会属性的物质或产品。因此，自然与社会之间的新陈代谢过程，首先是生产使用价值的过程。在这个过程中，人类的劳动与自然物质相结合，创造出各种适应人类需求的社会产品。在生产使用价值的过程中，人类通过劳动的活动，对自然物质进行加工、转化和组合，使得物质获得了新的使用形式和功能。通过人类的创造性劳动，原始的自然物质被赋予了社会属性，并满足了人们各种不同的需求。这个过程中，人类以自然物质为基础，通过劳动与自然界相互作用，改变自然物质的状态和性质，实现了生产过程中的物质转化和生产关系的形成。生产使用价值过程的关键是人类劳动和自然物质的交互作用。人类的劳动不仅仅是将自然物质加工成有用的产品，更重要的是通过劳动的创造性和智慧，为自然物质赋予了社会属性和满足人类需要的功能。在这个过程中，人类通过自己的努力和智慧，改变了自然物质的状态和性质，创造了物质文明和社会发展的基础。马克思对于自然与社会之间的新陈代谢过程的思考，提醒我们要重视劳动对自然的改造作用，并在人类的生产活动中注重环境保护和资源可持续利用。通过深入研究并理解自然与社会之间的相互关系，我们可以更好地规划和管理生产过程，实现人与自然的和谐共生。只有在这样的基础上，我们才能实现持久可持续发展，并为未来的世代创造一个更美好的生存环境。

其次，在自然与社会的新陈代谢中，劳动的存在促进了社会全面关系的建立。劳动这一过程中存在着自然关系和社会关系的结合和分离。劳动实质上是社会生产方式的"原始状态"，包含了生产力和生产关系两方面。为了适应生产力的发展，生产关系必须不断地进行调整。随着人类劳动的不断深化，自然与社会之间的新陈代谢变得更为复杂，形成了人类之间的相互关系。在这个基础上，人类社会才能拥有足够强大的经济基础来构建上层建筑，如宗教、艺术和道德等。这些上层建筑的存在，更加凸显了人类社会与自然以及社会中个体间互动的复杂性。宗教、艺术和道德等社会现象都是对人类自身与自然界之间关系的独特理解和表达。劳动在新陈代谢中的作用超越了物质生产的范畴，还包括了社会关系的形成和发展。通过劳动，人类的物质需求得到满足，并在这一过程中逐渐形成了各种社会关系，如交往、互助和共同分享。这些社会关系进一步推动着人类社会的发展和进步。因此，劳动作为自然与社会新陈代谢过程中的核心要素，不仅是实现物质生产的手段，也是构建社会关系和上层建筑的基础。这一角色的重要性使得我们需要更加重视劳动价值的认识，同时也意味着我们需要不断探索和发展更加合理和可持续的生产方式，以实现人与自然的和谐相处，促进社会全面发展。

最后，通过劳动作为中介的自然与社会新陈代谢遵循着自然法则和社会法则。马克思所提出的以劳动为中介的自然与社会新陈代谢并不是毫无规律、肆意妄为的，相反，它受到一定的条件限制和规律的约束。在自然方面，各种参与其中的物理过程受到自然法则的调节。而在社会方面，劳动分工和财富分配等制度化规范对其进行调节。在这一过程中，社会物质或社会产品在生产劳动过程和消费生活过程中经历了自然作用和社会需求的变化，最终又回归到自然中。这种变化过程是在遵循自然规律和社会规范的约束下进行的。马克思认识到了自然与社会的相互关系以及它们在劳动过程中的新陈代谢。他认为，我们不能无视自然规律，而是应该在劳动中尊重和遵循自然法则，并通过制度化的社会规范来实现对劳动过程的合理调控。这种以劳动为中介的自然与社会新陈代谢不仅要求我们对自然界保持敬畏和理解，而且需要建立合理的社会制度和规范来管理和引导劳动过程，以实现人类和自然的共生和可持续发展。因此，理解和应用自然法则与社会规范是确保我们的劳动过程与自然界和谐相处以及实现社会进步的重要前提。只有在这样的基础上，我们才能实现人类和自然的共同繁荣，并构建一个更加美好和可持续的社会。

（二）资本主义生态批判中的自然与社会新陈代谢的断裂

斋藤幸平指出，马克思在对资本主义的生态批判中提到了自然与社会新陈代谢的断裂问题，实际上是在指出一种异化关系。这种异化关系以异化劳动为基础，主要涉及人类异化、自然异化和社会异化。异化关系普遍表现在人类、社会和自然之间的相互异化，而这种异化关系在资本主义社会中表现得尤为明显。"换言之，马克思考察了资本主义生产的历史特定动态是如何在具体化的经济范畴的介导下，构成了人类对自然的社会实践的特殊方式，即利用自然来满足最大限度资本积累的需求，以及自然的各种不和谐和差异必须如何从这种资本主义对自然普遍新陈代谢的变形中产生。"① 马克思的关注重点在于资本主义统治下劳动的发展，他认为在资本主义的私有制条件下，人类劳动处于一种被

---

① SAITO K. Kohei Saito. Karl Marx's Ecosocialism. Capitalism, Nature, and the Unfinished Critique of Political Economy [M]. New York. Monthly Review Press, 2017. 14.

异化的状态。这种异化劳动有四方面的表现。首先是劳动产品和劳动者的异化，即劳动者被劳动产品所统治。在资本主义社会中，工人的劳动成果不再属于他们自己，而是归资本家所有。其次是劳动本身和劳动者的异化，即劳动者被迫进行劳动。在资本主义社会中，劳动不再是人的自主选择，而是一种被迫的状态。再次是劳动者的类本质异化，即劳动者不再能够自由自觉地从事劳动，而是被迫进行劳动，劳动被庸俗化为一种动物般的生存手段。最后是人与人之间的异化，特别是阶级对立的存在。在资本主义社会中，人与人之间的关系不断异化，阶级对立日益加剧。这种异化劳动同时也体现了人类、自然和社会的异化。马克思认为，正是在上述异化的基础上，资本主义社会出现了严重的新陈代谢断裂，表现为土地和工人的赤贫。斋藤幸平的观点揭示了马克思生态学思想中关于异化劳动和新陈代谢断裂的重要问题。这些问题不仅在资本主义社会中存在，而且对于我们思考和解决当前社会生态危机也是至关重要的。我们需要认识到异化劳动所造成的人与自然、人与社会的断裂，并努力寻找建立可持续发展和人与自然和谐相处的解决方案。

（三）自然—社会新陈代谢断裂的反生态性

自然与社会新陈代谢断裂反映的是生态危机的根本原因，而资本主义在新文明形态和社会发展的背景下成为这一反生态性的主体。在资本主义体系中，经济剩余价值的积累依赖于掠夺性开发和竞争法则的驱动力，需要在更加庞大的规模下持续增长。资本积累的两个主要运行法则是效用和增殖，这正是导致自然与社会新陈代谢断裂反生态性的直接原因。从资本积累的角度来看，全球变暖和荒漠化似乎为资本积累带来了福祉，因为它们增加了私人财富扩张的可能性。这显示了资本积累在逻辑起点上就具有明确的目的，主要涉及自然资源等，将其纳入关键的价值体系中，使其成为资本扩张和利润生成过程中的社会属性，有利于资本实现交换价值，而不是使用价值。这主要是因为资本家为了实现利润最大化，将交换价值作为通用的衡量标准。同时，人类的生产活动生成了自然界的产物，结果是自然生态被附属于资本利润逻辑之下。这种逻辑试图在一段时间内在一个地方建立方便的地理景观，然后在另一段时间中破坏它，最后在其他地方建立全新的地理景观，以满足资本无限增长的渴望。这种现象表明资本主义体系不得不对自然地理进行破坏和改造，以适应资本追求无限增长的需求。总之，资本主义的经济逻辑和利润驱动力是导致自然与社会新陈代谢断裂反生态性的关键因素。资本主义追求利润最大化、将交换价值作为评判标准以及对自然地理的揉捏和改造，使得自然生态成为资本的附庸。资本积累的逻辑对自然环境产生深远影响，其核心手段往往是通过对自然景观的破坏性开发。这种逻辑下，交换价值对使用价值的引导成为资本积累效用法则的体现，导致自然资源的实际使用价值被资本的交换价值所掩盖。资本被视为一种内在的自我扩张的价值体系，不断进行对地球系统的探索，以发现新的有用物体或者对原有物体进行新的使用属性的开发。这种过程通过对自然的不断剥夺，以获取更多的剩余价值，久而久之，导致了自然与社会之间新陈代谢的断裂，呈现出一种反生态的趋势。以 19 世纪资本主义国家普遍存在的土壤危机为例，可以明确资本积累的效用原则与生态代谢断裂之间的紧密关系。马克思指出资本主义生产在各大城市中不断集聚人口，既成为社会历史动力的聚焦点，又在破坏任何土地物质变换的过程中导致土地的一部分无法回归，从而损害土地持久肥力的永恒自然条件。特别是在城乡分离的背景下，资本对土壤肥力的消耗变得尤为显著。通常，土壤营养成分需要氮、磷、钾等元素的经常性循环，以满足植物的正常生长需求。然而，随着圈地运动和土地私有化的兴起，城乡分离加剧，大量人口被迫迁移到城市。资本积累的效用法则驱使着农村广泛采用集约型农业模式，导致乡村农产品被长途运往城市市场，而必要的土壤养分则被当作无用的垃圾堆积在城市周边。这些垃圾污染了街道和河流，却无法回归到乡村。这一方面与资本追求短期利润逻辑不符合，另一方面与对土壤天然养分的长期投资背道而驰。正是资本积累逻辑的持续存在，导致了生态代谢断裂问题的持续存在。

二、生态冲突求解过程中的制度思辨

生态制度主义认为，政治秩序与制度设计直接相关。著名经济学家道格拉斯·诺斯（Douglass C. North）在《制度、制度变迁与经济绩效》一书中明确将制度界定为："制度是一个社会的游戏规则，或者更正式地，是定义人类交往的人为约束。"从制度的功能来说，制度主要是通过提供一系列规则来清晰地界定人们的选择空间，约束人们之间的相互关系，从而减少环境中的不确定性。约翰·埃肯伯里（Jobn Ikenberry）则将制度进一步细分为强调由社会认可的非正式制度、国家规定的正式制度及政府强制执行的实施机制三个层面。在第二次世界大战后西方关于政治发展的研究中，坚持个体主义的制度观，将整体主义的制度视为传统型，将个体主义的制度视为现代型，确立以西方制度类型为中心的政治现代化道路，集中体现西方社会价值观。

制度和生态的关系犹如种子之于土壤、水分、空气和阳光等营养结构的关系。生态制度理论假定，国家是有机体，国家间关系发生在一定生态环境中，受到生态环境制约。政治秩序稳定性和政治制度多样性，归根结底受制于其所处生态系统。因此，斋藤幸平认为生活在发达国家的人们可以或必须"自发决定什么东西我们并不需要，停止相关生产，以及什么东西需要继续生产，并且在达到什么程度时可以停止生产"①。

三、生态马克思主义经济学的基本框架

生态学马克思主义经济学的形成与发展与西方社会主义运动和生态运动息息相关。只有按照当代社会主义运动和当代生态运动的逻辑，才能真正理解和把握生态学马克思主义经济学的理论实质和特点。在方法论上，马克思认为，人的本质在于社会关系的总和，包括人的知识经济范畴的人格化。尽管在行为上，人表现出较为明显的社会性和客观性，但在经济活动中，人的能动性是至关重要的。马克思明确反对个体与制度环境的决定论解释，批判机械唯物主义观点，即认为人是教育与环境的产物。因此，生态马克思主义经济学在方法论上坚持辩证法和历史唯物主义，从社会整体的制约角度分析个体经济行为，从生产力和生产关系矛盾的运动中解释社会制度变迁，能够深度揭示制度变迁的历史客观性和制度变迁中的主观能动性。生态马克思主义经济学通过辩证法和历史唯物主义的方法，对社会制度的演变和个体经济行为的影响进行了深入分析。它揭示了资本主义制度下的生态破坏是经济发展背后内在的矛盾，并通过倡导社会主义和生态运动来解决这些问题。这一理论突出了主体性的概念，认为个体经济行为的能动性是推动社会制度变迁和生态可持续发展的关键。因此，生态马克思主义经济学的研究方法与西方社会主义运动和生态运动相契合，为我们深入理解和解决当今社会面临的生态问题提供了重要的理论支持。生态马克思主义经济学在制度分析方面关注的重要切入点是历史起点和前提。在这个前提下，生产作为一种劳动实践活动，是人类创造历史的关键。人通过满足衣食住行等需求，利用生产物质本身的能力来推动历史的发展。因此，在研究中，我们应重点关注人类在生存和发展过程中的物质生产活动，以真正理解人与自然的关系和人与人之间的关系，揭示人类历史发展的谜底。在制度起源方面，马克思认为，我们需要从生产力发展的角度来解释人类第一层制度的形成，即社会生产

① 斋藤幸平. 人类世的"资本论"[M]. 上海：上海译文出版社，2023：193.

关系的建立，并从社会生产关系中推导出第二层制度的起源。关于制度的范畴和本质，马克思在其理论体系中提出，制度最初源自物质生产条件，并逐渐上升到政治和法律层面。在马克思的经济学理论中，制度范畴可以成为经济制度生产关系与上层建筑之间的双层面制度体系，其中包括政治、法律和意识形态等各种制度。斋藤幸平通过对马克思分析制度形成过程的研究认为，社会制度的基础生产关系是制度变迁的根本所在，而利益关系的调整必然导致制度的变化。利益关系冲突的实际强度直接决定了制度变迁的具体进程。因此，生态马克思主义经济学在制度分析方面，注重从历史起点和前提、物质生产活动以及利益关系冲突等角度深入探讨制度变迁的原因和过程。这种分析能够帮助我们真正理解社会制度形成的根源和制度变迁的推动力，为我们探索可持续发展的制度框架和路径提供了更加深入的理论支持。生态马克思主义经济学从历史唯物主义视角，强调了生态问题在社会制度演变中的重要性。它认为，制度的形成是基于人类对自然物质的生产活动，并通过这些生产活动来满足人类的生存和发展需求。这种生产活动不仅影响人与自然的关系，也决定了人与人之间的关系。因此，只有深入研究人类在物质生产过程中的作用，我们才能真正理解和解开人类历史发展的谜底。在马克思的理论框架中，制度的起源需要从生产力的角度解释。生产力的发展推动了社会生产关系的演变，进而导致了不同级别的制度的形成。生产力的改变迫使人们重塑利益关系，这直接影响了制度变迁的速度和方式。斋藤幸平的研究指出，制度变迁的根本是基于利益关系的调整。利益关系冲突的强度决定了制度变迁的具体进程，因此，探讨冲突解决和利益平衡的机制对于理解制度的变迁至关重要。生态马克思主义经济学在制度分析方面强调历史起点和前提、物质生产活动、利益关系的调整和制度变迁的路径。它通过深入剖析这些因素之间的相互作用，揭示了制度的演变机制和推动生态可持续发展的路径。这一理论框架为我们深入理解和解决当今社会面临的生态问题提供了重要的指导。

第二节　政治经济学的新陈代谢理论

一、"新陈代谢"理论下人类生产超越历史的自然条件

文化、生物和环境相互作用下进化到今天的人类已经形成高度合作的群体，

使人类成长为一个能够决定自己的命运的非凡物种。人类赖以生存发展的基本条件，包括气候、土壤、生态系统、地质等自然条件，这些都是人类不可或缺的自然资源。在生态帝国主义研究、生态女性主义研究和海洋生态学研究等许多领域，马克思的新陈代谢思想已经被广泛运用，用于揭示资本主义对生态环境破坏的微观机制。斋藤幸平指出，马克思在《资本论》中开始意识到有必要有意识、可持续地控制人类与自然之间的新陈代谢关系，将之视为社会主义的基本任务。"新陈代谢"理论使马克思能够理解人类在超越历史条件的生产过程中与自然的互动关系，同时也促使他研究现代生产制度和生产力发展过程中自然条件的历史性转变。这一理论突出了人类与自然之间的相互作用，强调了人类活动对于生态环境的影响，并提出了必须在社会主义理念下重新定义和重新规划人类与自然之间的关系。马克思的新陈代谢思想告诉我们，现代生产制度要实现可持续发展和生态平衡，就必须加强人类对自然界的管理和调控，以及更加科学和谨慎地利用和保护自然资源。这种思想不仅在学术界引起了广泛的关注和应用，也为我们探索未来可持续发展道路提供了重要的思想启示。只有通过对新陈代谢关系的思考和理解，我们才能建立起与自然和谐相处的社会和经济制度。

二、现代生产制度和生产力发展过程中自然条件的历史性转变

现代生产制度是确保生产力正常发展、各项政策顺利执行和各项制度顺利落地的关键。在生产力发展过程中，自然条件的历史性转变，成为国家、社会维护正常工作、劳动、生活的秩序的关键所在。生态生产力作为马克思生态社会主义生产力的隐性一面，在生产力中更具有核心的、基础性的地位与作用。在发展科技生产力的基础上，进一步发展马克思生态社会主义对于生态生产力的观点在其生产力理论中占据着核心、基础的地位。这一观点强调了在科技生产力的基础上，必须进一步发展生态生产力，构建人与自然的生命共同体，实现人与自然的和谐共生，并推动更高水平的可持续发展。这为未来的发展提供了科学理论支持和价值导向。在面对未来长远发展的担忧时，马克思生态社会主义提出了发展循环经济的思想，他警告资本主义必须合理调节人类和自然之间的物质变换，以实现在自然生态承载力范围内进行合理有度的物质变换，并合理开发和利用自然资源。传统的生产力发展方式依赖于大规模开发和利用自然资源，虽然可以有效促进社会生产力的发展，但是对自然资源的无规律开发

和过度消耗已经远远超过了自然生态的承载力，导致人与自然之间物质变换的断裂，引发了众多的生态问题，对未来的可持续发展能力造成了严重损害。在马克思的观点中，人类只有在自然资源承载力的范围内合理有度地利用自然资源，最大限度地减少浪费与破坏，有序进行资源供给与自身回归，才能从根本上保障社会生产力发展的天然物质基础良性运转，为人类的可持续发展提供保障。生态友好型技术在这一过程中发挥着关键作用，高新技术的应用不仅要尽可能多元化地开发自然资源的价值，实现其最大化利用，还需要进一步提升对可再生资源如太阳能、电能、风能、潮汐能、可燃冰等的开发能力，逐步替代不可再生资源，如化石燃料，以缓解自然资源供给不足的发展难题。这一过程有望为实现可持续发展打下坚实基础。

三、马克思的生态批判在政治经济学批判中的系统性特征

（一）"价值"

1. 价值与使用价值的对立

一方面，商品的使用价值和价值是密不可分的，二者缺一不可。价值的存在必须以使用价值的存在为前提，因为没有使用价值的东西就不会有价值。使用价值承载了商品的物质层面，而价值则内含于商品的使用价值之中。另一方面，使用价值和价值又是不同而相互矛盾的。使用价值作为商品的自然属性，反映了人与自然的关系；而价值则是商品的社会属性，反映了商品生产者之间的社会关系。使用价值是所有有用物品共同具有的属性，是一个永恒的范畴；而价值则是商品经济的特有属性，是一个商品所特有的范畴。虽然所有有用物品都有使用价值，但并不是所有有用物品都具有价值。使用价值的存在并不以价值的存在为前提。只有通过劳动生产出来的有用物品才具有价值，例如被劳动改造过的商品。而一些自然存在的物品，如空气和阳光，并不是劳动的产物，因此它们虽然有使用价值，但没有价值。有些物品虽然是经过劳动生产的，具有使用价值，但它们只用于满足生产者自身的需求，不为他人所使用，因此没有价值。另一些物品虽然是经过劳动生产的，具有使用价值，并供他人使用，但如果没有通过交换的方式，也没有价值，例如农民向地主交纳的地租。这种使用价值和价值的区分，反映了商品经济中人与自然、人与人之间的关系。使用价值是人类与自然界相互作用的结果，它是人类通过努力和创造，将自然界的资源转化为满足人类需要和欲望的物品。而价值则是通过社会劳动创造的，

是商品生产者之间生产关系的体现。人们通过劳动将有用物品创造出来，并赋予它们价值，进而通过交换这些商品，满足彼此的需求。因此，价值和使用价值之间的矛盾和统一，反映了人与自然、人与人之间的辩证关系。人类作为生产者，通过劳动创造和转化自然界的物质，将其转变为具有使用价值和价值的商品，以满足人类的需要和欲望。这一理论为我们深刻理解商品经济的本质和人类与自然关系的复杂性提供了重要的思考框架。商品的使用价值和价值之间还存在相互矛盾和排斥的关系。商品生产者生产商品的目的是获得价值，但为了获取价值，他们又必须生产出自己并不需要的使用价值。对于消费者来说，他们购买商品是为了获得商品的使用价值，而不是为了获得它的价值。一个商品只有首先被证明具有社会使用价值，才能实现其价值。然而，要实现商品的价值，又必须先放弃或交换掉其使用价值。只有通过商品交换，将商品出售出去，才能使商品生产者实现商品的价值，让消费者获得使用价值，从而解决商品内在的矛盾。这种矛盾的存在，反映了商品经济中生产者和消费者之间的辩证关系。生产者为了获取价值而生产商品，消费者则为了使用商品的价值而购买商品。在商品交换的过程中，生产者可以实现商品的价值，并获得自己需求的商品；消费者则通过购买商品，满足自己的使用需求。这一过程为我们深入理解商品经济中的价值和使用价值之间的关系提供了重要思考。

2. 价值与使用价值的优先顺序

先有使用价值，没有使用价值的属于无用，便谈不上价值。使用价值是第一性的，同理，先有价值后有价格。马克思认为财富就是使用价值，主要指的是空气、水等具有满足现实需求效应的财富形式，早在资本主义建立前已经存在。财产是通过货币进行衡量和计算的，是商品价值的全部综合，价值只存在于市场经济中。在马克思的观点中，资本主义受价值规律的支配，增加价值是资本主义驱动资本运行的关键。使用价值被迫在资本运行过程中被降格为实现价值的主要手段。在前资本主义社会中，社会经济活动最重要的目标在于生产使用价值，以此充分满足人类的实际需求。进入资本主义社会后，使用价值原有的社会地位被直接牺牲换取价值增殖。马克思认为，价值与使用价值的优先顺序需要在对立过程中完成运用，从追逐价值转向使用价值经济，以此批判资本主义存在不合理性。

（二）"物化"

1. 对象化物化

在《共产党宣言》中，马克思进一步确证"现代性即偶然性成为统治"论断。他辩证地指出，一方面偶然性将有利于保障个人潜能的全面实现，另一方面偶然性有违背人性的一面，与人类的自由解放事业相抵牾。在《资本论》中，马克思从拜物教和物化的角度再次批判性地审视偶然个人及异化生存境况，尤其强调人的个性正逐步丧失这一现代社会突出问题。马克思强调了黑格尔的思辨方式将事物的本末倒置，将绝对理念置于主导地位，将家庭和市民社会视为国家理念内部活动的体现。然而，马克思认为，实际上，市民社会才是左右国家，甚至是一切客观事物的根本性元素。家庭和市民社会作为天然或人为的基础，共同构建了现代国家的整体架构。在发展过程中，市民社会和家庭作为特殊领域成为国家存在的前提。马克思关注到那些作为特殊社会存在的现实人在国家中的地位和作用。他认识到国家内在于社会性的人，而人的特殊的生产和生活方式决定了国家的性质。对于宗教异化的根源，马克思从政治异化中追问，并认为政治异化并没有真正揭示现代异化现象的神秘面纱。相反，政治异化是市民社会分裂状态的产物，而这种分裂状态才是整个异化现象的根本原因。将政治异化从异化现象中分离出来并不能确保人能够从根本上理解和占有这种分裂状态及现实存在的各种关系。在马克思的理论中，物象化本身是现代资产阶级社会表象的一部分。在他所批判的巨大商品堆积中，人将物品反映为劳动本身的社会性质，在以私有财产为前提的商品交换中，劳动产品成为一种物象存在。这种物象的形式促使劳动产品成为抽象价值对象性存在。从直观或日常的角度来看，劳动产品或商品只是物，而劳动产品在物象化的形式下表现为一种幽灵般的对象性。以对象化为切入点，可以构建对历史唯物主义形成及本质的理解方法。

2. 异化物化

在资本主义私有制的背景下，生产资料的私有制导致了工人劳动的异化，使劳动背离了自由和自觉的本质。马克思在《1844 年经济学哲学手稿》中对异化劳动做出了三重规定。首先，劳动产品的增多与工人的贫困呈正相关，劳动产品反过来成为统治工人的力量。其次，劳动产品的异化是通过劳动活动的异化而实现的，使劳动蜕变为一种外在的、强制性的自我谋生手段，失去了自由和自觉。最后，人的类本质是自由自觉的对象化劳动，而劳动活动的异化导致了人的类本质的异化。这三重异化相互冲突，相互矛盾。

在资本主义私有制的条件下，劳动已经变成异化劳动，人也不再是自由自觉完成创造性活动的主体，变得日益片面。马克思提出了克服异化、追求人解放的要求，并构思了理想社会，即实现共产主义。他认为资本主义社会的典型特征之一是对物的依赖，这个物实际上是社会关系的物化形式。物化在客观方面表现为充满客体和商品的世界，与人对立；在主观方面表现为个体活动变成了与自己疏远的东西，成为社会规律之外的客观商品。在这样的社会中，人的社会化达到最高程度，人与人关系的限制失去作用，但社会关系的物化达到最大限度，社会化和物化并存。

通过联系异化与物化，马克思完成了对资本主义的现实批判。资本的统治权力被公认，社会中的商品、资本、劳动市场表现为物的盲目运动和看不见的手。因此，扬弃异化与物化的道路与无产阶级解放的道路是完全一致的。基于异化劳动理论，马克思提出了扬弃异化、消灭私有制、恢复人的自由和创造性本质，实现人的自由和全面发展的共产主义理论和实践哲学构想。

第三节　资本作为新陈代谢的存在载体

一、新陈代谢断裂理论的重构

概括地讲，新陈代谢断裂理论主要是从资本主义制度下的社会整体出发，分析资本主义社会、自然关系间的不可持续性。新陈代谢断裂理论认为，社会自然关系的断裂、异化表现，是剥夺性或扭曲性社会关系的呈现与拓展。新陈代谢概念是马克思生态理论中较为重要的概念，但是，这一概念并非马克思所首创。"代谢"这一概念的起源可以追溯到 13 世纪，而在 1815 年，这一概念开始在化学和生物学领域广泛应用。它主要指的是动植物在机体内进行物质能量转换的过程，同时也涉及维持生命的整个过程。随后，"代谢"的概念逐渐被引入社会领域中，马克思则在这一基础上进一步探索了自然、社会和其他领域之间的相互关系。在 19 世纪 40 年代后期，德国的生理学家开始使用"代谢"这一概念来描述有机体中维持生命所进行的物质和能量的交换过程。1842 年，德国著名的农业化学家李比希在他出版的《动物学》一书中更加广泛地运用了"代谢"这一概念。他将"代谢"的概念扩展到农业化学领域，解释了自然界中无机物和有机物之间的转化和变化，并从自然科学的角度阐述了资本主义现代农业对土壤肥力的破坏性问题，即导致土壤肥力不平衡。通过对"代谢"概念的运用，李比希初步构建了农业化学和生理学双重内涵的框架，这一概念可以在细胞学的语境中使用，也可以应用于整个有机体的分析中。特别是在解释自然界中无机物与有机生命物质之间的联系过程时，"代谢"概念可以表达无机界和有机界之间的联系。"代谢"的引入不仅仅是为了描述生物体内的化学反应，更重要的是它提供了一个理论框架，用于理解生物体与其环境之间的交互作用。通过"代谢"这一概念，我们可以深入探讨生物体与自然环境、社会环境以及其他领域之间的相互关系。这种思考方式使我们能够更全面地理解和分析生物体的生存、发展和适应能力。同时，通过对"代谢"概念的运用，我们也可以更好地理解资本主义现代农业对土壤肥力的破坏性，以及无机界与有机界之间的关联。总而言之，"代谢"这一概念的发展和运用源远流长，涵盖了化学、生物学、农业化学和社会学等领域。它不仅有助于解释生物体内的物质能量转化过程，也为我们理解生物体与环境、自然与社会之间的关系提供了重要的思考框架。

在马克思的经济学著作中，他引入并拓展了"新陈代谢"这一概念，以表征劳动过程中人与自然的关系。在《资本论》中，马克思探讨了资本主义社会中城乡关系的问题，并运用"新陈代谢"这一概念来解释劳动过程中人类与自然的相互作用。马克思在论述资本主义地租的起源时指出，资本主义大工业和按工业方式经营的大农业通过整合社会生产过程和技术，直接滥用和破坏土地的自然力。这种做法不仅伤害了土地和工人这些财富的源泉，还导致土地贫瘠。马克思运用"新陈代谢"这一概念来描述人类和自然之间复杂而动态的相互交换关系，其中既包括自然赋予的条件，也包括人类对这个过程的影响能力。马克思的观点倾向于强调人与自然的协同进化，而不是简单地将社会简化为自然，或将自然简化为社会。他的研究目的是探讨人类与自然之间的相互作用。通过运用"新陈代谢"这一概念，马克思提供了一个理论框架，以便更深入地理解人与自然之间的复杂关系。他关注的是劳动过程中人类如何与自然相互作用，以及他们如何影响自然，如何受到自然条件的影响。综上所述，马克思通过引入"新陈代谢"这一概念，为我们理解劳动过程中人与自然之间的关系提供了一种深入思考的视角。他从环境条件和人类影响的角度来研究这种相互作用，旨在实现人类与自然之间的协同进化。马克思的理论指向是比较综合的，既兼顾社会领域，也关注自然领域，以此来揭示两者之间相互制约和相互依存的关系。核心关键的问题在于，在社会条件之下的资本主义规模性工业化农业与农业特征，导致其不能够对既有的农业科学技术进行运用，这也导致资本以及科技自身无法成为土壤成分循环所需的条件。换言之，斋藤幸平认为，马克思的新陈代谢断裂理论的根本维度在于社会关系的变革。

约翰·贝拉米·福斯特对马克思新陈代谢概念等理论进行了整理与阐发。约翰·贝拉米·福斯特认为，人类与地球环境进行新陈代谢时，资本主义在其中催发了不可修复的断裂，在资本主义环境下，此断裂持续扩大，并进一步形成如城市污染、土地贫瘠、城市乡村割裂发展等问题。故而，社会生产调节需要对人类与地球新陈代谢关系进行持续、系统的修复，更多地指向社会主义与共产主义。约翰·贝拉米·福斯特对马克思新陈代谢概念进行了重塑，指出在新陈代谢与劳动关系背景下，新陈代谢断裂作为一种生态概念，与资本主义经济异化呈正相关。马克思所提出的新陈代谢断裂概念极为重要，可作为生态批判资本主义的重要依据。根据约翰·贝拉米·福斯特的观点，马克思在历史唯物主义发展中起到重要作用，自然唯物主义与历史唯物主义之间有着正相关的作用，二者相辅相成。

约翰·贝拉米·福斯特指出，马克思在社会分析中应用了新陈代谢的概念，强调人类活动在历史社会形态发展中的作用，并对人类与地球生态新陈代谢进行了一定的调节，从而提出了联合生产社会的社会构想。通过对资本主义的持续分析与积累，马克思逐渐认识到资本主义对生态环境的破坏力。他指出资本主义的生产与发展将导致结构性的生态问题，这在新陈代谢断裂中得到反映，而这种断裂在资本主义环境下无法修复，因为缺乏能够组织这种制度的管理机制。

在这一背景下，马克思开始更加关注可持续性问题，并主张通过科学合理的方式组织人类活动，实现人与自然之间新陈代谢关系的调整，避免自然异化的发生，重构良好的人与自然的关系。这也成为未来社会建设中的一个重要挑战。斋藤幸平关注并分析了马克思关于生态危机的研究，强调马克思主张通过可持续性理念进行未来社会形态的构想。在共产主义社会的发展形态中，人类将成为历史的创造者，实现需求与潜力的多方面发展，并对人类与自然之间的关系进行组织，意识到人类与自然生态的相互关系。社会组织的革命势在必行，高水平修复和发展人类与自然关系需要跳出资本主义社会的框架。在这一过程中，马克思的历史唯物主义体现为一种生态唯物主义。他强调人类社会的发展必须考虑到生态系统的平衡和可持续性，超越了简单的经济观点，更注重人类与自然的整体关系。

资本主义在生产方式与社会秩序上，对土地与自然进行工具形式的使用，导致劳动被极度异化，使得土地肥力与自然生态力被快速消费，人与自然生态之间出现巨大的新陈代谢缝隙。斋藤幸平认为，从马克思观点来看，自然生态系统自身具有相对独立的代谢原则，可进行独立的运动，还可在与人类交流中实现可持续发展存续。同时"价值，互助等都优先于利润"①。人类自身会通过劳动来改变生态环境，较为依赖土地与碳的循环。且人类有着超越自然、征服自然的心态，这种心态较为幼稚，不可取。社会同自然不可被当作独立的个体，在新陈代谢理论中，需要进行同性的进化，二者互联前进发展，实现代替资本主义生态破坏的情形。这不仅关乎技术，还可当作一个社会性问题，对资本主义社会进行转化，将其转化为非工具主义的形式来实现人与自然的和谐发展。约翰·贝拉米·福斯特认为马克思在对未来社会规划中，关注并强调生态可持续性，同时关注人与地球生态关系正常新陈代谢，将生态问题作为未来资本主义必将灭亡的依据。约翰·贝拉米·福斯特以生物唯物主义对新陈代谢断裂进行分析，并根据资本主义历史中的本质内涵，对其进行生态性层面的破盘，对未来世界中社会制度生态持续性进行论证分析，从而搭建具有乌托邦性质与人道主义性质的社会生态主义革命内涵。

二、马克思对资本主义社会的生态批判

（一）《资本论》的生态学理论转向

斋藤幸平认为，晚年马克思发生了"理论转变"，转向"去增长"。也就是说，马克思已经出现放弃"扩大再生产"理论的趋势。"马克思晚年主张向重视'使用价值'的生产转型，减少导致创造无用'价值'的生产，缩短劳动时间。"② 实际上，马克思在《德意志意识形态》中已经运用了黑格尔概念中人类存在的"不变性原则"，来阐发适合人类社会形式的社会再生产进化规律。资本主义特有的价值规律，是这种规律在历史上的唯一特殊表现。在《资本论》中，马克思进一步从整体上考察资本主义经济，完成对资本主义的批判，真正揭示出资本主义经济包含的两个相互对立的进程。一方面，资本家资本积累的实现和扩大，依赖社会生产性力量的发展；另一方面，又从根本上阻遏这种发展。在《资本论》中，马克思分析了人与人之间、社会与自然之间、人与自然之间的关系，并对生态思想进行分析。马克思明确了自然生态环境对人类社会发展的重要性，需要人们重视对自然生态环境与人类关系的把握与处理，二者需要

---

① 斋藤幸平. 人类世的"资本论"［M］. 上海：上海译文出版社，2023：219.
② 斋藤幸平. 人类世的"资本论"［M］. 上海：上海译文出版社，2023：225.

进行和谐相处，从而达到良好的物质交换等模式。斋藤幸平认为在《资本论》一书中所提到的生态思想，能够成为有效为现代全球发展中人类处理自身与自然关系的重要理论指导。

（二）资本主义对物质代谢产生的搅乱作用

斋藤幸平认为，在马克思的观点中，人与自然间呈现出显著区别于其他动物的特殊方式联系，这种方式就是劳动。劳动是人类特有的活动行为，直接控制和调解着人与自然的物质代谢过程和结果。问题在于，在不同时期内，人类的劳动行为和劳动方式并不一致，这对于人与自然的物质代谢将会产生相对应的影响。在资本主义制度运行过程中，资本主义对人与自然的物质代谢产生较为明显的搅乱作用，以一种非常特殊的方式组织资本增殖。在资本看来，资本实现增殖过程中，需要通过最为有利的实现价值增殖目标的形式完成人与自然间的物质代谢过程。鉴于此，资本将会通过彻底剥削人与自然的方式，试图在最短的时间内获取尽可能多的资源与价值，将全世界范围内的自然资源与力量消耗殆尽，逼迫人通过延长劳动时间完成技术创新。资本为尽可能高效地利用人与自然，可以说已经在前所未有的程度上释放资本运行过程中的作用水平。物极必反，超过一定程度后，资本运行的副作用逐渐浮出水面。资本主义长期对物质代谢造成的扰动，已经造成人在身体与精神上出现不同类型的疾病，地球资源体系出现自然资源的枯竭，生态系统被破坏。资本十分清楚，人与自然间的物质代谢原本是独立存在于资本的生态过程中，物质代谢在被破坏过程中接受不断的改造，适应资本的运行需求。资本所追求价值增殖的无限运动和自然循环之间并不相容。"人类世"是最终结果，现代气候危机的本质原因在于此。

三、资本生产关系下的生态社会主义变革

（一）与"生产力至上主义"的彻底诀别

与"生产力至上主义"的彻底诀别，直接动摇进步主义历史观这一宏大世界观。转向追求可持续经济增长的"生态社会主义"当然是马克思的一次重大的思想转变，斋藤幸平根据马克思主义的进步主义历史观，对生产力发展是推动人类历史前进动力的观点予以认同。为提高生产力，任何国家都必须像西欧国家一样，首先在资本主义制度下实现工业化。这种进步主义历史观视生产力提高为历史动力，因此，其前提是生产力至上主义。生产力至上主义为欧洲中

心主义提供合法性。如果放弃生产力至上主义，即无从证明高生产力是未来社会发展阶段的前提，破坏性技术对人类社会无意义。马克思在放弃生产力至上原则时，则需要对"硬币的另一面"进行重新考虑——欧洲中心主义。对晚年马克思而言，想放弃生产力至上主义和欧洲中心主义，不得不与进步主义历史观诀别，也需要对历史唯物主义进行全盘修改，重新发现可持续性和社会平等实现的可能性。在环境危机刻不容缓的当下，"去增长共产主义"这一唯一可行的选项终于浮出水面。马克思以英国资本主义发展为根据，对各国家与民族进入现代社会的阶段进行判断。从唯物史的层面出发，马克思对资本主义进行的批判，主要是针对近代所形成的欧洲中心主义。在历史唯物主义思想发展过程中，马克思对西欧各国家与民族发展经验进行观察。到 19 世纪 60 年代，马克思的视野已经从西欧拓展到世界历史的范围，且更加对东方国家与民族进行关注，马克思可以被当作欧洲中心主义的颠覆者与批判者。

（二）走向实现可持续经济发展的"生态社会主义"

马克思在《资本论》出版后，停止了对生产力提升的"持续性"赞美，通过阅读大量的学术文献，寻求社会主义可持续经济发展的真正道路。斋藤幸平认为，马克思的信念十分坚定，在资本主义制度下，可持续增长成为并不可能真正实现的一种"伟大梦想"，只会加剧对自然资源的疯狂掠夺。从另一个角度来讲，在资本主义的运行过程中，持续提升生产力，并不会为实现社会主义开拓现实道路，此时此刻，马克思的思想已经发生较为明显的变化。马克思认为，并不应该在资本主义制度下追求生产力的持续性提升，应当首先转向另一种经济运行制度，通过社会主义制度寻求经济的可持续性增长，这就是马克思在出版《资本论》后所持有的"生态社会主义"发展愿景。

马克思不仅在后期的研究中成功提出该发展愿景，而且做出了相应的超越。在愿景上，传统社会主义同马克思生态社会主义存在一定的偏差，从根本上来讲，马克思生态社会主义可当作一种乌托邦形式的社会主义。其坚持以马克思主义基本原理为指导方式，对全球生态危机进行探索，并寻找有效出路，能够使人们更加认识到生态危机的危害性，并更加坚信社会主义信仰，意义空前。生态社会主义理论成为 20 世纪后期生态运动蓬勃发展过程中产生的全新思潮，主张结合生态学、社会主义理论，运用马克思主义理论阐释环境问题和生态问题，寻求能够消除人类环境危机、实现社会主义思想的真正出路。

小　结

马克思在《资本论》中明确阐释：人类与自然界的关系十分重要，人类想要进行可持续、长久的发展，便需要承认自身对自然生态的依赖，并正确处理人与自然的关系，实现人类社会与自然的协调统一、和谐相处。马克思认为，人类是自然界的"产物"，本身属于自然界的组成。人类与自然生态间的相互依存，导致人类发展不能缺少自然界的支撑，与自然界良好的关系是人类生存与发展的重要基础条件。这一过程中，人类的发展会对自然界造成一定程度的影响，随着人类社会生产水平、技术能力的发展，人类将会导致自然界被赋予活动标签，而人类活动的持续性和理性将影响自然界存在的方式。人类对自然界的依赖，导致人类生产发展时，会对自然界坚固性造成影响，如果人类活动超过自然界所能承受的坚固性范围，则会产生严重的危害。马克思认为，劳动已经成为人和自然联系的纽带，人只有占有自然才能从事生产活动，人只有通过劳动才能完成对自然界的改造。劳动成为一个交换过程，资本主义环境下，资本家会对剩余空间进行持续追逐，但是自然资源有限，这会产生巨大的矛盾，资本家逐利过程将会对自然生态环境产生极大破坏。通过马克思对自然劳动过程以及自然对人类社会发展的相关分析论述，可进一步发现其中蕴含着可持续发展的理论萌芽。

根据马克思在《资本论》中的研究，马克思通过对资本私有制下生产关系的分析，进一步阐述了资本主义中的不合理性和罪恶性，提出一系列的生态思想。斋藤幸平认为，马克思在写作《资本论》的过程中，经历了重大的理论转变。马克思通过分析资本主义生产与自然界之间的影响作用，有效阐述了其生态思想。事实上，马克思的《资本论》为国际社会主义运动奠定了最坚实的科学理论基础。在《资本论》中，马克思运用政治经济学理论，分析和介绍资本主义经济的"异化"，即"细胞形式"的商品、交换价值、使用价值的意义，初步辩证后指出交换价值的不确定性。《资本论》中认为，当社会私有制发展到一定程度后，其最终将演变成资本主义，在这种社会生产环境下，其对人与人之间的关系产生影响，变化成资本与资本、人与生态自然间的关系，资本通过占有更多的自然资源对自然进行大幅度的改造。在这里，马克思通过《剩余价值理论》的"商品拜物教"指出资本主义追求交换价值是一种异化。马克思认为资本生产关系中，资本家不断通过生产活动获取更多利益，导致生产技术发生异化，并不断强调自然资源的利用与生产。资本家通过发展石油等工业，造成了空气污染，恶化了人与自然的关系，导致了生态危机的出现。马克思对商品的价格和效用、交换价值和使用价值这两对概念详细说明，对资本主义进行批判。

　　这是马克思经济学特有的关键理论。这一理论出发便是剩余价值生产和资本的集中，最终，导致无产阶级革命不可避免，大体满足工人运动理论需求。剩余价值在各个剥削集团间的分配，以及分配时的竞争如何在生产中变动，对无产阶级而言并不产生直接利害关系。马克思用理论阐明这是一切社会的必然性特征，是社会发展的最一般规律。在这里，马克思从"有限生产"角度否定了资本主义经济观。

第五章

斋藤幸平对马克思去增长共产主义的解读

第一节　平等与可持续

一、私人财富与共有财富的区别

在马克思的视角看来，依托资本主义社会劳动异化的形式，个人私有财产并不是既定的事实，这便需要对劳动异化产生因素进行分析，并分析资本主义生产的历史特征。资本主义异化形式存在不同的形态，体现在以下两方面：（1）资本主义对土地财产进行商品化，人类之间支配关系瓦解，个别皆平等；（2）封建社会发展中，生产者与土地的统一性被否定，生产者与土地之间的联系被切断，这便需要生产者将自己出售。生产者自身与生产条件出现分割，导致工人劳动难以实现人类主体的价值，进一步确立了资本与其雇佣关系，人与生态自然的关系出现转变。

二、共有财富与私人财富的再平衡

共有财富最大的问题在于如何管理。如果滥用共有财富，随意做出错误决定，那么将直接损害共有财富。管理共有财富的行为得不到合理有效的监督，将造成管理不作为，共有财富无法释放真正的价值，无法造福民众，造成共有财富的浪费。私人财富在管理上具有一种天然的优势：财富的私人形式能够促使人作为财富的管理者，私人财富的管理将会在人的自主管理下呈现出高度的自律性，人在进行决策时将会十分审慎，并不会通过损害自身利益和害怕承担责任产生不作为的管理行为，而是在寻求资本利益最大化过程中成为规避资本浪费的一环。私人财富的问题相对明显，那就是将直接造成较为明显的贫富差距，一旦社会财富被少数人所垄断后，大部分人只能通过为资本打工的形式获得生存必需的生活资料，在财富分配上长期处于劣势。一旦私人财富通过资本化膨胀成为具有垄断性质的寡头资本，资本将按照资本利益最大化本性，将全球经济带入经济危机和十分动荡的资本轮回之中。因此，斋藤幸平指出，共有财富与私人财富需要保持适度的平衡性，如果将私人资本运行的部分收益纳入共有财富中，一方面不仅会直接损害私人资本管理者的管理积极性，另一方面会严重干扰私人财富在资本运行过程中创造的产能价值。因此，最为普遍的做法在于，对较大的私人财富进行重税征收，对中小型私人财富减免税收，而针对共有财富将通过财富分配的水库作用，产生"旱时防水、涝时聚水"的效果，促使共有财富运行机制逐渐简单和透明。诚然，财富分配不仅具备存水和防水的作用，一旦财富的管理者不再参与到共有财富的使用中，单纯针对放水和存水进行管理，即能够规避资本无序扩张过程中产生的贫富差距，减少公共财富无法有效利用和滥用的问题。

三、"使用价值"的经济替代传统的"交换价值"的经济

针对如何走向共产主义"去增长"和夺回被私人财富所占有的公共财富这一问题，斋藤幸平在研究过程中认为，关键是需要运用"使用价值"的经济替代传统的"交换价值"的经济。资本主义的最终目标是通过资本积累促进经济增长，因此，需要侧重性强调商品的"交换价值"。追求商品的"交换价值"最为直接的结果在于，商品只要能够成功被销售出去，销售的商品具体是什么并不重要。在共产主义将"使用价值"而非"交换价值"的增加作为商品生产的主要目标时，需要将重点放置于满足人的基本需求这一关键点，而并不是将增加 GDP 作为商品生产的主要目标。2020 年，著名经济人类学家杰森·希克尔（Jason Hickel）在《少就是多——去增长如何拯救世界》一书中从技术层面提出四方面的去增长思路，包括减少计划性报废、减少广告、减少食品浪费和反生态生产。斋藤幸平在体制层面观察并强调，人需要在生产资料方面进行自主的横向共同管理，斋藤幸平认为杰森·希克尔提出的实现去增长共产主义的基本原则，能够作为经济使用价值转向和摆脱大规模生产与消费的资本主义生活模式的原则。在减少劳动时间上，斋藤幸平认为，想要提高工人阶级的生活质量，需要通过废除统一劳动的分工，恢复工人阶级劳动的创造性，继而在推进

生产过程民主化的过程中，减缓经济发展，逐渐实现使用价值的经济转向，更加关注劳动密集型工作结果。

四、"甜甜圈"经济学等去增长理论与解决经济增长与环境阈值的冲突

"甜甜圈"经济学是英国经济学家，牛津大学环境变化研究中心高级研究员和顾问凯特·雷沃斯（Kate Raworth）在 2012 年基于行星边界理论发展出的一种可持续发展评价框架。"甜甜圈"经济学包含生物物理系统与社会经济系统两部分指标，具备较为显著的直观性，"甜甜圈"经济学图由内环所涉及的社会基础与外环所涉及的生态天花板构成，对发展进行重新定义，通过引入系统性思维，提供形象的比喻。

"甜甜圈"经济学图内环中的社会基础涉及食物、水、能源、网络、住房、工作收入、教育、医疗、性别平等、社会平等以及政治话语权等。"甜甜圈"经济学图外环中的生态天花板涉及气候变化、生物多样性丧失、海洋酸化、生物地球化学、化学污染、淡水臭氧消耗、土地使用与开发、大气气溶胶和臭氧消耗等。两者间是经济可持续发展的实际运行空间，假如经济发展超出环境临界点，将面临巨大的风险。也可以认为，"甜甜圈"通过运用系统性环保思维进路，修正传统经济学所坚持的可持续增长永无停歇的发展假设，提醒人类对地球系统需要保持敬畏与尊重，这是凯特·雷沃斯对"人类世"的反思。在传统经济学之外，"甜甜圈"积极引入多维度视角考量地球系统的未来发展，为理论研究注入系统化思维，试图在分析气候变暖动因的基础上，提出行之有效的气候变暖应对措施。

斋藤幸平在研究凯特·雷沃斯的"甜甜圈"经济学过程中，一方面，认为GDP 概念存在一定程度上的漏洞：一味执着地追逐 GDP 增长，将造成地球系统的自然资源被消耗殆尽；GDP 的持续向上攀爬，将造成人类生活呈现出极端的两极分化状况，富裕国家生活的优越性将建立在洞穿外环生态天花板的基础上。另一方面，斋藤幸平认为"甜甜圈"是一种理想化的经济增长控制理论，向主流经济学提出尖锐挑战，存在"离经叛道"之处。斋藤幸平试图通过内环与外环叠加形成的绿色"甜甜圈"，理解变量间存在的相互关系，通过对系统动态化变化的理解，分析"平衡"的关键性，对系统平衡破裂后的修复，提出滞后性疑问："甜甜圈"是否能够在保证经济增长过程中，有效满足人类的基本生活和生产需求，但并不至于冲破生态天花板，对地球系统造成破坏性打击，仍然需

要在应对气候变暖过程中进行——验证。斋藤幸平认为，"甜甜圈"经济学等去增长理论与解决经济增长与环境阈值的冲突较为明显，"甜甜圈"经济学框架下的生物物理系统与社会经济系统结合行为心理学的实验成果，提出"适应社会的人"假说，促使经济成为自我封闭循环生态系统的开放子系统。20世纪新自由主义经济学构建了无限增长的体系，"甜甜圈"经济学等去增长理论成为修补策略。人类不可能在资本主义的框架里解决环境问题，经济在不断演化过程中成为复杂的系统，经济主体通过迅速扩大产生巨大差异，经济发展策略与解决经济增长、环境阈值间的冲突较为明显，促使经济主体逐渐走向社会两极。经济增长本身无法减少不平等，要主动设计公平分配的经济模式，因此，未来经济在设计过程中，需要基于公平分配促使人充分参与经济循环进程，在地球自然系统能够承受的界限之内完成蓬勃的发展。

第二节 "公地"概念

一、社会科学和经济学对"公地"概念的描述

土地在人类社会中扮演着重要的角色，它既是一个大实验场，提供劳动资料和劳动材料，也是共同体居住的基础。最初，土地仅作为人类劳动的一般对象存在，为人类提供现成的生活资料，无需人类的协助。随着部落共同体的定居，人们开始将土地视为共同占有的财产，并越来越依赖土地提供的生活资料。这使得土地从一般的劳动对象转变为参与农业生产的劳动资料。由于土地具有固定性、有限性、耐久性、差异性和稀缺性等显著特征，它成为最重要的生产要素，与其他生产资料产生明显差别。即使在生产资料私有制的国家，社会也会通过对一部分土地实行公有制来促使公众对其进行占有和支配。在发达的资本主义国家中，公有土地占有一定比例，其中大部分国家公有土地的比例相当高。这反映了对土地的公共管理和对资源的合理分配的追求。例如，美国公有土地通过各种手段发展成现在的规模，形成过程比较复杂，持续时间相对较长。简单地说，公有土地历史是美国西部开发史。伴随美国西部开发边界的向西移动，美国公有土地不断增长，这一阶段的公有土地主要由各州间存在争议的土地构成。作为解决公有土地问题的方式，上述存在争议的土地被割让给联邦，

构成美国最早的公有土地。联邦通过不断购买获得土地，将土地转变为公有土地，联邦获得土地所有权。

二、"公地"瓦解对资本主义起飞的"推动"

由于采取所谓的私有财产限制和公共财产扩大政策，"公地"成为加速全球第三世界共同资源最终封闭的初始点，滥用土地会被警告停止。在前资本主义社会，公地经由共同体成员进行共同管理，成为劳动和生活的主阵地。伴随战争的发生和商品市场的持续发展，共同体被逐步分解，但是，仍然存在共同使用的土地，主要指的是并未开垦的土地和已经开放的耕地等。在英国，存在大量并未开垦的"公地"，"公地"成为采摘果实、收取柴火、捕鱼、打鸟和获取生活必需品的关键场景，一部分农民利用森林中的橡子在"公地"上饲养家畜。"公地"的存在与资本主义并不相容，假如农民能够自我解决生活必需品，并不需要购买市场商品，那么商品将完全处于滞销状态。因此，资本主义通过圈地运动彻底瓦解"公地"，产生对资本主义生产起飞"推动"，将"公地"转化为具有排他性的私有土地。圈地运动产生的结果较为悲惨，农民从公有土地上被驱逐，失去生产资料和生活条件后被迫辗转到城市，成为受资本主义雇佣的廉价劳动力。过于低廉的雇佣工资根本无法满足孩子教育、家庭生活的保障性条件。农民在从事劳动过程中买不起较为昂贵的肉类和蔬菜，生活质量严重下滑。从相反的角度观察，资本主义社会成为能够在市场上自由交易的社会形态，在圈地运动过程中被驱逐的农民不得不通过出卖劳动力获取生存必需的货币，继而在市场上使用货币购买生产和生活资料，促使商品经济在短期内得到较为迅速的发展，资本主义因此获得较为丰厚的起飞条件。

三、马克思去增长共产主义对"公地"的解决方案

（一）集体所有制

集体所有制是相对于私有制的新所有制形式，是社会主义劳动群众集体所有制简称，是社会主义社会中群众集体占有生产资料的一种公有制。一般而言，保持共同运行和公共利益的集体所有制，能够在实现共同和个人利益过程中，运行以集体所有制为基础的社会制度。这种制度比以私有制为基础的社会制度优越，能够提出解决"公地"问题的方法，以此保持最佳效率，因为集体的克制既有利于集体利益，也有利于个人利益。土地所有者的变化需要同生产力发

展相适应，否则将会被社会淘汰。针对土地的可持续管理，需要通过具有新合理性的自觉经营形式，将"公地"作为地球系统的"共有财富"，不间断地运行合理的经济制度，这也正是马克思所追求的，这种要求恰好暴露了资本主义生产制度存在的不合理性，带来资本主义合法性危机。资本主义获得最大限度发展后，圈地运动彻底瓦解公有制，将公地转化为具有排他性的私有地。被剥夺生产资料的农民从自己的土地上被驱逐，曾经的采摘活动被冠以非法侵入、盗窃等罪名，因为失去集体形式上的共同管理，土地逐渐衰退，农牧业大幅度衰退，农民难以获得新鲜的蔬菜和肉类。新社会搭建的基础便是"集体所有制"，国际社会同盟革命以集体所有制作为革命起点，联合自由劳动，进行共产主义社会的建设。

（二）土地集体所有制

马克思对重农学派以地产为社会唯一财富的问题进行批判，在此过程中，马克思关注土地问题，并对其后来在政治经济学中对私有财产等问题进行分析探讨。受到古典政治与社会主义、资本主义农业发展以及社会阶级矛盾越发突出等现实影响，马克思与恩格斯对自身基本思想进行了确认，即对小土地私有制进行消灭，实现土地公有制。故而，在土地问题上，马克思主义关注土地的所有制，对农业生产与土地进行分析讨论，主张土地集中化的同时，还提议土地公有制代替私有制，通过合作社的方式进行组织经营。

根据马克思主义的分析，资本主义作为人类发展的必要阶段，土地私有无法满足资本主义与其农业生产的需求，故而需要进行大规模的土地集中。马克思通过分析，认为小土地私有制排斥机器与技术，只有在规模化的农业生产中才能够应用快速更新的知识与技术。故而，马克思对国民土地所有制进行了批判，其认为这种制度是对社会农业生产力提升的限制，将会导致国有化土地难以形成。资本主义发展中，小土地越发集中，以此满足机械化的农业发展需求，进行细致的社会分工。马克思认为资产阶级掌权时，以集中化、规模化的土地取代小农土地，并没有打破土地私有制的框架，资本家垄断土地是社会必然发展阶段；当无产阶级掌权后，则需要将土地私有制改为公有制，进行农业合作化生产。马克思认为土地是国家、整个社会的财产，国有化土地具有社会必然性。

马克思认为，土地国产化将改变资本与劳动的关系，取代资本主义生产方式，成为平等且自由的基础。在思考土地问题时，马克思的见解主要体现在《资本论》和《论土地国有化》等著作中。在《资本论》中，他对土地私有制作出了尖锐批评，将其视为一种"荒谬的东西"。在深入探讨土地投入与回报的问题后，马克思也对土地私有权垄断的危害提出了深刻见解。在《论土地国有化》开篇，他明确指出地产是一切财富的原始源泉，对工人阶级未来产生深远影响，因此解决这一问题对整个社会至关重要。在《论土地国有化》中，马克思明确提出了对现实社会进行土地国有化的设想。他主张将私人生产者的土地转变为合作社国有，使小农能够更好地融入农业合作模式，并逐渐推动这些合作社向更高级的形式发展。马克思的解决方案是土地国有化，他强调了这一措施的必然性和必要性，认为通过这样的途径可以更好地实现农业生产的社会化，并最终促进合作社向更高层次发展。

（三）实现农村土地集体所有制的途径

土地是在实际生产和社会发展中最重要的生产资料。人类社会活动离不开土地的存在，因此在进行经济活动之前，必须对土地进行占有和使用。土地所有制是所有制的重要内容，也是土地制度的核心组成部分。在人类社会的发展历程中，土地所有制经历了土地公有制、奴隶制、封建社会制度、资本主义制度和社会主义制度等不同的形态，所有制关系也随着历史的变迁而发生了变化。在土地所有制变迁的过程中，生产力的发展必须与制度相适应，否则将被其他制度所淘汰。生产资料是社会生产关系的重要核心，也是社会经济发展的基础元素，土地所有制作为生产资料的重要组成部分，对社会的发展具有重要影响。阶级革命的重要目标就是对社会所有制进行变革，因为资本主义私有制不适应社会快速发展的需求，这也注定了资本主义社会的不可持续。总之，土地在人类社会的实际生产和社会发展中具有至关重要的地位。土地所有制作为社会制度的核心组成部分，随着历史的演进不断发生变化。土地所有制的变迁必须与生产力的发展相适应，同时，社会的发展也需要通过对所有制关系的改革来实现。资本主义社会的私有制已经不能满足社会快速发展的需求，因此，寻求替代的社会所有制形式成为当今社会的重要课题。

资本主义私有制终将被共产主义公有制代替，无产阶级掌握国家政权后，除在城市实行土地国有化外，在农村也应当实行土地公有。农村土地公有的重要形式是土地集体所有制，实现途径主要是建立合作社。无产阶级掌握国家政权后，对以自身消费为基础的小土地私有制，不可直接强制废除，需要通过经济方式，使土地持有者自愿放弃，实现土地私有制向集体所有制转变，可以合作社这种过渡方式开展。马克思思想中所指的所有制是对私有制而言的所有制，即公有制，与国家所有制中劳动群众集体所有制不同。

合作制是实现农村土地集体所有制的基本途径。"土地是基本生产资料,它不是个人可以自由买卖的私人所有物,而是由整个社会来管理的。"① 马克思认为,合作制是由劳动者联合形成的一种组织形式,它基于资本主义生产方式,但同时也是否定资本主义所有制的一种形式。合作制的本质在于劳动者自己拥有生产资料,并试图消除资本与劳动之间的生产关系。"但这种公有地的存在与资本主义是不相容的。"② 马克思认为,合作制可以按照既定计划进行生产,具有一定的优势,可以克服资本主义经济中的危机。通过合作制,人们可以实现对资本主义制度的排除,从而构建共产主义社会。根据马克思的观点和分析,合作制是劳动者集体协作的一种形式,让劳动者共同占有劳动成果。它是实现共产主义的重要途径之一。马克思和恩格斯在集体所有制的概念中提出了合作制的理念,并将其看作集体所有制的内涵和未来实现的方向。综上所述,马克思认为合作制是一种劳动者联合组织的形式,可以消除资本主义生产关系,实现共产主义的目标。合作制同样是马克思和恩格斯在集体所有制概念中所倡导的,它具有重要的内涵和未来发展的方向。

国有土地租赁给农业工人合作社是一种社会主义经济组织形式。当无产阶级掌握政权后,农村土地可能进行国有化改革,使土地成为国家所有。在国家引导下,农业工人合作社的经营将成为共产主义社会发展的一个阶段。这一过程中,国家拥有相关生产资料,合作社的利益不会凌驾于全社会的利益之上,农民的私有土地可能被上交给国家。在一些资本主义国家,如美国和加拿大,农场通常在私有制的基础上建立和经营,产权清晰。而在农村土地私有化的过程中,土地更容易受到私人资本的控制,定价和交易都将依赖于资本。这可能导致农村作为弱势群体难以从中获益。在一些国家,如俄罗斯和印度,土地私有化和买卖问题一直困扰着农业发展,底层农民仍然面临贫困问题。因此,在农村土地私有化的过程中,需要吸取历史教训,防止贫富两极化和社会动荡。合作化的过程需要争取农民的支持与理解,为他们预留足够的时间。同时,进行宣传工作,促使农民认识到在集体所有制下组建合作社是一种有效的方式。高级合作社可以实现更高程度的集体所有制。马克思在《给维·伊·查苏利奇的复信》中指出,俄国能够不进行资本主义制度,农村公社吸收资本主义后直接进入社会主义,之所以有这样的结论,是因为俄国农村公社的性质。马克思

① 斋藤幸平. 人类世的"资本论"[M]. 上海:上海译文出版社,2023:165.
② 斋藤幸平. 人类世的"资本论"[M]. 上海:上海译文出版社,2023:165.

认为俄国公社有利于小土地耕种直接过渡为集体耕种，其发展具有私有制与更高级的集体所有制两个方向。公有制最高形式便是社会主义所有制，共产主义所有制代替资本主义所有制是社会与历史发展的必然方向。

（四）一种新的合理性视角下的土地可持续管理

土地资源具有有限性和稀缺性，全球能够进行生产的土地面积约为 47.5 亿公顷，耕地面积达到 15 亿公顷以上，仅占全球土地的 13% 左右，退化的耕地占全部退化土地的 29%。在农业发展中，人类对土地与水资源利用有待提升。相关研究显示，全球农业生产增速逐渐放缓，生产动力降低，同时对自然生态环境造成的破坏逐渐加快。当下，全球稳定的灌溉土地仅为 38%，在中东、非洲与西亚地区已经有超过 60% 的灌溉土地存在严重退化问题，盐渍土壤面积超过 8 亿公顷。全球土壤盐碱化导致每年超过 150 万公顷的耕地无法生产，多种因素影响下，自然资源过度开发，气候变化剧烈，农作方式难以持续，全球土地资源面临前所未有的压力。对土地资源的可持续利用、可持续管理事关全人类福祉，国际社会需要对这一公共政策领域给予高度重视。因此，对土地资源进行合理治理，保障食品安全，对经济与社会发展具有重要现实意义。2021 年，欧盟委员会发布《欧盟行动计划：实现空气、水和土壤零污染》，致力于到 2050 年，将空气、水和土壤污染降低到对人类健康和自然生态系统不再有害的水平。该行动计划是欧盟的长期发展战略《欧洲绿色协议》的关键性成果，围绕 2050 年的零污染愿景，行动计划设定到 2030 年要实现的关键目标，并提出一系列措施。同年，欧盟委员会通过全新的农业共同发展方案，方案中包括各国土壤治理、有机农场与林业发展、投资合理增加、对土地健康进行保护与发展。另外，欧盟委员会在立法层面还没有设定针对土地征用和土壤碳封存的政策目标，2021 年公布的《2030 年土壤战略》中提到，尽量在 2023 年之前出台《土壤健康法》，至 2050 年，实现土壤健康目标，在法律层次上强化对土壤的保护与利用，实现土壤可持续发展，确保公平的竞争环境及高水平的环境与健康保护。比利时作为欧洲较早对土壤进行污染治理的资本主义国家，其北部法兰德斯政府在 1995 年与 2006 年分别制定了《土壤治理法》与《土壤修复与保护法》。占比利时国土面积 44.8% 的法兰德斯，人口约占国家总人口约 60%。法兰德斯将区域内土地分为风险、无风险、公寓等类型土地，并制定相关类型的土地证书，当土地被定性为风险土地时，政府将会对这一区域土地进行检测、修复与治理，并对污染主体责任方进行确定。

第三节 "人类世"的马克思主义

一、"人类世"时间起点定位及其资本主义批判意义

"人类世"这个概念具有三个基本意义。第一，人类的干预能力已经从数量上的累积转变为质的变化，人类已经具备足够的能力对整个地球生态系统产生地质层面的影响。人类作为一种具有强烈影响力的"地质力量"，这一观点已经得到了许多学者的实证支持。第二，当前人类所面临的地质时代并不是一个"有序"的环境，人类和整个地球生态系统都面临着日益严峻的生态风险。这种风险已经远远超过了简单的"土壤污染""环境破坏""资源开采""疾病流行"等浅层次的术语，而更趋向于"物种灭绝""系统性危机""生态系统崩溃"甚至"地球毁灭"等更深层次的术语。第三，作为一种拥有一定资源基础且具备拯救生态系统能力的智慧物种，人类面临着紧迫且根本性的发展模式选择。究竟选择哪种政治经济文化资源配置模式来应对系统性的生存环境挑战，成为全人类共同面临的严峻问题。面对这些挑战，全人类都需要共同努力来推动可持续发展和生态保护。

当代意义上的"人类世"概念最早由生物学家尤金·斯托默在20世纪80年代后期提出，但真正进入公众视野要追溯到21世纪初。这一概念的来源可以追溯到诺贝尔化学奖获得者保罗·约瑟夫·克鲁岑与斯托默在《全球变化通讯》杂志上合作发表的《人类世》一文。从地质学的角度判断，他们认为地球已经进入一个被称为"人类世"的新纪元。他们指出，人类作为一种地质力量对地球生态系统产生了不可逆转的影响，人类的活动痕迹已经遍布整个地球表面。除非发生诸如火山喷发、行星碰撞等重大灾难，人类将作为一个重要的地质力量存在数千年甚至数百万年。2002年，保罗·约瑟夫·克鲁岑在《自然》杂志上发表了《人类地质学》一文，并明确呼吁使用"人类世"作为新地质学概念中的时代区分，将这个时代命名为"人类世"。确定"人类世"的起点是一项充满争议且极其困难的工作。国际非政府组织国际地层委员会（ICS）设立了国际人类世工作组（AWG）来提出建议。他们提议将加拿大的克劳福德湖作为"人类世"地质年代的标志性地点。这一提议将提交给国际地质科学联合会

（IUGS）的各级机构进行投票表决，并将于 2024 年 8 月在韩国釜山举行的第 37 届国际地质学大会上公布结果。如果这一提议获得通过，将意味着地球正式进入"人类世"的新纪元。这一概念的引入具有重要的科学和社会意义。它提醒我们，人类的活动已经对地球产生了深远的影响，并使我们认识到我们所面临的生态挑战是全球性和长期性的。同时，它鼓励我们采取积极的措施来保护和恢复地球的生态系统，为未来的可持续发展创造条件。确立"人类世"概念将使我们更加清楚地认识到人类活动的地质意义，进而促进全球范围内的环保行动和为可持续发展努力。

"人类世"是人类活动改变地球系统边界条件的关键时段，其地质生物记录已明显不同于全新世时期。这一时代的特征在于人类通过规模农业栽培、自然资源攫取、污染物排放、军事与技术试验等实践活动，显著改变了自然环境，留下了深刻的地质结构痕迹。德国地质学家扬·扎拉谢维奇（Jan Zalasiewicz）等人自 2008 年起从人类改造地球环境的地层证据出发，开始探讨人类世是否能成为全新世之后新地层单元的可能性。他们致力于从地层学的角度研究人类世，并争取使其成为一个正式的地层单元。人类世概念目前已被地球科学、人类学、考古学、生态学和环境科学等多个学科的研究人员广泛使用，并得到了大众的接受。人类世的确立将推动人类世科学的发展。这一进展将吸引更多科学家投入相关研究，通过构建自然营力与人类营力对地球系统扰动幅度和速率相对变化的历史，深入揭示人类活动对气候环境变化的影响。在斋藤幸平看来，"人类世"下的人类更加需要马克思的思想的指引，他认为"马克思真正的目的，是以价值论为基轴，分析资本让自然和性别等领域的物质因素彻底改变，并最终影响可持续生产的物质条件本身的过程。换言之，马克思不仅着眼于产生价值的劳动，而且着眼于价值和使用价值的矛盾，提出了被排除在价值生产之外的事物如何被利用来服务价值生产的这一分析结构"①。因此他不断致力于展示一个新的"人类世"的马克思形象。②

二、"人类世"的人类中心主义生态价值观如何"版本更新"

基于马克思主义理论对人类中心主义或人本主义的生态价值观进行阐释时，

---

① 斋藤幸平，陈世华，卓宜勋. 人类世的马克思主义［J］. 南京工业大学学报（社会科学版），2019，18（3）：9-19，111.

② 斋藤幸平. 人类世的"资本论"［M］. 上海：上海译文出版社，2023：94.

主要建构在具有更高超越性与时代性的人类中心主义基础上。关于如何看待人类的能力与地位，并最终完成由中心、利益享受者向主体、保护实践者的生态价值观的"版本更新"，是一个需要深思的问题。在这方面，斋藤幸平指出，一些对"人类世"问题进行理论阐发的学者，受到西方马克思主义传统自然辩证法批判的影响，陷入了放弃唯物主义辩证法和批判现实主义而转向人类中心主义一元论的理论误区。这主要表现在他们拒绝承认人与自然之间的辩证联系与整体关系，从而无法建立起马克思社会主义构想与解决"人类世"危机的内在理论关联。

斋藤幸平认为，自然辩证法是自然观和自然科学观的反映，是马克思主义哲学和恩格斯思想的世界观、认识论、方法论的统一，构成了马克思主义哲学的关键部分。因此，他主张在批判资本主义生产制度和生产关系的过程中，要坚决与 C. 沃尔夫提出的社会一元论或人类中心主义一元论划清界限，走向更高层次的自然辩证法，站在社会主义生态学的人类中心主义立场。斋藤幸平通过政治经济学研究指出，在马克思的语境中，并不需要将人类与自然的二元论还原成一元论。相反，应该从社会的多重关系中解释为什么这样的二元论在现实中具有力量。在这个过程中，不应消解人类的能动主体地位及其社会历史属性，而是要确立一种人类中心主义的生态价值观基础，这与进行人类世的生态系统保护工作并不矛盾。在讨论人类世的马克思主义时，真正符合马克思原初设想的生态价值方案应当是人类世辩证法，即在充分保障人类能动主体地位的同时，将"人类世"视作"人类必须以革命的方式进行斗争的时代"，不仅是为促进人类自由，而且也是为避免由于所谓资本主义对世界和整个生活的致命威胁而造成的破坏。这将把关于人与自然哪个更重要的抽象争论引向更具现实性意义的实践境遇。

三、"人类世"的生态社会主义构想

（一）"去增长"共产主义的新武器

斋藤幸平在《人类世的"资本论"》的后五章中，提出马克思的共产主义去增长思想。作为"去增长共产主义"的新武器，马克思在演进生态社会主义过程中通过三个阶段构想未来社会。斋藤幸平以马克思三个阶段的思维演进链路为基点，延伸性分析资本主义生活方式中存在的掠夺性问题，对去增长理论的根本依靠予以明确，直言共产主义是去增长理论的最终归宿。也可以认为，斋藤幸平以马克思的共产主义去增长思想作为研究线索，谋篇布局共产主义去增长的理论构想，成为人类世的"资本论"。

第一阶段，1840—1850 年，马克思在《共产党宣言》和《印度评论》中表现出生产力至上主义，强调经济增长。第二次世界大战后，以美国等欧美发达国家为代表，西方经济历经长达 20 多年的经济快速发展和高度繁荣阶段。在这一时期，由于严重环境污染，众多人群出现非正常死亡、残废、患病的情况；八次轰动世界的环境污染和公害破坏事件，催生了世界性的生态环境运动；现代工业的兴起与发展，污染物的超量排放，直接造成严重后果。在当时的资本主义社会经济环境中，第一代生态马克思主义者普遍认识到传统的马克思主义经济危机理论已经无法解释经济繁荣和环境灾害并存的社会经济现象。因此，他们提出了生态马克思主义理论，试图用生态危机理论来取代经济危机理论。生态学马克思主义倡导在解决生态危机和重新审视人与自然关系的问题时，始终坚持从"人类尺度"出发，并主张不轻易放弃人类中心主义这一重要立场。生态马克思主义理论的创立可以追溯到法兰克福学派学者和加拿大生态学马克思主义代表威廉·莱斯（William Rees）的两部重要著作《自然地控制》（1972）和《满足的限度》（1976）的正式出版。这些著作的出版标志着生态马克思主义理论的确立。生态马克思主义理论意味着在经济问题和生态问题之间建立起密切的联系，强调环境和社会发展之间的相互作用。它提供了一种深入思考和解决现代社会所面临的生态危机的框架和方法。生态马克思主义理论的出现强调了人与自然的相互依存关系，呼吁人类以人类尺度为出发点来思考和解决环境问题。生态马克思主义的创立对于我们重新审视经济和环境的关系具有深远的意义。与传统的马克思主义经济危机理论相比，生态马克思主义更加综合和全面地考虑了生态系统和社会的可持续发展。它敦促政府、企业和个人采取积极的行动来推动环境保护和可持续发展，以建立一个与自然和谐相处的社会。在当前全球面临的环境挑战下，生态马克思主义的理念和原则的重要性越发凸显。威廉·莱斯在《自然地控制》（1972）一书中指出，着眼于人与自然关系中的控制与服从辩证法，提出现代科学对自然的控制力持续增加，并未转移或削弱对人的控制，反而增大对人的控制这一论断，深刻诠释"控制自然"这一观点的历史根源，认为自然的控制是生态危机产生的根源所在。从人类社会发展现状来看，威廉·莱斯这一诠释透彻地揭示了生态危机产生的深层意识形态根源，全面深化对控制自然的意识形态的认知，验证了马克思生态自然观的当代文明价值，已经逐渐被接受。被视为生态马克思主义的左翼代表人物的威廉·莱斯在《满足的限度》（1976）一书中展现了生态危机产生的直接原因，即高强度市场架构，并将之视为现代社会经济发展的本质特征。威廉·莱斯指出，高强度市场架构最为根本的特征在于生产出更多商品，商品生产取代个体需要满足，成为根本目的。高强度市场架构呈现出某种假象，即过多商品是合乎个体需要的，消费者并不会对商品是否真正需要产生怀疑。威廉·莱斯在《自然地控制》和《满足的限度》之后提出的生态危机解决方案，通常被认为极具乌托邦色彩的最为根本的问题，体现在人类的欲望是否会在有一天真的得到节制。霍华德·L. 帕森斯（Howard L. Parsons）是北美生态学马克思主义的代表人物，在他的著作《马克思和恩格斯论生态学》（1977）中，他对马克思的生态思想和生态方法进行了初步的探索。帕森斯认为，马克思的生态思想和生态方法的核心观点在于，自然作为人类生活条件，在本体论意义上具有先在性，而人类通过技术化劳动实现了与自然之间的物质变换。人与自然的关系是通过自然人化和人自然化，不断发展到更高阶段的统一辩证运动过程。在超越资本主义生产关系之后的共产主义社会中，人与人和解、人与自然和解将得到真正的实现。

为了论证马克思主义与马克思的生态思想和生态方法的一致性，帕森斯以十章的内容，涵盖了"人与自然间的相互依存""人基于劳动的与自然互构""前资本主义的人与自然关系""资本主义对自然的污染与毁灭""共产主义条件下人与自然关系的转变"等主题。他编录了马克思在经典著作中关于生态环境议题的论述，包括《1844年经济学哲学手稿》《德意志意识形态》《资本论》《政治经济学批判大纲》《自然辩证法》等。这些论述显示了马克思主义唯物主义自然观、对资本主义经济政治的批判、社会主义变革理论的生态意涵，对绿色主流思想，尤其是"深绿色"思潮对"马克思主义生态学"的批判提出了正面回应。

在第二阶段中，马克思于1860年在《资本论》第一卷中以商品分析为出发点，深入剖析了人与自然之间的物质变换过程。他揭示了人与自然异化背后隐藏的制度根源，并说明了资本主义社会造成的环境破坏和资源浪费。在20世纪70年代末至20世纪80年代中期，西方国家出现了经济"滞胀"危机，这是一种跨越经济周期长期存在的现象，导致生产停滞。这一现象促使威廉·莱斯及一些苏联学者等第二代生态马克思主义者开始构建"双重危机"理论，即资本主义国家不仅面临经济危机，同时也面临生态危机。他们认识到，资本主义经济的核心目标是追求无限的经济增长和利润，这导致了对自然资源的无限开采和环境的破坏。他们主张，在资本主义制度下，经济危机和生态危机彼此交织，互相影响。经济"滞胀"加剧了对环境的过度压榨，而环境危机也会对经济稳定和社会秩序产生重大负面影响。这一双重危机理论的构建提供了一种理解和分析资本主义社会中经济和环境的相互关系的新途径。它强调了经济发展和环境保护的紧密联系，提示必须在寻求经济增长的同时，注重保护环境资源和生态平衡。当前全球面临的严重的气候变化、环境污染和资源匮乏等问题，再次凸显了双重危机理论的重要性。只有通过综合考量经济和环境因素，才能推动社会的可持续繁荣与生态平衡的共同实现。经济危机与生态危机之间存在相互影响的关系。一方面，经济危机可能导致生态危机的发生，因为在应对经济困境时，为了实现短期经济增长，人们可能会采取对环境不负责任的方式，加剧资源开发和环境破坏。另一方面，生态危机的出现也可能延缓经济危机的爆发，因为为了解决环境问题，可能会采取一些刺激经济的措施，例如，发展清洁能源和环保产业。在《经济理性批判》中，法国左翼思想家安德烈·高兹通过生态批判的视角对资本主义的终极目标进行了深入探讨。他指出，资本主义经济理性的本质内涵是将其终极目标界定为利润最大化，将金钱视为取代一切价值的唯一尺度。这种经济理性对生态环境造成破坏，将自然资源视为可利用的工具，而不是与之和谐相处的一部分。高兹基于马克思的观点认为，解决生态危机的根本途径在于建立共产主义社会。只有在共产主义的语境下，人道主义与自然主义才能实现等价。他批判资本主义中"利润挂帅"的原则，认为这是导致生态危机的关键因素。资本主义经济理性既创造了人与自然的创造性关系，又赋予了劳动组织过大的支配权力，使劳动和劳动者失去了人性的特征。因此，高兹主张转向共产主义社会，实现人与自然的和谐统一。在经济理性的压制下，资本主义生产方式不断加剧对自然资源的掠夺。通过扩大再生产过程，资本主义国家凭借经济和技术优势，将工业生产废弃物转移到发展中国家和次发达地区，进一步加强对这些地区资源的掠夺。最终，这种行为引发了全球范围内的环境退化和生态危机。安德烈·高兹在马克思主义的批判基础上，将生态危机的根源归结于经济理性主导下的资本主义生产方式。他认为，生态环境受到破坏的根本原因在于资本主义利润动机对生产的统治。高兹对资本主义的生态批判直指要害，他的批判已经深入经济理性批判的内部，揭示了资本主义反生态的实质。瑞尼尔·格伦德曼是当代德国知名的生态马克思主义学者，他在1991年的《马克思主义与生态学》中提出了一种全新的理解方式。他认为马克思主义理论与生态学可以相互融合，试图构建一种马克思主义生态学。马克思主义理论的核心关注点在于社会生产力和生产关系的矛盾以及阶级斗争的历史进程，而没有充分考虑到环境问题。这主要是因为马克思主义理论没有足够关注工业革命后的环境问题。格伦德曼的理论突破了传统马克思主义对环境问题的空缺之处，将马克思主义与生态学结合起来，弥补了这一理论的不足。他的观点强调了环境问题与经济、社会和政治问题的紧密联系，提出了一种基于生态平衡和可持续发展的新型马克思主义视角。这一视角为理解和应对现代社会中的环境问题提供了重要的参考。通过深入分析和综合思考生态和经济的关系，可以找到一条可持续发展的道路，为建立一个平衡和谐的人与自然的共生社会做出贡献。随着环境问题日趋严重，马克思主义理论可以从两方面适应这一挑战。一方面，马克思主义需要与生态学进行融合，因为环境问题已经成为全球范围内的阶级斗争过程中不可忽视的问题。格伦德曼认为，马克思主义理论需要重新审视阶级斗争的历史进程，考虑环境问题对社会的冲击和转型。另一方面，马克思主义理论需要重新审视人与自然的关系，通过人与自然和谐相处以及保护自然资源来实现可持续发展。作为生态社会主义的代表人物，英国学者戴维·佩珀的理论正处于马克思主义和人类中心主义的交汇点上。他在 1993 年出版的《生态社会主义：从深生态学到社会正义》一书中深入吸收了马克思、莫里斯、克鲁泡特金和无政府工团主义等思想，对推动绿色政治和环境运动进行了充满挑战性的人类中心主义分析。该书通过确定构成激进生态社会主义的要素形式，提出了关于生态社会主义的"四要素"经典界定。该书分析了生态危机的成因，并讨论了面对阶级冲突和集体行动时社会变革的路径。同时，书中阐述了绿色社会主义的社会主义解决方案和前景，并对生物中心主义以及过度简化的经济增长极限和人口过多观点进行了批判。此外，书中还对后现代政治和生态学中存在的绿色方法的缺陷和矛盾进行了批判。通过融合马克思主义和人类中心主义的思想，佩珀的理论为理解生态危机和推动绿色社会主义提供了洞察力。这种理论观点呼吁在解决环境问题时要考虑社会正义和人类福祉。只有通过深入分析和批判，才能找到一条以人为中心、可持续发展的道路，为构建一个更公正、平衡和绿色的社会奠定基础。在概念界定及理论体系形成过程中，最为基础性的支撑在于对马克思主义"弱人类中心主义"哲学价值观的重释或确认。戴维·佩珀明确赞同并致力于其他意义上的理论融合。一方面，马克思主义与无政府主义在生态环境议题及应对上的建设性互动，侧重强调红绿融合的生态社会主义，理应成为主流绿色社会政治运动的战略选择。另一方面，社会主义的集体与自治传统间需要通过相互补充进行战略启迪，认为生态社会主义的未来方案，通常需要再现莫里斯关于分散化、直接经济民主、生产方式的公共所有制等乌托邦社会主义传统。对于戴维·佩珀，重要的是如何释放马克思生态思想的正确性或体系完整性对更大范围、语境下绿色思潮与运动的引领和推动作用，这一过程需要借助马克思主义自身的生态理论重释与其他理论的建设性对话。在《自然的理由：生态学马克思主义研究》（1997）一书中，美国著名的生态学马克思主义学家詹姆斯·奥康纳（James O'Connor）以其独特的理论视角，深入阐述了马克思主义在面对当今世界生态问题时存在的所谓"理论空场"，并探究了这一问题的理论根源。他试图通过重新解读自然的概念，赋予自然以历史和文化的内涵，以理解性的自然和文化概念的形式，改造传统生产力和生产关系理论，并重新理解自然、文化和社会劳动之间的关系，从而重构历史唯物主义。奥康纳的理论观点很有启发性。他强调将自然的观念纳入理论分析中，并将之纳入历史唯物主义的理论框架之内，从而使得人们能够更加全面地理解社会和自然之间的关系。通过重新思考自然的概念，能够认识到自然是一个具有历史和文化内涵的存在，而不只是作为资源的被消耗物。这样的观点有助于看到生态问题的根源不仅仅是经济和社会结构，还包括对自然资源的掠夺和生态破坏。奥康纳的理论视角为马克思主义提供了一种全新的思考方式，可以更好地理解和应对当今世界面临的生态危机。他试图通过重新解释和重构历史唯物主义，将自然纳入理论分析中，这为认识人与自然之间的复杂关系提供了更深入的思考。通过这样的理论思考，将能够更好地理解生态问题的根源，并找到解决这些问题的有效途径。同时还能够推动社会变革，以实现更加公正、平衡和可持续的未来。因此，当今生态社会主义应当建立在马克思更完善、更连贯论点的基础之上，达到对资本主义制度的非理性运行的真正唯物主义理解，对资本主义环境破坏进行根本批判，确立社会主义社会视角，尊重地球生命不可剥夺的条件。

第三阶段，即 1870—1880 年，马克思在《哥达纲领批判》中详细地驳斥了拉萨尔关于劳动者在社会主义下将领取"不折不扣的"或"全部的劳动产品"的思想。马克思在《给维·伊·查苏利奇的复信》（简称《复信》）中强调，资本主义生产的实质在于生产者与生产资料的彻底分离，资本主义生产全过程的基础在于对农民进行的剥削。马克思在《复信》中强调农民公社可持续性发展的可能性，与资本主义生产同时存在的俄国公社可以充分吸收和借鉴资本主义的先进性，从小块地劳动逐渐向合作劳动进行过渡。面对公社的二重性，马克思在《复信》中指出，公有制及公有制所造成的各种社会联系，促使俄国公社基础稳固，同时，房屋私有、耕地小块耕种和产品私人占有又促使与较原始的公社条件不相容的个性获得示范性发展，因此，马克思认为"农业公社"构成可以通过私有制因素战胜集体因素或后者战胜前者两种形式完成选择，对其中任何一种形式来讲，历史环境的作用较为突出。在公社解体可能性上，马克思对国家压迫、公社衰老与缺乏条件等方面的分析指出，挽救俄国公社需要通过俄国革命完成。面对愈演愈烈的全球性生态危机，在 20 世纪末至 21 世纪初的世纪之交，第三代生态马克思主义者开始系统地建构马克思的生态学，试图揭露全球性生态危机的资本主义本质。其中，以美国著名左翼作家、生态马克思主义者保罗·伯克特的《马克思与自然：一种红绿视角》（1999），第三代生态学马克思主义的代表人物之一、担任俄勒冈大学社会学教授同时兼任社会主义杂志《每月评论》主编的约翰·贝拉米·福斯特（John Bellamy Foster）的著作《马克思的生态学：唯物主义与自然》（2006）和《生态革命》（2009），以及日本学者斋藤幸平的《卡尔·马克思的生态社会主义：资本主义、自然与未竟的政治经济学批判》（2017）四部巨作为代表性著作。

"人类世"与马克思主义之间的联系虽然表面上看起来有些勉强，但实际上有着非常明确的学理基础和潜在的讨论价值。在马克思主义观点中，对资本主义的分析和批判不仅仅局限于社会政治议题，而是作为一个现实结果，它涉及社会革命。马克思主义认为，资本主义社会的生产和发展是基于自然界这个人类赖以生存和生产的物质基础。因此，人类社会的历史行动对自然界产生重大影响，并且这种影响将伴随着人类对自身发展道路的规划而呈现出显著的差异性。举一个例子，资本主义社会与社会主义社会在自然力支配方式上存在巨大差异，这导致了它们对自然界产生的影响也有明显的不同。因此，马克思主义的批判分析与解放构想具有明显的生态倾向。解决人与自然关系危机，使人类文明能够以更全面和自由的方式延续和发展，一直是生态马克思主义的内在理论意义。"人类世"作为资本论议题的核心，旨在通过这个概念和相关的知识产物的讨论，完善并阐释生态马克思主义中的人类中心主义生态价值观和政治哲学观点。这将有助于更深入地激发生态马克思主义在资本主义生态批判、制度替代和生态社会主义构想方面的理论活力。通过探讨"人类世"这个范畴和相关的理论工具，能够更好地理解和发展生态马克思主义，为解决当代生态问题提供更具有深度和实用性的理论支持。

（二）"去增长"共产主义的"支柱"

1. 转向使用价值经济

商品存在使用价值与价值两个因素，其中，价值主要针对价值实体而言，是价值量的体现。《资本论》对于"使用价值"的论述较为深刻，认为"有用性"是天然生成与客观存在的属性，人类即使通过发挥主观能动性也无法对其进行改变。马克思对商品交换过程中的"价值"和"使用价值"进行严格的区分，认为商品在交换过程中，商品的交换价值与商品的使用价值间毫无关系。斋藤幸平通过研究发现，马克思在商品价值上的阐释，主要将侧重点置放于"使用价值"上。资本主义为达到资本积累与经济增长的目标，通常对"价值"的关注度更高，认为商品价值的增殖是资本主义运行过程中的首要目标，依靠生产活动实现，而资本主义进行生产活动的最终目的并不是向社会提供所需商品，而是让资本价值得到增殖，资本主义占有生产条件、生活资料的方式，最终演变出商品的"使用价值"虚无化结果，商品售出后被立即扔掉的情况大量存在。"在资本主义下，粮食也如此。能不能卖个好价钱才是重点。"① 通过机械化方式降低商品生产成本后，将造成商品需求产生刺激性变化，大量的商品销售虽然成为可能，但是在商品销售过程中，生态环境遭受前所未有的破坏。这种关系的形成过程，体现为生产力的提升与生产出大量商品的正相关性。在资本主义对"价值"的高度关注下，生产销售量走高的商品，已经成为社会再生产过程中被忽略的影响因素之一，社会再生产真正所需要的影响因素恰好被掩盖。因此，在气候危机下，这种针对"使用价值"的无视性生产，将产生较为致命的后果。随之而来的是，大量关于食物、水电、交通等维度的资源获取，以此应对生态环境系统出现的大洪水、风暴潮等异常灾害性天气。有鉴于此，资本主义需要优先考量应对气候危机所需要的必需品，而并不是所谓的"商品价值"。通过斋藤幸平对《资本论》的研究，可以发现共产主义通过对生产目的进行改良，批判、改变资本主义现存状况。共产主义将商品"使用价值"的增加作为生产关键目标，在社会性计划下设置生产目标，并不是通过增加 GDP 实现生产增长，从而造成气候变化，例如生物多样性减少和二氧化碳排放量直线上升等，树立基本的"去增长"立场。马克思在批判消费主义过程中，曾指出消费主义在提高生产力过程中并不会产生真正的良性结果。斋藤幸平对马克思的批判观点予以肯定，认为摆脱消费主义，克制消费欲望，才能成就人类世真正所需要的共产主义，恰好验证了"去增长"理论已经成为气候环境运动的必然选择。

2. 劳动时间的缩短

斋藤幸平认为，劳动时间的缩短已经成为去增长共产主义的支柱。"转向使

---

① 斋藤幸平. 人类世的"资本论"[M]. 上海：上海译文出版社，2023：199.

用价值经济，将大大改变生产动力。"① 劳动力将会被有意识地分配至社会再生产真正所需的领域。例如，将禁止以营销、广告、包装等方式唤起并不必要的欲望。不需要通过咨询师、投资银行等产生服务，不必要求全部便利店和家庭餐馆 24 小时营业，不需要全年无休。停止制造人并不需要的商品能够大幅度减少社会的总劳动时间，真正的社会繁荣仍然能够持续保持下去，因为实际缩短的是从事毫无意义与价值的劳动实践。不仅如此，减少劳动时间对人的生活和自然环境都有积极影响。马克思在《资本论》中说，缩短劳动时间是转向使用价值经济的基本条件之一。现代社会的生产力已经达到一个全新的高度，尤其是通过自动化、数字化和智能化，生产力水平已经达成空前绝后的程度。原本是有可能将人类从"工资奴隶"的状态中解放出来的。资本主义制度下，自动化、数字化和智能化并没有将人从劳动中成功解放出来，反而出现所谓的人工智能的威胁和失业的威胁等。陷入害怕失业的劳动力哪怕有可能出现过劳死，也不肯放弃低质量的生存和工作条件，这就是所谓的资本主义制度不合理性的关键体现。斋藤幸平指出，需要尽早摆脱这种并不合理的资本主义制度。换言之，共产主义希望通过合理的工作分工制度提升 GDP 中并不明显的生活质量，缩短劳动力的劳动时间，减轻劳动力的工作压力，对存在育儿和其他需求的家庭来讲，容易在生活上为家庭成员分担更多的生活负担。斋藤幸平认为，"但并不是说为了缩短劳动时间，就可以把生产力胡乱提高一通。"② 斋藤幸平在研究过程中指出，需要从另一个角度考量自动化将带来的劳动时间减少产生的能源问题。例如，工厂通过新技术的引进，原本经由 10 个人共同组成的工作小组，1 个人即可完成全部工作任务。在此基础上，虽然生产力已经得到根本上的提升，产生了跨越 10 倍的效果，但是，工人的实际工作能力并未产生任何形式上和质量上的提升；在这一点上，化石能源成为代替完成劳动的根本动能。需要注意的是，化石燃料在能源运用过程中产生的高回报率成为能源投资过程中的关键占比性数据，成为衡量使用单位数量内能源获得单位能量的主要数值。在分析过程中，斋藤幸平观察到 20 世纪 30 年代的石油等化石能源利用效率，1 单位的化石能源能够产生至少 100 单位的能量。原油这一能源的实际回报率在持续下降过程中，使用 1 单位的能源能够得到大约 10 单位的能量，最终产生较为尖锐的问题，原因在于容易开采原油的地带已经被挖空资源。即便如此，原油

---

① 斋藤幸平. 人类世的"资本论"[M]. 上海：上海译文出版社，2023：213.
② 斋藤幸平. 人类世的"资本论"[M]. 上海：上海译文出版社，2023：214.

能源在回报率上的表现仍然远高于其他类型的化石能源和可再生能源，例如，太阳能投资能够获得 2.5~4.3 单位的资源回报。乙醇资源回报率大约接近1：1，使用 1 单位的乙醇能源，能够得到 1 单位的能量回报，那么这种能源投资是毫无价值和意义的，这也意味着，将通过投入更多的劳动力完成劳动任务和生产目标。脱碳经济在社会数字化转型过程中，需要通过放弃一部分能源回报率完成化石燃料的代替，通过可再生能源进行生产。在此过程中，低能源回报率成为经济增长过程中的现实障碍，而减少二氧化碳排放量的行为，将导致生产力下降过程中产生较为突出的排放陷阱。碳排放陷阱指的是西方资本主义国家不对自体碳排放进行限制，却要求发展中国家减少碳排放，西方国家的真正用意在于企图以国际话语权胁迫发展中国家主动放弃发展的权利。一旦能源和工资奴隶大幅度减少，就需要通过大量的劳动力进行代替劳动，继而在缩短劳动时间和劳动成本过程中，造成实际生产过程的减速。

通过对资本主义的剖析，斋藤幸平认为当下资本主义高呼的"减碳"行为，并不能真正将人从异化的劳动中解救出来，因此在今天马克思所提出的"真正的劳动"才显得更加吸引人。斋藤幸平认为，劳动本身应该具有的创造性，在资本主义社会下已经被逐渐转化为资本所期望的创造，而不是人因为自身需要而进行创造，这无疑是在"杀死"人的创造能力，因此在斋藤幸平看来，只有通过缩短劳动时间，才能实现真正的"去增长"。

3. 对统一分工的废除

马克思对于"劳动变得吸引人"这一说法持有较为明确的观点，即便在劳动时间缩短的前提下，劳动内容无聊又痛苦，人还是会通过转移消费获得高质量的生活品质，以此缓解工作和生活带来的压力。人需要重新获得生活空间，需要通过改变劳动强度、内容释放工作压力。通过观察现代生产领域存在的问题，斋藤幸平发现，自动化、数字化和智能化条件下对资本的隶属只是单纯增加劳动单调性。老一代的去增长派较为回避劳动问题，并未展开相应形式上的讨论。在现阶段去增长派的讨论内容和框架中，主要追求的是劳动以外的时间是否能够创造出更加巨大的生产结果，是否可以通过创造性和社会性的活动尽可能减少劳动时间。马克思在观察过程中从未回避过劳动问题，马克思追求的是创出主观和客观条件，促使劳动成为吸引劳动力的生产活动，达成劳动力自我实现的目标，劳动可以成为完成创造性和社会性活动的重要契机。斋藤幸平指出，劳动者需要增加劳动以外从事休闲娱乐活动的时间，消除劳动时间内的痛苦和无意义行为，将劳动彻底转化为具有实现自我能力的活动。根据马克思的观点，斋藤幸平认为在恢复劳动创造性和自主性过程中，需要在最初阶段主动废除劳动分工，尤其在资本主义国家的劳动分工体系下，劳动被限制在较为统一和固化的作业条件中，劳动一旦具备充分的吸引力，需要设计出从事多样性劳动的生产领域。马克思也主张将克服脑力劳动与体力劳动对立、城市与乡村对立作为未来社会的生产任务。晚年的马克思强调，未来社会的劳动者需要在服从劳动分工过程中，不仅仅单纯将劳动作为谋生的工具和手段，而且需要将劳动作为生活的第一需求，实现劳动者个人能力的全面发展。在这一观点提出的同时，马克思也强调了平等的终身职业教育的重要性，认为终身职业教育是劳动者摆脱资本隶属、成为具有真正价值产业主导者的关键所在。从这个角度评价劳动实践，合作社形式对劳动者的职业教育具有重大价值。

斋藤幸平从马克思晚年的观点出发，对去增长共产主义的立场进行深度剖析，认为停止统一分工形式，能够在根本上消除劳动枯燥性，为经济增长而提升生产效率将不再是生产过程中的首要任务。相对于利润，价值和互助等将高于资本运行过程中产生的实际价值。伴随劳动力的活动范围逐渐得到更加多样化的变化，强调工作量的平等轮换，自然会造成经济活动的放缓的理想化。人需要在开放的技术运用形式中，逐步摆脱建立在人工和消费上的封闭性技术基础，逐渐转向更加关注生产使用价值的经济形式。

4. 民主化的生产过程

生产过程的民主化对减缓经济速度来讲较为关键。斋藤幸平在研究过程中指出，对使用价值的重视，需要通过引进开放技术这种形式显著缩短劳动时间。在实际推行劳动方式改革的过程中，劳动者需要全盘接管生产过程中的实际决策权力，这也意味着在社会所有制的运行过程中，生产资料已经成为共有财富民主管理的关键组成部分。生产过程中需要通过开发技术、运用技术，创造开放的民主讨论形式。不仅是针对技术，对于能源和原材料，一旦通过民主化的讨论过程决定使用去向，将会带来诸多明显的变化。例如，能够解除与核电公司的合作合同，通过选择区域性生产和消费的可再生能源完成生产。在马克思晚年的观点中，生产过程民主化需要伴随经济减速持续推进，生产过程民主化将经由联合体共同管理生产资料、能源等。换言之，生产将通过民主化决定完成，生产规划中出现不同意见是正常的，在缺乏强有力牵制的情况下，需要科学协调不同意见，而社会所有制带来的决策性变化将直接决定决策速度的快慢。这一点与现代企业的决策过程截然不同，这主要因为决策是根据管理层意愿制定，并不存在明显的民主性。马克思将其称为资本专制。与之相对，马克思所提出的联合体更加重视实际生产过程中的民主化，针对性减缓经济活动的行为并未得到社会的广泛认可。而去增长共产主义所追逐的生产过程民主化，将改变社会生产的整个形式。例如，在技术层面上，技术受到专利保护，少数的企业将获得较大的利润，但在斋藤幸平看来，这些知识本应该是所有人的"共有财富"，要打破知识垄断。因此，共产主义需要通过发展新的对劳动者和地球自然系统都好的开放技术创造共有财富。

5. 对基本工作的强调

马克思晚年通过转向使用价值经济的形式，重视劳动密集型基本工作。马克思对生产力至上主义的放弃，催动其主动接受自然的约束和制约。斋藤幸平认为，人工智能等新兴信息技术存在的局限性较为明显，不仅涉及数据隐私和安全问题，同时在发展过程中存在技术瓶颈和算法局限性。去增长共产主义将社会转化为重视劳动密集型产业的社会，尤其重视从事关爱劳动的人，但是，这种转型将会明显带来经济社会的减速。总而言之，去增长共产主义虽然带来经济社会的减速，却能在满足人类需求的同时，为应对环境问题提供更大的空间。生产的民主化和经济减速，将弥补人和自然的物质代谢所出现的"裂缝"，这是一个全面性工程，包括电力、水力的公共经营、扩大社会所有权、重视基本工作、进行土地改革等，为避免"人类世"硬着陆，就不能将危机交给政治家、专家处理，"托付他人"只会让1%的超富裕阶层得到优待。

四、"人类世"的生态社会主义构想的理论效应

（一）洞见生态"去增长"共产主义新特征

1."去增长"新论的出发点

"去增长"新论的态度在于，资本主义和去增长同时运行并不可能，需要对资本主义发起挑战才能实现去增长。引用马克思主义哲学家的观点说明这一问题：单纯改变法律和政策是否能够真正意义上驯服资本主义？假如进一步提升法人税、增加社会保障支出呢？在20世纪70年代，资本主义的资本运行效率明显下滑，资本主义面临较为严重的经济危机，政府不断撤销不同类型的限制政策，如降低税率等。换言之，更加公平的未来发展愿景在于真正意义上的资本主义。现在的资本主义存在较为明显的对立性，忽略从"二战"后到20世纪70年代黄金阶段的发展空间，是特殊的虚假资本主义产生的时机，而这一时期的资本主义面目才是最为真实的，这也意味着绝对的改革并不可能存在和实现，

因为改革自身与资本主义维系存在较为强烈的不兼容性。

2."去增长"理论的自由、平等与公平

"去增长"理论并不是一套能够被资本家所利用的政策，需要通过对"去增长"做出较为创新的公共性重建，才能实现"去增长"理论的自由、平等与公平。这一目标需要通过消除劳动异化这一过程实现，消除劳动异化必然需要通过斗争完成，这一点恰好被"去增长"理论忽视。由于资本主义是长期处于环境和社会危机中的资本形态，现有的权力关系容易促使"去增长"演变成一系列的反动政策和劳动实践，在这种情况下，"去增长"理论的支持者只是关注资本主义的定量特征，从而忽略了资本主义定性的一面。如何运用能源成为不可避免但必须解决的问题，继而能够从资本主义破坏性中找到真正的发展道路。寻求新的替代方案不仅需要地方性参与，而且需要全新的核算方式，动员全球性力量，强调发展、共同参与和科学的有效结合，为新的社会及形态创造技术上和培育上的共识。斋藤幸平认为，在取代资本主义生产方式过程之中，需要通过生态社会主义这一替代方案完成政治实践，超越资本主义强大的理论指导，通过物理学与信息科学，尤其是气候学、生态学、生物地球化学和热力学等交叉学科，为可再生能源技术、绿色生产和生态农业建设基础设施，形成可持续的发展模式，促使社会主义成为真正意义上的生态社会主义。

(二) 破解"人类世"失语的理论困境

"人类世"作为资本论议题，在马克思主义理论研究中成功克服了"人类世"失语困境，长期以来与实际相关的研究话题在研究热点中占据重要位置。相对而言，人文社会科学领域对于"人类世"理论的研究存在一些不足之处。该领域对于马克思主义理论的介入还不够深入，主要涉及哲学和文学等学科，而其他学科的参与度相对较低。这意味着在马克思主义理论框架内对于"人类世"资本论议题的理论研究还有较大的发展空间。人文社会科学领域的研究方法还主要依赖于对先前研究成果的翻译和传递，需要更多的深入研究来提高具有原创性的理论研究成果的质量和数量。因此，人文社会科学领域在探讨"人类世"资本论议题时需要加强对马克思主义理论的深入研究，并积极探索创新研究方法。这将有助于提升该领域在"人类世"理论研究中的影响力和原创性，为解决当代生态问题提供更有力的理论支持。在人文社会科学领域对于"人类世"理论的研究中仍然存在一些问题。我们需要进一步加深对这一理论议题相关的学术文献的了解程度。目前的理论议题学术文献并不具备深刻而系统的理解"人类世"理论话语的核心特征。对于人文社会科学领域研究"人类世"理论的成果整体研究规模需要进一步扩大。以上所述的情况说明，"人类世"资本论议题的研究为马克思主义理论研究领域在"人类世"话题的探讨中提供了重要的研究机会。通过加强对相关学术文献的深入研究，我们能够更全面地理解和把握"人类世"理论的核心要点。同时，拓展人文社会科学领域研究成果的研究规模将进一步丰富我们对于这一议题的认识。因此，我们应当重视并利用"人类世"资本论议题的研究机会，以马克思主义理论为基础，深入探讨"人类世"的相关议题。通过深入研究和扩大研究规模，我们将能够为人文社会科学领域在"人类世"理论的研究中做出更为关键和深入的贡献。这将有助于我们更好地理解当代世界的生态问题，并为解决这些问题提供更具洞察力和实用性的理论支持。

（三）"去增长"共产主义对物质代谢裂缝的弥补

斋藤幸平认为，马克思主义晚年在去增长共产主义上的成就在于对物质代谢裂缝的弥补，核心在于通过对人类社会历史发展规律的研究，在物理、生物等多学科交叉的基础上，理解经济系统的复杂性和多样性，探索定量观察和建模的经济科学。斋藤幸平认为，马克思晚年更重视使用价值在生产过程中的转型，减少造成创造无用价值的生产流程，能够有效缩短劳动时间。这意味着应当减少剥夺工人阶级创造力的劳动分工，同时，积极促进生产过程中的民主化，进而促使工人阶级对生产发起民主决策，即便决策需要花费大量的时间也没关系。另外，需要尽可能提高对社会生产具有价值、对生态环境影响最微小的工作评价，其结果必将是资本主义竞争过程中经济发展减速。经济减速确实让人难以接受，但是，在无限追求利润最大化和经济增长的同时，资本主义并不能对全球的生态环境形成明确的保护。不管是人还是自然，均成为资本主义进行疯狂掠夺的对象，资本主义只会通过人为制造出稀缺性促使更多的人深陷贫困之中。与此相反，去增长共产主义虽然已经带来明确的经济社会减速，但能够在充分满足人类需求的同时，为应对环境问题提供更大的空间。生产民主化和经济减速将弥补人与自然进行物质代谢过程中出现的"裂缝"。这是一个全面性的工程，包括电力和水力的经营、扩大再生产、所有权等基本工作，同时涉及土地改革等。迄今为止，如合作社等形式的案例由点到面扩散过程中，人类积极寻求新经济浪潮，而这些运动在对抗资本主义的背景下，必然会推动城市建设、政治活动的改变，最终走向去增长共产主义。

小　结

正如斋藤幸平等人的研究表明，生态马克思主义并不是被抛入人类世理论研究领域的，相反，斋藤幸平通过积极调整研究重点，以清晰的态度投入人类世话语的阐释中。在生态马克思主义的视角下，人类世需要应用于深化资本主义生态批判理论、设计创新的资本主义替代方案以及具体展开的生态社会主义构想中。人类世所提供的"大加速"理论成为证明资本主义对生态负有责任的有力工具。人类世议题涉及人类中心主义的完善，这是生态马克思主义在整体理论意义上的基本基石。"人类世"的资本论在积极层面上对理论的影响力可以确定为马克思主义研究的新理论动力和话语增长点，推动人类世范畴和马克思主义理论产物创造跨学科的影响力，在时间和空间上引起重要关注。简单来说，生态马克思主义的关注点逐渐转向人类世问题，特别是资本主义对于生态环境的影响。斋藤幸平等人的研究以清晰的态度投入人类世议题的阐释中，并基于马克思主义理论提出了深化生态批判、寻找资本主义替代方案和探讨生态社会主义构想的观点。人类世议题成为证明资本主义生态责任的有力工具，同时也推动了生态马克思主义理论在马克思主义研究中的新动力和话语增长点。通过跨学科研究人类世议题，我们能够加强对马克思主义的关注和讨论，并提供具有深远影响的理论支持。

斋藤幸平专注于生态马克思主义研究，通过对"人类世"的资本论进行专题化研究，他从具体而深刻的视角洞见了马克思主义在生态方面的特征，推动了生态马克思主义在知识谱系上的前沿化和完善。他提出了一系列全新的研究范畴、观点和方案，丰富了生态马克思主义的理论内涵。

在斋藤幸平的研究中，生态马克思主义释放出三大信号。首先，通过纳入大量地质学、环境学的理论研究工具，如资本期、地球工程、行星边界、"甜甜圈"经济理论等，丰富了生态马克思主义的话语表层结构。其次，人类中心主义生态价值观得到进一步的完善，形成了更高水平的生态价值观基础，展现了较高的前沿性。最后，政治哲学层面的理论意涵得到深化，包括对资本主义生态的批判、对生态社会主义构想设计和代替方案的前瞻性探索等。

这些研究成果有助于社会主义生态文明理论与实践的发展，提供了丰富的资源性借鉴。社会主义生态文明建设作为一种关键的社会实践形式，超越了资本主义"人类世"危机，成为一种具备生态批判话语基础、基本范式和研究空间的议题。在"人类世马克思主义"中，消除气候暴力被视为必要任务，利用马克思的"新陈代谢断裂"概念加强对资本主义的生态批判，以建构地球时空命运共同体。

结　论

　　斎藤幸平出生于 1987 年，作为日本东京大学研究生院综合文化研究科副教授、德国柏林洪堡大学哲学博士，斎藤幸平属于复合型的日本哲学、经济学与文化研究学学者。斎藤幸平曾任大阪市立大学大学院经济学副教授，其专业研究以经济思想和社会思想为主。2018 年，斎藤幸平在《卡尔·马克思的生态社会主义》中，通过汲取生态马克思主义的理论研究成果，从政治经济学角度完善马克思生态学理论，同时吸收生态社会主义研究的积极结论，提出通过马克思生态学实现生态社会主义的初级设想，从而将传统的生态社会主义从民族社会主义导向科学社会主义。因《卡尔·马克思的生态社会主义》一书，斎藤幸平获得被称为"马克思主义研究领域的诺奖"的多伊彻纪念奖，成为日本获得该项奖项的第一人，也是自该奖项设立以来最年轻的获奖者。

　　德国法兰克福大学政治学系教授伊林·费切尔（Iring Fetscher）在 1978 年发表于英文期刊《宇宙》第 3 期的《论人类的生存环境：兼论进步的辩证法》论文中，首次提出生态文明（ecological civilization）概念，将其正式定义为工业文明后的文明形态。在这篇论文中，伊林·费切尔对进步的观念进行了深入的阐释和分析，特别是从基督教末世论到黑格尔、马克思的思想演变。他提出了一种对进步的一般性定义，认为进步并非必然或内在地具有积极意义，而且并非每一种进步都造福于人类。根据费切尔的考证，人类可以通过与上帝的合作迈向更高的目标，这种进步主要指基督教神圣救赎计划中的新天堂或新土地，体现了末世论的期望。在世俗思想中，康德将历史进步看作法国大革命和"观察者的无私激情"的结果，强调科学技术的发展是进步的基石，可以不断强化对自然的控制。然而，卢梭对科技进步持有批判态度，认为其伴随着道德堕落，特别是在劳动分工、生产力提升等方面，会导致不平等和奴役。

　　在马克思的视角下，资本主义社会存在着不公平、苦难和罪恶，但相对于前资本主义社会，资本主义被视为一种历史性的进步形态，将人类社会引向社会主义和共产主义。马克思认为，共产主义的终极目标是实现一个没有苦难、罪恶、压迫和奴役的世界，通过自由人构成的联合体来实现这一理想。在历史发展的过程中，人类通过科技的不断进步与自然进行相互对抗，通过阶级斗争推动历史的进步，最终达到一种天堂般的完美状态，这是历史进步的辩证法。然而，伊林·费切尔认为，在第二次世界大战后，随着经济的发展，许多矛盾逐渐暴露，工业文明的消极后果变得明显。技术的不断革新和进步引发了新问题，而解决新问题的新技术又会带来新的困扰。在这个循环中，人类为此付出了越来越大的代价，而问题的改善效果相对较小，甚至有时并没有为实际生活带来明显的改善。伊林·费切尔认为，潜在的威胁不是仅仅来自核战争，而更在于工业文明自身的扩张动力。技术的进步并没有提升人性，反而对人性产生了贬低的影响。在人性持续堕落的条件下，人类所创造的独立中观系统无法自觉地被人与自然共存的国际化协调行动所取代。尽管人类一直持有对生物学信念的胜利信仰，但这一信仰在演化过程中逐渐通过各种系统设计来征服自然。在各种主义的影响下，资本主义和社会主义的工业系统已经改变了人类必然胜利的信念。伊林·费切尔批判了工业文明技术进步主义，并提出了对生态文明的期望。他认为，工业国的经济霸权摧毁了大部分非工业国家和民族的独立经济与文化体系，导致这些国家和民族经济上的脆弱。他以 19 世纪的爱尔兰土豆饥荒为例，说明了全球市场导致的灾难性后果。这场饥荒导致数百万人死亡，人口大规模迁徙，加剧了社会不平等和贫富差距，加速了爱尔兰独立运动的兴起。伊林·费切尔主张非工业国家和民族应重新构建经济发展框架，避免对欧洲、北美和日本的经济和政治依赖，同时避免生态危机的产生。他认为，工业国可以提供适合地方和区域使用的劳动密集型发达技术，应该将同类与地球系统看作不可或缺的伙伴，而不是无情剥削和控制的对象。伊林·费切尔的生态文明论深受马克思主义影响。在批判资本主义工业国对非工业国家和民族的剥削时，他对马克思社会主义思想进行了深刻的反思，并期盼通过民主社会主义来实现生态文明的基本社会制度。尽管他强烈批判进步主义，但并不否定人类应当追求的进步。

　　苏联学者 B. C. 利皮茨基（B. C. Lipitsky）在 1984 年所写的论文《在成熟社会主义条件下使个人养成生态文明的途径》中，强调了生态文明与社会、个人发展的关系。他指出，培养生态文明是共产主义教育的主要内容和关键结果之一。在他看来，生态教育应该成为共产教育的有机组成部分，同时也是科学共产主义理论的必要方面。B. C. 利皮茨基认为，生态教育对于共产主义理论具有重要意义，因为它能够清晰地界定生态文明所涉及的范围和结构，明确生态文明在整个文明体系中的特殊地位。从生态要求的角度来看，生态文明是社会与自然相互作用的特性。它不仅包含了在利用自然资源、工艺、社会中与自然相互作用的方法和物质基础，还包括了关于这些方面的思想、公共生态学、社会生态学以及社会与自然相互作用的科学规范和要求的契合程度。总体来说，B.C. 利皮茨基主张生态文明是共产主义文明的重要组成部分，而不是一种超越工业文明的全新文明。他的观点强调了在成熟社会主义条件下通过生态教育培养个人养成生态文明的途径，将生态教育融入共产主义理论的体系中。

1986 年下半年，中国生态农业奠基人叶谦吉教授在三峡库区水土保持会议上作了大会报告，报告的题目是《论生态文明》。叶谦吉教授的相关观点于1987 年被收录在中国农业农村部主编的《中国生态农业》一书中。在这篇论文中，叶谦吉教授提出了生态文明的概念，并探讨了其重要性和内涵。根据叶谦吉教授的观点，生态文明是人类在进行自然改造的同时保护自然，实现人与自然和谐统一的一种社会形态。生态文明要求人类既能从自然中获益，同时也要还利于自然。这一概念成为中国建设物质文明、改造自然、保护自然的关键要义，同时也在中国建设精神文明过程中形成了同志式关系的基础，建立了人与自然的伙伴式协同关系。叶谦吉教授提出的生态文明概念成为中国社会发展的一个关键理念，与物质文明、精神文明、政治文明和社会文明同处共时态。生态文明的提出和发展推动中国社会进入一个全新的时代，注重在人类活动中实现对自然的保护和可持续利用。

通过对伊林·费切尔、B.C. 利皮茨基和叶谦吉等学者提出的生态文明概念进行分析，我们可以看到这三位学者在"人类必须与自然和谐共生"这一核心观点上达成了高度一致。生态文明的提出旨在解决自文明诞生之初便存在的人类与自然之间的矛盾，这一问题贯穿整个文明发展的历史。随着人类超越非人动物，拥有了符号化的想象力和人工智能，我们注定要通过技术制造各种人工物，不仅满足基本的生存需求，更追求文化性的需求。然而，人类为了满足超越本能需求的欲望，采用越来越复杂的工具和技术，对自然进行改造。这种人为行为与自然之间的矛盾构成了文明与自然之间的张力。从生态学的角度来看，传统的采集和狩猎方式是对自然生态系统影响最小的生存方式。但是，从文明的角度看，原始社会并不被视为文明，因为对自然的最小干扰也意味着文明的缺失。

人为与自然之间的张力是自人类诞生之日起就存在的，随着技术和文化的进步，这种张力逐渐积攒并增大。在漫长的原始社会时期，这种张力的增加相对较为缓慢。然而，随着农业文明的兴起，人为与自然之间的张力显著增大，导致了生态破坏。古巴比伦文明、古埃及文明、古希腊文明、古罗马文明等都不例外。而发源于欧洲的现代工业文明更是将这一张力推向了极限，全球范围内的工业化发展给地球系统生物圈带来了严重的压力。

正如伊林·费切尔所言，在工业文明的发展过程中，人类道德的败坏和生态危机等问题已经彰显现代进步主义的破产。通过对"增长极限"和工业文明消极后果的反思，进步主义被彻底摧毁。因此，只有在工业文明鼎盛阶段，文明与自然之间的张力的极限才变得更加清晰。生态学和环境科学明确指出地球系统生物圈的承载极限，同时警示人类物质生产和消费已经接近极限。这为我们提出了必须寻求可持续发展和生态平衡的紧迫需求。

在生态文明的提出过程中，人们已经抓住了现代性的根本错误，为反思现代文明的基本弊端和深刻危机提供了最具概括性的思想纲领。认为反思现代性就是反思现代工业文明各种危机的文化和思想根源。在纠正现代性思想中主客二分思维框架的过程中，人们要求在科学上寻求蕴含生态学的非线性科学，在哲学上倡导整体论和系统论的思维方式。将文明视为巨系统，将文明巨系统看作地球系统生物圈的子系统。将"生态"与"文明"结合起来的概念表明，文明必须融入自然，人类文明不能继续沿着工业文明的道路前行。

美国生态文明专家罗伊·莫里森在《生态民主》一书中提出了现代意义上的生态文明概念，认为生态文明是人类文明的重要组成部分，是人类在遵循人、自然、社会和谐发展客观规律的基础上理性获得物质与精神成果的总和。他充分意识到现代工业文明发展的局限性，主张生态文明将取代工业文明，成为下一个文明形态，构建人与自然和谐共生、良性循环、全面发展、持续繁荣的世界观、价值观和社会形态，贯穿于经济建设、政治建设、文化建设、社会建设全过程和各方面的系统工程，反映社会的理性、科学和文明进步状态。基于罗伊·莫里森在《生态民主》中对生态文明的清晰定义，生态文明成为全球通用的概念性理念，在生态文明研究领域占据重要地位。在《生态文明：2140》一书中，罗伊·莫里森进一步设想在资本主义条件下建设生态文明的多样化途径和方法。此外，只有历史唯物主义结合政治经济学，重新规划资本主义的生产和消费方式，才可能在一定程度上实现生态文明。因此，在社会主义市场经济条件下，改造生产、消费、废气的单向模式需要通过缓解和克服资本与自然之间的固有矛盾，以实现生产、消费、废气与再利用的循环经济模式，政治经济学在这一过程中无疑将发挥决定性作用。

斋藤幸平在《人类世的"资本论"》中以"人类世"与气候变化为背景和核心问题，"先破后立"地讨论欧美发达国家经济增长模式涉及的三个关键思潮与理论。

其一，对经济增长模式及知识基础，即古典经济学的核心问题，进行了综合性的论述与批判。在这一过程中，引用了德国生态学者乌尔里希·布兰德和马尔库斯·威森对全球生态不平等以及资本主义条件下霸权性的社会自然关系的分析。一方面，人类社会对地球系统环境的无限制使用凸显了资本对自然的征服。另一方面，发达国家以政治、法律以及暴力的手段占用发展中国家的资源、空间和劳动力，并将污染物进行转移。为了真正解决生态危机，必须超越"帝国式生活方式"，转向"团结的生活方式"，实现社会生态转型。这意味着需要重新审视并转变当前对资源的使用方式，摒弃对自然的过度开发和掠夺。同时，还需要在国际层面推动公正的资源分配，避免发达国家对发展中国家的资源剥夺，以及减少环境污染和生态破坏的趋势。这一转型需要社会的共同努力，涉及政治、法律、经济等多个方面的变革。通过这样的转型，可以建立更加和谐、平衡的社会生态关系。斋藤幸平认为，西方增长范式是典型的帝国式生活范式，即全球发达国家的大规模生产、大规模消费的生活方式，通过三种转嫁方式导致对全球发展中地区的两种掠夺。三种转嫁依次为：技术性转嫁，即搅乱生态体系；空间性转嫁，即外部化与生态帝国主义；时间性转嫁，即"我死后哪怕洪水滔天"。两种掠夺，即资本主义生产方式对人类劳动力的掠夺和全球资源环境的掠夺，这特别表现在处于经济增长中心地位的全球北方国家对处于边缘地位的全球南方国家的掠夺。斋藤幸平认为，2018年的诺贝尔经济学奖得主、耶鲁大学以全球暖化为研究主题的诺德豪斯（Nordhaus），是用新古典经济学讨论气候变化问题的代表性人物。诺德豪斯的获奖，源于从1991年开始的创新、气候和经济增长的研究，然而其看法是非常新古典经济学的。在气候变化经济学领域的开创性贡献方面，诺德豪斯的看法主要涉及两方面。一方面，诺德豪斯开创性地将二氧化碳排放这个生态变量引入新古典经济增长分析，在可计算一般均衡模型框架下，构建气候变化的综合评估模型。该模型一经提出，便成为应对气候变化成本—收益分析的主要分析方法，衍生出分析不同情境的不同变化模型。按照诺德豪斯开创性地把二氧化碳排放这个生态变量，引入新古典经济增长分析其以经济增长为主导的二氧化碳削减设想，到2100年地球温度至少会上升3.5℃，远远超过现在联合国倡导的目标，即地球温度上升不要超过 1.5℃，发达国家应当从即刻起减少碳排放，到 2050 年实现"碳中和"。对此学界存在两种截然不同的解决方案，以"经济人"为理论前提假设研究人类社会各种经济活动与各种经济关系及其发展逻辑、规律的传统经济学强调高贴现率，认为应对气候变化不能影响经济增长。拥有规范经济学和实证经济学两种体系的可持续发展经济学强调低贴现率，要求经济增长转型变革进入稳态发展新阶段。另一方面，诺德豪斯充分考虑到气候变化变量的内生影响，经济增长模式将会影响二氧化碳排放，二氧化碳排放也将反向影响经济产出，碳减排措施只有通过市场机制才能发挥作用。诺德豪斯通过分析碳税在应对气候变暖国际合作中的作用后，认为发达国家、发展中国家应该执行"共同但有区别"的碳税政策，而且碳税征收应该伴随实践推进逐步加大，这与在全球认识和应对气候变化问题上曾有过里程碑意义的《气候变化经济学——斯特恩报告》所要求的较少区别的强制性减排明显不同，对发展中国家谋求减排与增长的"双赢"目标来讲具有更加明显的借鉴性意义。

其二，斋藤幸平对 2008 年金融危机以来的联合国气候变化大会提出的"绿色新政"概念，即绿色增长，进行了深入的评析和批判。绿色新政（green new deal）是 2008 年金融危机后，美国等欧美发达国家推出的经济拯救政策，意在像 20 世纪 30 年代的凯恩斯主义经济学那样，采用扩张性的经济政策，通过大规模财政出资、公共投资来推广可再生能源、电动车等，刺激经济、维持繁荣，增加有效需求，从而刺激经济增长。斋藤幸平在《人类世的"资本论"》中将"绿色新政"和"绿色增长"称为"气候凯恩斯主义"，并列举了大量理论支持者。例如，《纽约时报》专栏作家托马斯·弗里德曼 2008 年的著作《世界又热又平又挤》引起了全球轰动。在这本书中，他提出了全球发展的五大趋势：能源与资源的供需失衡；石油生产国的垄断性经营；地球气候变暖导致的碳排放增量；能源日益匮乏（石油、煤炭不可再生）；生物多样性消失，人口爆炸性增长、无节制开发和环境污染。托马斯·弗里德曼以及全球众多科学家和环保主义者对这些趋势可能对未来地球系统及生命个体造成的危害表示深刻担忧，呼吁减少、限制使用对环境造成严重污染和气候变暖的"地狱能源"（石油、煤炭），大力开发和使用清洁能源，如太阳能、风能、潮汐能等"天堂能源"。

托马斯·弗里德曼认为，"绿色能源革命"的实施必须跳出传统国家发展模式的束缚，以创新的观念和方法谋求发展。他主张在全球范围内通过价格杠杆以政府干预为主导，全力推广绿色能源研发和普及使用的变革，这才是正确的可持续发展道路和人类与地球长久存续的保障。托马斯·弗里德曼认为，"绿色能源"是每个国家未来发展的重要机遇和制高点，具有强大的推动力。

此外，全球知名经济学家、华盛顿特区经济趋势基金会主席杰里米·里夫金在他2022年出版的著作《绿色新政》中预测了由化石燃料经济可能导致的全球危机，并深入探讨了政府和社会的应对策略，即生态文明和全球绿色新政。他指出，信息通信技术、电力、交通物流、建筑等经济领域已经开始与化石燃料"脱钩"，取而代之的是性价比更高的太阳能、风能和各类清洁技术的应用，这正是生态文明的关键特征。杰里米·里夫金在书中表示，为避免全球生态危机，世界各国应携手合作，推进绿色发展，向低碳社会转型。"绿色新政"在可持续发展经济学者的眼中，并不是拯救地球系统的有效方法，主要源于"绿色新政"强调的是欧美发达国家可以通过提高绿色效率继续推进经济增长，而不是减少增长，将物质消耗控制在地球生物物理极限之内。质疑强制性能源效率目标的保守派和自由派经济学家指出所谓的"反弹效应"即"杰文斯悖论"证明，微观上的技术效率改进无法控制宏观上的物质规模扩张，技术进步引致的能效提高，并不会减少反而会增加资源的消费总量，正是"杰文斯悖论"凸显的表现。因此，绿色增长最终仍然是超越地球承载能力的不可持续发展，验证技术进步、经济发展和生态保护间的内隐张力、紧张冲突关系。资本逻辑统摄下的技术霸权遮蔽生态正义，导致技术霸权甚至技术法西斯主义登场，为追逐利润最大化，科技成为协助资本增殖的"工具性存在"，这也是杰文斯悖论得以在21世纪复活的核心动因。在某种意义上说，资本与技术通过内在机理同构与运营机制协同的物质基础和逻辑通道，引领技术发展从物质主义极端地走向技术法西斯主义。这一过程中，资本和技术呈现出难以割舍的同构性，形成了一种内在的关联。起初，技术是一种推动社会客观进步的伟大生产力，但随着时间的推移，技术逐渐演变为具有统摄威力的物化意识形态。在技术与资本间外显的同构性支撑下，绿色增长仍然被看作是传统的生态效率改进思路，而稳态发展则被认为是新的生态效益转型之路。然而，要真正走出"杰文斯悖论"，需要深入资本与技术得以存续的生产关系之基，即在制度正义建构中充分发挥二者的正效应。

马克思在《资本论》中指出，资本逻辑具有双重性，既有自觉追求价值增殖的"非正义"一面，也包含非自觉创造人类文明的"正义"另一面。因此，利用资本力量并不等同于唯资本马首是瞻，甚至可能沦为其附庸。为防范资本与权力的共谋，避免形成资本寡头腐败，需要在制度正义建构，尤其是具体制度设计过程中，规制天生逐利的资本，发挥好资本机制在引领现代技术发展中的"生态正能量"。在生态治理中发挥科技创新的支撑作用，需要同时把握以下两方面内容。首先，在资本效率机制下，需要强化对重点生态技术创新的支持。其次，要充分认识到科技既是应对生态问题的重要手段，又可能在利用不当时衍生新的环境问题。因此，必须坚决防止"按下葫芦却浮起瓢"，在科技发展过程中保持谨慎和可持续性的态度。斋藤幸平从生态视角指出，学术界对马克思生态思想的关注度远远不足。通过研究，斋藤幸平发现，马克思在经典著作中对可持续发展的兴趣较为浓厚，尝试性通过探讨非资本主义、前资本主义社会的可持续发展模式，批判可持续发展目标。斋藤幸平借用马克思术语，犀利地指出可持续发展目标已经成为"新鸦片"，认为在尚未改变经济体系的前提下，局部推广环保政策，实质上是将结构性发展困境归结为个体责任，企业与政治家的责任反而被掩盖。斋藤幸平强烈抨击现今消费社会中所谓的"环保"概念，将其视为一种资本欺骗世人的"洗绿"手段。所谓"可持续""永续"发展目标，是基于发展和活动大前提提出的看似光鲜靓丽的"粉饰太平"手段。欧美发达国家处在高高在上位置所提出的"环保"背后，是以牺牲外部化社会为代价、将损耗转嫁到地球系统中其他国家和地区的资源榨取。因此，这种看似先进的"洗绿"手段并不能改变地球系统整体环境和气候变迁上存在的恶化，更像是直接伪造的不在场证明，是无意义的"被包装的自我欺骗"。

其三，斋藤幸平对 2008 年以来提出的"甜甜圈"经济学等去增长理论进行评论。"绿色增长"并不能解决经济增长与环境阈值间存在的冲突，2008 年以来，英、美等欧美发达国家的学者，相继提出"去增长绿色发展新理论"，其中，最具代表性的研究成果是凯特·拉沃斯（Kate Lavos）的《甜甜圈经济学》（2017）和杰森·希克尔（Jason Hickel）的《少就是多——去增长如何拯救世界》（2020）。凯特·拉沃斯的《甜甜圈经济学》认为，无限的绿色增长是不可持续的。"甜甜圈"的内圈代表"社会基础"，外圈代表"环境上限"。斋藤幸平在研究中指出，欧美发达国家已经远远超出上限，而发展中国家则超出下限，这种情况需要纠正。如果欧美发达国家保持继续增长的趋势，超过行星边界，其将垄断和开采更多量的锂和其他稀有金属，而稀有金属正是生产电动汽车这种"低碳"交通工具的重要材料。这恰好是新模式出现的契机，在不同国家应当根据实际情况寻求不同的生活方式及与之匹配的生活方式和价值观。有鉴于此，可持续发展的经济应该是"甜甜圈"中间层，其上是环境天花板，其下是社会地板。欧美发达国家的经济增长及其物质规模已经超过环境的天花板，需要持续削减增长退化到"甜甜圈"的中间圈，发展中国家的经济社会需要摆脱欧美发达国家的传统经济增长模式,实现环境与经济匹配的绿色新发展。斎藤幸平在《人类世的"资本论"》中的看法击中调节及实现可持续性转型要害,强调"全球不平等"是气候问题的症结所在,有经济增长"癖好"的欧美发达国家根本不可能运行"去增长"转型,反而通过诱惑发展中国家,以欧美发达国家的经济增长范本进行发展,因此,不能对资本主义背景下的"去增长"报以幻想,需要后资本主义的去增长方案创造出非资本主义的经济运行模式。毫无疑问,需要建立一个更加善待环境、性别平等的社会,以一种具体和细微的方式,讨论马克思的去增长思想及其在当下应对气候变化问题中的意义,正如斎藤幸平在《人类世的"资本论"》中所进行的重大建设性思考。

斎藤幸平通过阅读大量有关马克思自然科学、化学与地质学笔记的资料,观察到马克思晚年思想发生了重大变化。他认为生态马克思主义的发展经历了三个历史阶段,每个阶段都在探讨马克思主义与生态危机之间的理论关系。

在编辑《马克思恩格斯全集》历史考证版第二版(MEGA^2)的过程中,斎藤幸平发现了马克思研究生态环境问题的大量相关资料。随后,他发表了《马克思的生态笔记》等系列文章。2015年,他在德国出版了博士论文《自然反对资本:马克思的生态学——未竟的资本主义批判》。2017年,基于其博士论文,他在美国出版了《卡尔·马克思的生态社会主义:资本主义、自然与未竟的政治经济学批判》一书。

斎藤幸平的研究强调了马克思在生态环境问题上的关注,并试图通过生态社会主义的理论框架解决全球生态危机。他指出以往的生态社会主义理论著作由于缺乏科学社会主义的基础理论,更多地流于各种生态运动形式,难以为解决全球生态危机提供切实可行的研究进路。斎藤幸平的研究对于深化马克思主义与生态学的关系,以及探讨可持续发展和生态社会主义的理论提供了重要的思想支持。在斎藤幸平的著作《卡尔·马克思的生态社会主义:资本主义、自然与未竟的政治经济学批判》中,他总结了21世纪以来生态马克思主义的最新发展。以《马克思恩格斯全集》第二版中的自然科学笔记为基础,斎藤幸平从政治经济学批判的角度阐述了构建马克思的生态学的可能性和现实性,试图通过政治经济学的途径探索生态社会主义建设之路。

他认为,要解决资本主义生活方式的两大掠夺问题,不能依赖资本主义的去增长理论,而应该转向共产主义的去增长理论。他的研究回答了三个关键问题:马克思是否具有系统的生态思想;政治经济学如何与生态学相结合;马克思的生态学如何成立。斎藤幸平在研究中敏锐地引用了第三代生态马克思主义者保罗·伯克特的观点，从宏观层面阐释了马克思主义批判理论在生态方面的重要意义。他认为，马克思对资本主义的批判和对社会主义的向往是当今社会反思资本主义造成全球性生态危机的有益视角。

在微观层面，斋藤幸平将约翰·贝拉米·福斯特提出的"新陈代谢断裂"理论看作马克思系统性生态思想的关键节点。这一理论强调了社会与自然之间的相互关系，并揭示了资本主义对自然的剥削与破坏。约翰·贝拉米·福斯特作为马克思生态学主要倡导者，多年持续关注全球气候变化、美国等西方发达国家相应环境政策等焦点议题，并不时将"人类世""大加速""行星边界"等新兴概念纳入对资本主义制度及资本主义全球化扩展的生态批判中。在约翰·贝拉米·福斯特看来，气候危机是更大规模的地球系统生态危机的一部分，反映了资本主义主导体制正在以越来越高的程度破坏着地球系统"新陈代谢"，而全球性资本积累所造成的"生态裂缝"已经成为"人类世"基本特征，意味着未来的社会主义变革只能是一场反对、废除资本积累的生态革命。换言之，对约翰·贝拉米·福斯特来说显而易见的是，对马克思生态思想的系统性阐释，并不能代替对各种形式经济高效而生态可持续的绿色资本主义方及其背后晚期资本主义新自由主义逻辑的分析批判，只有在高度综合的基础上，才能形成对资本主义及其导致的全球生态危机的科学分析，并构想出真正替代性的方案。正是因为从研究视野到方法论都具有明确理论与政治原则，又有广阔包容的开放性，马克思主义生态学或广义上的生态马克思主义研究，同时成为马克思主义理论和环境人文社会科学两大领域中的亮丽风景。生态环境议题及其应对，已经成为马克思主义显示其理论价值与革新活力的重要领域之一；真正意义上的绿色变革，与超越主宰当今世界的资本主义、实现真实可信的社会主义间存在的无可置疑的内在联系，也促使马克思主义生态学或广义的生态马克思主义研究扮演"形而上之学"角色。

斋藤幸平认为，马克思通过强调"新陈代谢"有意识地与任何形式的普罗米修斯主义划清界限，将生态危机看作资本主义生产方式的根本矛盾。在揭示资本主义对生态环境破坏的微观机制过程中，他特别引用了环保主义行动家娜奥米·克莱恩的《改变一切：气候危机、资本主义与我们的终极命运》一书，作为证明马克思主义具有生态批判精神的重要依据。娜奥米·克莱恩指出，气候变化并非仅仅是一个与纳税、医疗无关的议题，实际上是对修复多方面经济体系破坏的一种提醒。

娜奥米·克莱恩认为气候危机等全球性生态警报主要源于资本主义制度。

在分析资本主义与生态危机关系的过程中，她采取了"新陈代谢断裂"理论的方法和观点，认为大规模减排是一个绝佳的修复机会。对放弃"自由市场"核心意识形态、重构全球经济体系和重塑政治体系来说，这是一个能够减少不平等、重新建构民主制度与地方经济的机会。

在《卡尔·马克思的生态社会主义：资本主义、自然与未竟的政治经济学批判》中，斋藤幸平通过两个独立的论述部分，即"生态学与经济学"以及"'马克思的生态学'与《马克思恩格斯全集》历史考证版"，进一步探讨了"政治经济学如何与生态学相结合"和"马克思生态学如何成立"这两个重要议题。他指出，马克思并非生态学家，也不是一开始就必然具备系统的生态思想。相反，马克思主义理论作为一个逻辑紧密的有机整体，形式上是主观的，内容上是客观的，确实具备唯生产力主义的特征。马克思在1857—1858年的《政治经济学批判大纲》《资本论》及其手稿中，发现了早期方案存在的不足之处。早期方案主要以哲学思想反抗异化现实，而在"异化"概念的使用中，马克思的异化理论与唯物史观相兼容。然而，随着时间的推移，马克思对于"异化"的理解以及"异化"在马克思主义理论中的地位发生了根本性的变化。在《德意志意识形态》中，马克思通过实践的角度理解历史，描述人的生存样态，使用"新陈代谢"概念研究人与自然的关系。他将自然环境的退化视为资本主义矛盾的表现形式进行批判。在这一时期，马克思意识到费尔巴哈的抽象哲学无法成为彻底进行社会变革的基础。他在文中简述了自然的优先性、人化自然的现实性以及自在自然与人化自然的交互性，解析了人与自然关系的变迁过程。具体而言，这一变迁过程包括了人类对自然的敬畏，到对自然的改造，再到人与自然关系的紧张对抗，最终实现人与自然的和谐统一。这对于深度理解人与自然关系的思想具有现实意义，可以为构建和谐的人与自然关系、树立正确的生态意识以及推进生态文明建设提供指导。

马克思在迁居伦敦后继续进行政治经济学研究，在《伦敦笔记》中首次使用了"新陈代谢"概念。他深入研究了资产阶级经济学理论与现实的矛盾，从货币职能、级差地租、一般价值三个维度，论证了劳动在价值生成中的基础性作用。在《政治经济学批判大纲》和《资本论》中，他更加详细地说明和运用了"新陈代谢"概念。"新陈代谢"概念贯穿马克思的生态理论体系的全过程，是全面理解马克思生态学说的关键。这一概念推动了马克思理解人类生产如何超越历史的自然条件，并促使他研究现代化生产管理制度和生产力发展中自然条件的历史性、转折性和全局性变化。

斋藤幸平认为，马克思的生态学思想在内在系统性上存在一定程度的连续性，与马克思的政治经济学批判有明显的联系。他将"价值"和"物化"视为研究生态马克思主义的两个关键范畴，将"新陈代谢"理论作为政治经济学逻辑体系的关键纽带，阐明了马克思的生态批判在整个《资本论》体系中的系统性特征。相对于大多数绿色思潮，马克思的生态批判理论在《资本论》体系中展现出社会性、辩证性和建构性的理论气质。在生态批判过程中，马克思将生态批判与社会批判、生态批判与制度批判、生态批判与未来社会建构等有机结合，创造性地将"新陈代谢"理论从资本主义农业等自然科学领域引入人文社会科学领域。这不仅揭示了资本主义经济危机产生的微观过程，还清晰地预示了资本主义社会从经济危机向生态危机转化的可能性。马克思在对资本主义生产方式进行深入研究时，洞察到了其内在的反生态本性，将生态批判与社会批判有机结合。同时，马克思也将对资本的生态批判与资本的物质创造力、自我否定与扬弃进行有机统一。通过将"物化"这一经济范畴作为中介，他研究了资本主义生产如何利用自然来满足资本积累最大化的需求，阐释了资本主义生产对各种新陈代谢关系的扭曲如何必然导致社会危机和生态危机。

斋藤幸平认为，马克思在政治经济学研究过程中已经发现了蕴藏于物质范畴下的生产关系，这成为马克思生态学将政治经济学与生态学融合的真正源流。这有助于正确理解各种"经济形态"与"物质世界"间的相互作用，为分析全球性生态危机提供了有效的方法论基础。

在参与编辑 MEGA^2 过程中，斋藤幸平发现了大量关于马克思研究生态环境问题的相关资料，证实了这些资料与政治经济学和生态学之间的有机联系。这些被他称为"生态笔记"的资料成为他开启考据式解读的第一手内容，也是他阐明历史唯物主义并非"普罗米修斯主义"和"唯生产力论"的关键证据。随着 MEGA^2 新卷次陆续出版，这些"生态笔记"成为斋藤幸平阐明马克思生态思想的新范式的重要组成部分。

近年来，斋藤幸平提出了马克思经济学生态学的转向，旨在通过挖掘马克思主义经典著作中被忽视的生态思想，强调资本主义对近乎无限利润的追求正在驱动人类摧毁地球系统。他认为，只有通过"去增长"才能有效减缓社会生产和财富流动的速度，从而修复人类对地球系统和生态环境造成的巨大伤害。

在这一背景下，斋藤幸平在 2020 年参与编辑《马克思恩格斯全集》历史考证版第二版的过程中，以"人类世"新视角为基础，结合大量关于马克思研究生态问题的文献资料，强调人与自然关系问题是贯穿马克思对资本主义的批判的中心主题。他认为，面对不断加剧的全球性生态危机，越来越多的生态学者主张从激进生态和生态政治的角度审视资本主义的内在逻辑，强调在资本主义框架内不可能解决当前的生态危机，必须从根本上变革资本主义生产方式。这需要将眼前的环境改革斗争与革命性转型的长期目标联系起来，以重构人与自然的和谐关系。

通过研究马克思经典著作及晚期手稿，斋藤幸平对马克思理论做出全新解读与发展，在《人类世的"资本论"》中，基于最新的马克思研究成果，具体分析气候危机和资本主义关系，指出"去增长共产主义"是人类克服环境危机、实现公平可持续社会的唯一选择；针对全球气候危机提出的解决方案，在日本左翼学术界、政界之外产生较为强烈的影响，受到日本著名社会学家上野千鹤子、作曲家坂本龙一、外交官佐藤优、法政大学教授水野和夫、政治思想家白井聪等不同领域专业人士的盛赞。在《人类世的"资本论"》出版后，马克思主义思想在日本迅速成为备受推崇的思潮，经济增长与环境破坏间的平衡问题成为需要反思的现实，应当采取全面和可持续的思维形式，妥善分配社会现有资源，平衡经济增长与环境保护间的关系，进而更加合理地促进可持续经济发展与社会进步，促使社会更加繁荣。在《人类世的"资本论"》中，斋藤幸平指出，物种灭绝、生态污染、二氧化碳超标等生态问题，正是资本主义造成的"恶果"。在生态危机越发严重的情况下，斋藤幸平从马克思晚年思想中发掘出"去增长共产主义"思想，发现马克思作为生态学家的一面。斋藤幸平认为，马克思的生态学思想为全球范围内的社会平等和可持续性的实现提供了更多可能性。生态马克思主义具有特定的意涵、意旨，其所涉及的诸多理论问题都具有深刻的复杂性与挑战性，如自然价值问题、生态道德问题等。斋藤幸平在研究马克思生态社会主义过程中，用"去增长共产主义"而不是"去增长社会主义"，是有所考量的；用"共有财富"而不是"公有制"，反映了西方马克思主义彻底蜕化，只有在不触及资本主义制度、不挑战私有财产的条件下，才能以马克思主义者的名义存在，用马克思主义术语审视各种现实问题。斋藤幸平《人类世的"资本论"》一书无疑反映了其对社会现状的普遍性担忧，对书中揭露的资本主义各种经济现象，斋藤幸平试图从马克思那里寻求出路。在书中，斋藤幸平通过阅读马克思的文献来报告一些重要的信息，用"晚年马克思"反对"青年马克思"，用马克思"笔记"反对马克思著作，这是大多数西方马克思主义学者的惯常做法。尽管斋藤幸平站在"去增长共产主义"的角度对资本主义进行政治经济学、哲学和生态学上的批判，但因为其成长环境与受教育环境，他并不能在真正意义上站在发展中国家的角度上去观察问题，因而也存在很多问题，如"去增长共产主义"和马克思"不唯生产力增长共产主义"相混淆，并且对当下气候与环境问题没有进行完全的分开分析。

斋藤幸平在《人类世的"资本论"》一书中，将环境与气候混为一体。所谓环境，是环绕人类生存之境，限定于地球系统的表面范围。气候变化的问题显然超出人类活动范畴，根据科学观察，地球系统气候变化主要由于地球运行轨道存在不同自然周期，每自然周期在 2 万年至 10 万年间，偏心率、倾角与春分岁差的差异，直接影响地球日照量和地球气候。虽然气候问题方面已经存在大量研究报告，但仍然不能说明气候问题已经解决。斋藤幸平在《人类世的"资本论"》一书中，以气候危机为基点破题，切换环境与气候间的概念，将气候危机误解为环境危机。这一错误是由于对《资本论》的误解，政治性较为明显，这是在研究过程中论者格外关注的问题。马克思的政治思想是成熟的、一贯的。斋藤幸平认为马克思从未将人类历史看作单向的、直线性的发展过程，为避免马克思历史观被误解为"线性进步主义"，需要针对马克思结合人类实践活动中物的因素与人的因素这一过程进行审慎思索，辩证地统一人类历史发展一般规律与具体模式，继而描述人类历史复杂的进步过程，严格区分马克思历史观与线性历史进步观。有鉴于此，必须强调的是，"去增长"概念或许符合西方国家包括日本的社会思潮，但不属于马克思《资本论》。斋藤幸平的《人类世的"资本论"》一书虽然有诸多独到之处，但是在"去增长"概念的论述上存在一定程度的局限性。在这一问题上，斋藤幸平已经承认，马克思从未以任何完整形式写下关于去增长共产主义的具体内容，马克思主义最突出的特征在于强调科学技术进步、扩大再生产，认为人的素质发展必须建立在经济增长基础上。马克思反复指出，人类社会与自然界动物间的本质区别，就在于是扩大再生产，而非简单再生产。任何简单再生产的倾向，都相当于将人类生存价值降低到与动物同等地位，促使人"动物化"。

参考文献

中文文献

著 作

［1］李本洲．西方科学哲学的演进逻辑与马克思科学论的当代意义［M］．北京：中国政法大学出版社，2018.

［2］秦书生．马克思主义视野下的绿色发展理念解析［M］．南京：南京大学出版社，2020.

［3］王巍．马克思视域下的资本逻辑批判［M］．北京：人民出版社，2016.

译 著

［1］黑格尔．精神现象学［M］．贺麟，王玖兴，译．北京：商务印书馆，1979.

［2］黑格尔．自然哲学［M］．梁志学，等译．北京：商务印书馆，1980.

［3］李比希．化学在农业和生理学上的应用［M］．刘更另，译．北京：农业出版社，1983.

［4］马克思．资本论［M］．中共中央马克思恩格斯列宁斯大林著作编译局，译．北京：经济科学出版社，1987.

［5］莱斯．自然的控制［M］．岳长龄，李建华，译．重庆：重庆出版社，1993.

［6］马克思，恩格斯．共产党宣言［M］．中共中央马克思恩格斯列宁斯大

林著作编译局，译．北京：人民出版社，1997.

[7] 康德．纯粹理性批判 [M] 邓晓芒，译．北京：人民出版社，2003.

[8] 奥康纳．自然的理由：生态学马克思主义研究 [M]．唐正东，臧佩洪，译．南京：南京大学出版社，2003.

[9] 福斯特．马克思的生态学：唯物主义与自然 [M]．刘仁胜，肖峰，译．北京：高等教育出版社，2006.

[10] 黑格尔．法哲学原理 [M]．范扬，张企泰，译．商务印书馆，2009.

[11] 李嘉图．政治经济学及赋税原理 [M]．郭大力，王亚南，译．南京：译林出版社，2011.

[12] 佩珀．生态社会主义：从深生态学到社会正义 [M]．刘颖，译．济南：山东大学出版社，2012.

[13] 卢梭．论人类不平等的起源和基础 [M]．邓冰艳，译．杭州：浙江文艺出版社，2015.

[14] 福斯特．生态革命：与地球和平共处 [M]．刘仁胜，李晶，董慧，译．北京：人民出版社，2015.

[15] 科威尔．自然的敌人：资本主义的终结还是世界的毁灭 [M]．杨燕飞，冯春涌，译．北京：中国人民大学出版社，2015.

[16] 莱斯．满足的限度 [M]．李永学，译．北京：商务印书馆，2016.

[17] 马克思．1844 年经济学哲学手稿 [M]．中共中央马克思恩格斯列宁斯大林著作编译局，译．北京：人民出版社，2018.

期　刊

[1] 福斯特，刘仁胜．历史视野中的马克思的生态学 [J]．国外理论动态，2004（2）.

[2] 巴里，杨志华．马克思主义与生态学：从政治经济学到政治生态学 [J]．马克思主义与现实，2009（2）.

[3] 福尔格拉夫，付哲，张凤凤．对《资本论》的新认识：写在 MEGA^2 第 2 部分结束之际 [J]．马克思主义与现实，2014（3）.

[4] 解保军．马克思"人与土地伦理关系"思想探微 [J]．伦理学研究，2015（1）.

[5] 闵继胜．资本积累、技术变革与农业生态危机：基于生态学马克思主

义的视角 [J]. 当代经济研究，2017.

[6] 福斯特，何山青. 人类世时代生态马克思主义的演进 [J]. 国外理论动态，2017（7）.

[7] 鲁品越.《资本论》的生产力与生产关系概念的再发现 [J]. 上海财经大学学报，2018，20（4）.

[8] 康加恩，韩许高. 卡尔-马克思的自然科学札记：1990—2016 德国 $MEGA^2$ 研究综述 [J]. 现代哲学，2018（3）.

[9] 赵玉兰. $MEGA^2$ 版《德意志意识形态》的编辑情况分析：访德国柏林—勃兰登堡科学院 MEGA 工作站格哈尔特·胡布曼博士和乌尔里希·帕格尔博士 [J]. 马克思主义理论学科研究，2018，4（5）.

[10] 杨莉，刘继汉，尹才元. 浅论《自然辩证法》中的生态意蕴及现实价值 [J]. 自然辩证法研究，2018，34（4）.

[11] 刘宝珺，杨仁超，魏久传，等. 地球历史新阶段：人类世 [J]. 山东科技大学学报（自然科学版），2018，37（1）.

[12] 斋藤幸平，陈世华，卓宜勋. 人类世的马克思主义 [J]. 南京工业大学学报（社会科学版），2019，18（3）.

[13] 高思. 马克思关于私有财产的辩证思想及其当代启示：读《1844 年经济学哲学手稿》[J]. 重庆理工大学学报（社会科学），2019，33（12）.

[14] 王常冉，韩璞庚. 李比希与马克思农业生态思想的生成与演进：基于斋藤幸平对 $MEGA^2$ 的发掘 [J]. 人文杂志，2020（3）.

[15] 刘仁胜. 生态马克思主义研究的一部最新代表作：评斋藤幸平的《卡尔·马克思的生态社会主义》[J]. 国外理论动态，2020（5）.

[16] 斋藤幸平，张健，郭梦诗. 全球生态危机背景下的马克思物质变换理论 [J]. 南京工业大学学报（社会科学版），2020，19（6）.

[17] 姜礼福. "人类世" 概念考辨：从地质学到人文社会科学的话语建构 [J]. 中国地质大学学报（社会科学版），2020，20（2）.

[18] 陈先鹏，方恺，彭建，等. 资源环境承载力评估新视角：行星边界框架的源起、发展与展望 [J]. 自然资源学报，2020，35（3）.

[19] 李成旺. 对传统形而上学的批判性改造与马克思主义哲学变革：重释《费尔巴哈论》的中心线索与基本逻辑 [J]. 科学社会主义，2021（3）.

[20] 李乾坤. 价值形式分析与 20 世纪下半叶西方左翼理论的话语转向 [J]. 马克思主义与现实，2021（5）.

［21］付文军.《资本论》的意识形态批判及其辩证张力［J］. 马克思主义研究，2021（9）.

［22］杨栋. 重审马克思的异化概念：以《巴黎手稿》"异化劳动和私有财产"为中心的后形而上学诠释［J］. 哲学研究，2021（10）.

［23］肖磊，骆桢. 经济增长的政治经济学：净产出价值增长的决定因素［J］. 政治经济学评论，2021，12（5）.

［24］唐兴华，胡翌霖. 在"人类世"中重建环境伦理何以可能？：从拉图尔的盖娅思想看［J］. 东北大学学报（社会科学版），2022，24（2）.

［25］王虎学，何锟伦. "资本"视域下的私有财产及其运动逻辑：从《1844 年经济学哲学手稿》中的"地产"谈起［J］. 中共中央党校（国家行政学院）学报，2022，26（1）.

［26］石明星，吴海江. 斋藤幸平论马克思的生态思想及其社会变革价值［J］. 福建论坛（人文社会科学版），2022（1）.

［27］陈艺文. 斋藤幸平对马克思政治经济学的生态化诠释与重构［J］. 马克思主义与现实，2022（2）.

［28］小林卓也，谢宗睿，陈世华. 人类世、气候变化与思想的终结［J］. 国外社会科学，2022（2）.

［29］陈长安. 马克思共产主义观探赜：基于 MEGA^2 三阶段论异文和原始手稿的考察［J］. 学术研究，2022（7）.

［30］姚修杰. 马克思"人与自然"关系思想的生态学意蕴［J］. 学术交流，2022（10）.

［31］金世红. 农业生态化发展过程中的自然生态和精神生态：评《马克思主义农业生态思想及其当代价值研究》［J］. 灌溉排水学报，2022，41（6）.

［32］王晓东，李京子. 生态危机与现代性关系再审思：一种历史实践论视角［J］. 自然辩证法研究，2022，37（4）.

［33］赵睿夫. "人类世的马克思主义"：议题源起、内容探析与理论评述［J］. 中国地质大学学报（社会科学版），2023，23（3）.

［34］刘托托，郭俊丽. 唯物史观与人本主义异化史观辨析：马克思《1844 年经济学哲学手稿》研究［J］. 马克思主义哲学，2023（4）.

［35］田毅松. 费尔巴哈与马克思恩格斯学术思想关系再诠释：基于《德意志意识形态》"费尔巴哈"章 H6 笔记的考察［J］. 马克思主义与现实，2023（4）.

［36］刘召峰．关于《资本论》开篇商品性质的争论：一个批判性评述 ［J］．厦门大学学报（哲学社会科学版），2023，73（4）．

［37］王世强．再探异化理论与拜物教理论的关系：基于对《巴黎手稿》和《资本论》的文本考察 ［J］．天府新论，2023（15）．

［38］林密，杨丽京．《资本论》中的农业现代化问题研究及其当代意义 ［J］．吉林大学社会科学学报，2023，63（5）．

［39］李述森．马克思"俄国问题"研究中对科学社会主义理论原则的坚守：以三份经典文献为对象的考察分析 ［J］．东岳论丛，2023，44（8）．

［40］顾海良．劳动"主体—客体"关系中人的发展形式和所有制历史形态：马克思《政治经济学批判（1857—1858年手稿）》再研究 ［J］．江西社会科学，2023，43（8）．

［41］仰海峰．总体性、总体化与否定的辩证法20世纪中叶国外马克思主义的总体性思想 ［J］．北京师范大学学报（社会科学版），2023（3）．

［42］张朝阳，孙寿涛．马克思政治经济学视域下资本二重性理论的三重逻辑错误勘定 ［J］．当代经济研究，2023（9）．

［43］李慧芳．马克思"三形态"理论视域下人与自然关系演变考察 ［J］．学校党建与思想教育，2023（18）．

［44］乔剑梅．"自然资源价值"论的内在缺陷：基于马克思政治经济学批判视角 ［J］．中国地质大学学报（社会科学版），2023，23（4）．

［45］熊易文，孙玉忠．"自然极限"还是"自然创造"？：伯克特和本顿围绕马克思生态思想的争论 ［J］．理论月刊，2023（5）．

［46］王晶．马克思政治经济学批判语境中的正义逻辑 ［J］．山东社会科学，2023（8）．

［47］蔡佳容．对象化与异化双重逻辑对历史唯物主义"新世界观"的奠基：《1844年经济学哲学手稿》哲学观念变革的再考察 ［J］．学术研究，2023（3）．

［48］蒋谨慎．生态学马克思主义对资本主义生产方式的生态批判及其当代价值 ［J］．社会科学家，2023（6）．

［49］吴婷．德国学界关于马克思《伦敦笔记》的研究综述 ［J］．国外理论动态，2023（4）．

［50］梅文韬．阐释马克思劳动价值理论的三重维度：基于《伦敦笔记》的文本分析 ［J］．江汉论坛，2023（8）．

［51］李慧. 从"自我意识"到"现实的个人"：马克思哲学革命的前提转换与场域变革［J］. 江西社会科学，2023，43（3）.

英文文献

期　刊

［1］KOHEI S. The Emergence of Marx's Critique of Modern Agriculture：Ecological Insights from His Excerpt Notebooks［J］. Monthly Review，2014，66（5）.

［2］CAMPBELL B M，HANSEN J，RIOUX J，et al. Urgent Action to Combat Climate Change and Its Impacts（SDG 13）：Transforming Agriculture and Food Systems［J］. Current Opinion in Environmental Sustainability，2018，34.

［3］JORGEN R，JOHAN R，ESPEN S P，et al. Achieving the 17 Sustainable Development Goals within 9 Planetary Boundaries［J］. Global Sustainability，2019，2.

［4］KOHEI S. Marx's Theory of Metabolism in the Age of Global Ecological Crisis［J］. Historical Materialism，2020，28（2）.

［5］BIERMANN F，KIM R E. The Boundaries of the Planetary Boundary Framework：A Critical Appraisal of Approaches to Define a "Safe Operating Space" for Humanity［J］. Annual Review of Environment and Resources，2020，45（1）.

［6］FOSTER J B. The Renewal of the Socialist Ideal［J］. Monthly Review，2020，72（4）.

［7］HOBOLT S B，LEEPER T J，TILLEY J. Divided by the Vote：Affective Polarization in the Wake of the Brexit Referendum［J］. British Journal of Political Science，2021，51（4）.

［8］MOORE J C. The Re-imagining of a Framework for Agricultural Land Use：A Pathway for Integrating Agricultural Practices into Ecosystem Services，Planetary Boundaries and Sustainable Development Goals［J］. Ambio，2021，50（7）.

［9］PERSSON L，CARNEY ALMROTH BETHANIE M，COLLINS CHRISTOPHER D，et al. Outside the Safe Operating Space of the Planetary Boundary for Novel Entities［J］. Environmental Science & Technology，2022，56（3）.

［10］FOSTER J B. The Return of the Dialectics of Nature：The Struggle for Freedom as Necessity ［J］. Monthly Review，2022，56（3）.

［11］SORIANO C. Anthropocene，Capitalocene，and Other "-Cenes"：Why a Correct Understanding of Marx's Theory of Value is Necessary to Leave the Planetary Crisis ［J］. Monthly Review，2022，74（6）.

［12］NAVEH F. Domination Through Precarization：From Butler's Humanitarian Ethics to Marx's Political Economy ［J］. European Journal of Social Theory，2023，26（3）.

［13］Munck Ronaldo. Book Review：（Re）Discovering Marx ［J］. Review of Radical Political Economics，2023，55（3）.

后 记

　　世间万物，苍黄翻覆，唯有制心一处，方可无事不办。为了能做到对马克思主义"真学、真懂、真信、真用"，并将其内化为真正的核心思想，我在学习和生活中不断地"上下而求索"。我总会思考，读书和学习对于我，究竟是什么，随着不断地学习和思考，我找到了读书、学习对于我的意义——找到真正的自我，不求闻名于世，但求人生一场无愧于心。这是我第一次尝试写一本著作，受限于资料查找与个人水平，书中内容还存在不完善的地方，望读者谅解。著书一路，实属不易，寥寥草草十余万字，简单堆积都尚为不易，更何况还要进行资料收集与整理。写到此处，不禁感叹每一位学术大家的水平之高深，如泰山巍峨矗立眼前，高山仰止，景行行止，虽不能至，心向往之。马克思生态思想等问题，一直是我关注的领域，但当决定尝试写著作时心中不免紧张，在恩师的鼓励之下最终下定决心，尝试投入著作之中，终于无声处，寻大音希声。感谢恩师在我的求学之路上对我的谆谆教导，您的平易近人、克己慎独、明善诚身的人生哲理，成为照亮我往后人生求学为师道路上的一盏明灯。还要感谢一直以来家人和爱人对我求学之路的无条件的支持与帮助，可以说没有你们的支持，就没有这本著作的完成。最后，感谢我的同门兄弟姐妹，是你们的帮助，让我拥有了更多时间投入著作的创作当中。

袁仕洵

2023 年 11 月 15 日